MUJERES
maltratadas

MUJERES
maltratadas

LUCRECIA PÉRSICO

LIBSA

© 2021, Editorial LIBSA
C/ San Rafael, 4 bis, local 18
28108 Alcobendas (Madrid)
Tel: (34) 91 657 25 80
e-mail: libsa@libsa.es
www.libsa.es

Textos: Lucrecia Pérsico
Revisión de contenidos: Susana de Vargas
Edición: Equipo Editorial LIBSA

ISBN: 978-84-662-4117-5

DL: M 7265-2021

Impreso en España/*Printed in Spain*

Contenido

Introducción

En los últimos años la violencia doméstica ha saltado a las páginas de los periódicos, a los programas de radio y de televisión, y ocupa un lugar importante en las conversaciones cotidianas de hombres y mujeres. En ocasiones, se trata de comentarios acerca del último suceso luctuoso en el que una vida se ha perdido a manos de un agresor, y en otras, de la difusión de medidas que los diferentes gobiernos toman día a día a fin de erradicar este mal que, de estar encerrado en el ámbito de las relaciones íntimas, ha pasado a ser considerado como un grave problema social.

Por el silencio que se mantuvo acerca de la violencia doméstica durante tantos años, podría pensarse que el problema es una plaga moderna, propia de este periodo, ya que las primeras referencias a la violencia doméstica se encuentran en el último cuarto del siglo XX.

Pero lejos de ser un fenómeno nuevo, la violencia doméstica ha estado vigente durante siglos, sostenida por la idea imperante de que aquello que sucedía en el seno de un matrimonio era algo de índole estrictamente privada al que no tenían acceso jueces ni policía.

Hoy se entiende que éste es un hecho que acarrea depresión, enfermedad, altos costes a la seguridad social y muerte de un gran número de ciudadanos, sobre todo del sexo femenino, que propicia el desarrollo de generaciones que utilizarán la violencia como forma de resolver sus conflictos y que, por tanto, no puede quedar circunscrito en el estrecho límite de lo privado, ajeno a la intervención estatal. Es un problema que afecta a la sociedad en su conjunto y, como tal, debe ser tratado.

Los psicólogos, antropólogos y sociólogos que se ocupan de hacer investigaciones y estadísticas vinculadas a este tema aseguran que el coste social de los malos tratos es enorme. Según se estima, sólo un mínimo porcentaje de los casos son denunciados y las leyes empiezan a responder con un mínimo de eficacia a la hora de condenar a los culpables o de amparar a las víctimas.

Al hablar de violencia doméstica, la primera imagen que viene a la cabeza es la de una mujer golpeada por su marido, con el cual convive o no, o por su compañero sentimental. Se parte del supuesto que las víctimas son siempre femeninas y los agresores masculinos. Pero aunque es verdad que una gran parte de las agresiones físicas son producidas por hombres, lo cierto es que la violencia no tiene sexo, que las mujeres también son capaces de golpear, arrojar objetos o, más comúnmente, de utilizar la violencia verbal y psicológica con sus compañeros hasta llevarlos a la depresión y al suicidio. La razón de que apenas se hable de ello es que han sido los movimientos feministas de diferentes países los que más han trabajado en la erradicación de los malos tratos a la mujer y, por este motivo, hay un gran silencio en lo que respecta a los malos tratos recibidos por el varón.

Las causas por las que se instala la violencia en una relación sentimental son variadas y complejas. En muchísimos casos, la persona que agrede padece de algún tipo de desajuste mental que, sin llegar a constituir una psicopatía, le lleva a mantener este tipo de conductas. En otras, es la propia dinámica de la pareja la que establece el clima de tensión que termina con palizas, golpes y muerte.

El feminismo hace responsable de este problema al sistema patriarcal, al machismo, que coloca a la mujer en un lugar de inferioridad con respecto al hombre; sin embargo, muchos autores difieren de esta opinión y creen que los hombres violentos con sus parejas son emocionalmente desequilibrados y que se sienten con derecho a cometer esas agresiones porque están amparados por el sistema patriarcal. Es decir, no son violentos porque sean machistas sino que el machismo les permite justificar su violencia.

Aún hay mucho camino por recorrer para que la sociedad comprenda y supere este problema. Las opiniones son encontradas y poco a poco se va estableciendo una estrategia más acertada para combatirlo. Pero si hay algo en lo que todos están de acuerdo es en que sólo educando a nuestros hijos en el respeto, en la solidaridad, en la empatía y en la igualdad se hará posible que las futuras generaciones vean la violencia doméstica como un problema del pasado.

Los malos tratos

No puedo decir claramente de dónde me viene la idea, tal vez de las conversa-ciones de mi madre con mis tías en el patio en las tardes de verano, o quizás de las películas y novelas que devoraba en la adolescencia, pero lo cierto es que siempre supe que para tener a un marido contento, es esencial saber hacerse la tonta. Claro que ahora, reflexionando, me digo que eso de «tener un marido con-tento» así, con esas mismas palabras, también lo habré aprendido de las mismas fuentes porque a mi edad y después de la experiencia vivida, no me lo plantearía de ese modo sino, más bien, como «tener una feliz relación», «compenetrarse el uno con el otro», «ser solidarios», etc.

El caso es que cuando conocí al hombre con el que me casé aún no tenía las cosas tan claras; pensaba que debía permitir que él se sintiera superior, que me protegiese aunque no fuera necesario, que me explicase pacientemente las cosas y que, sobre todo ante terceros, no mostrara mis méritos, no fuera cosa de hacerle sombra. Pero no es exacto que lo pensara, no, eso hubiera sido hipocre-sía; lo tenía grabado en alguna parte de mi cerebro y esos preceptos me hacían funcionar automáticamente, como un programa interno que me empujara a ver algo tan absurdo como si fuera la cosa más natural del mundo.

Es cierto que Rafael me encandiló; era tan guapo, tan divertido, tan simpá-tico... Congeniamos enseguida porque teníamos las mismas aficiones: a los dos nos gustaba el campo, leer, jugar al tenis y viajar.

Por aquel entonces él trabajaba como auxiliar administrativo y yo estudiaba derecho, sacando por cierto muy buenas notas, y aunque todos me decían que no duraríamos juntos porque éramos demasiado diferentes, me fui a vivir con él cuando acabé mis estudios y, a los seis meses, nos casamos.

Con el tiempo empecé a sospechar que el hecho de no tener un título universitario le hacía sentir mal, le provocaba cierto sentimiento de inferioridad. Lo que me dio la pista fue el desprecio con que hablaba de la gente que había terminado sus estudios, de quienes tenían una profesión. A menudo recalcaba que la facultad no servía para nada, que la gente inteligente no se somete a una disciplina como si fueran párvulos o que para terminar cualquier carrera, la que fuese, lo único que se necesita es empeño y no cerebro, como se suele creer. Esta opinión también la utilizaba para desvalorizar a los que habían sido mis amigos durante años y yo suponía que eso era porque no se sentía a su altura, porque tenía miedo a evidenciar su nivel cultural más bajo. Estaba segura que esa era la razón que le llevaba a decir que eran tontos o engreídos. Asumiendo que su presencia le hacía sentir mal, fui alejándome de ellos.

Nuestras salidas se limitaban a las visitas a su familia y a algunas cenas o reuniones con sus compañeros de trabajo o con personas que conocía desde antes de casarnos. Otro detalle que también había notado desde un principio fue que cada vez que me preguntaban algo relacionado con mi profesión se ponía enfermo. Si decidía ignorar su incomodidad y, por educación, respondía a las preguntas o me quedaba hablando del tema, a la hora de llegar a casa me acusaba de dejarle solo, de acaparar la atención, de querer ser protagonista a toda costa, de humillarle o cosas por el estilo que me dolían porque no creía merecerlas.

Para no causarle ningún sufrimiento, y para evitar que surgieran conflictos entre nosotros, aprendí a mantener la boca cerrada y supongo que, a juzgar por mi actitud en las reuniones, más de uno habrá pensado que yo era la típica niña mona, simpática, pero tonta; es decir, la esposa perfecta.

A mí me hubiera gustado que él se sintiese orgulloso de mí, pero creo que en nuestra pareja no había sitio para dos primeras figuras; ni siquiera turnándose para ocupar el puesto.

A los diez meses de la boda, tuvimos un hijo y tomé la decisión de quedarme durante tres años en casa, atendiendo algunos clientes del despacho para que luego no me resultase tan difícil reincorporarme, pero centrando toda mi actividad en la crianza y en labores domésticas. Cuando Marcelo entró en el colegio empecé a ir al bufete por las mañanas y, tiempo después, junté valor y me dispuse a preparar unas oposiciones para conseguir la judicatura.

Rafael, por supuesto, se negó; decía que ya eran bastantes las horas que dedicaba al bufete para que, encima, destinara más tiempo al estudio. Por una vez, *y gracias al apoyo que me dio mi padre, también abogado, seguí adelante con mi idea pese a la opinión de Rafael.*

Esa época la recuerdo como especialmente dura ya que él me lo ponía todo muy difícil. Se mostraba más dependiente de mí que nunca y, como yo pretendía abarcarlo todo, ser la «súper mujer», vivía al límite del agotamiento. No era sólo cuestión de atender a mi trabajo y a las materias que preparaba; también era la casa, el niño y, sobre todo, él que me reclamaba para todo y jamás se dignaba a mover un solo dedo. Jamás se le ocurrieron tantas salidas y paseos como entonces. Al principio yo aprovechaba los fines de semana, sobre todo los domingos, para adelantar un poco los estudios pero al poco tiempo, empezó a ocurrírsele ir a tal o cual sitio y no admitía que me quedara en casa. Intentaba convencerle de que se fuera solo con Marcelo, que les iba a hacer bien a los dos, pero nunca quería; o íbamos todos o se quedaba sentado en el sofá, enfurruñado, pidiéndome cosas a cada rato y poniéndome de los nervios. Cuando no quería un café, necesitaba que le fuera a comprar tabaco, y, cuando no, tenía hambre y le apetecía que le preparara un bocadillo; decía que a él no le salían tan bien como a mí.

A los nueve meses, finalmente, abandoné; me sentía incapaz de aprobar sin una mínima colaboración por su parte. Para mi padre fue un disgusto porque le hacía mucha ilusión que su hija fuera juez, pero no había manera. Además, como ya teníamos frecuentes discusiones, creí que el estar más horas en casa le iba a tranquilizar, pero me equivoqué.

Nada le dejaba satisfecho. Era como si le resultaran agradables las peleas, ¡no sé!... echarme cosas en cara continuamente, humillarme, criticarme... ¡Me volvía loca!... Yo quería hacerle entender lo mucho que me importaba, cuánto le quería, pero no había manera. Siempre diciéndome que cualquier cosa me interesaba más que él, que la familia, que aunque quisiera disimularlo en el fondo yo lo consideraba inferior a mí y a mí familia, etc.

Mi mejor amiga, con la que hablé en esos momentos, me sugirió separarme pero tal cosa no entraba en mis planes. A Rafa, aunque me hiciera la vida imposible, yo lo quería; además, siempre he sido muy orgullosa y la idea de fracasar en mi matrimonio me parecía inaceptable, era como dar la razón a todos aquellos que me habían advertido que lo nuestro no iba a durar.

A pesar de que por mi profesión estaba relacionada con divorcios y separaciones, esa solución era para otros; yo adoraba a mi marido y estaba dispuesta a hacer cualquier cosa con tal de que él se sintiera contento, con tal de que dejara de lado todo el resentimiento y la amargura que tenía. Era mi obligación desde el momento en que le había aceptado como compañero y padre de mi hijo.

Pero la bola de nieve había empezado a rodar y se hacía cada vez más grande: cuanto más solícita me mostraba, más me exigía, más me criticaba y en lugar de calmarse, estaba cada día más nervioso e irascible.

No puedo entender cómo ni por qué se le metió en la cabeza que yo estaba liada con uno de mis jefes, un abogado de 55 años, casado y con hijos ya mayores. Cada vez que me retrasaba en la oficina sabía que en casa me esperaba un interrogatorio atroz con el que lo único que conseguía era alterarse más a cada pregunta que yo respondía. A todo le buscaba oscuras intenciones, veía traiciones en cada una de mis palabras o de mis actos. Si me llamaba la secretaria y me oía hablando de algún expediente, por ejemplo, le asaltaban los celos y se ponía furioso. Lo más curioso era que nunca me había parecido celoso; posesivo, sí, pero también confiado.

El día que empezó a amenazarme con ir a verle, con montarle un escándalo en la oficina, comprendí que debía dejar ese trabajo; que no podía arriesgarme a que estropease mi buen nombre profesional. Para que ese trago no fuera tan amargo, me convencí de que podría alquilar un despacho y empezar a atender clientes por mi cuenta, pero eso no pudo ser: el sueldo de Rafael apenas alcanzaba para cubrir los gastos y hasta que no tuviera clientes, no podría sacar un dinero para financiar mi propio bufete. Es decir: la pescadilla que se muerde la cola. Sin bufete no había clientes y sin clientes no había bufete.

Los años siguientes fueron un verdadero infierno. Me sentía secuestrada ya que pretendía que le rindiera cuentas de cada cosa que hacía. Para tranquilizarle yo le contaba todo hasta con los menores detalles, pero a veces eso era peor. Empezó a tratar mal al niño, a mostrarse exigente con tonterías. Cuando vi que competía con él, me negué en un principio a creerlo pero luego tuve que aceptar que era así. Yo insistía en que fuera a un médico, que no eran normales sus arranques de furia, pero me respondía que él no necesitaba esas cosas.

Las peleas se hicieron cada vez más frecuentes y, normalmente, terminaban cuando él se ponía demasiado violento, casi a punto de pegarme. Decía que si comprobaba que le estaba engañando con otro, mataba primero al niño, luego a mí y después se suicidaba.

Empecé a tenerle miedo. Las ganas de ayudarle, porque aún le quería, se mezclaban con la necesidad de huir; pero también pensaba que, si me marchaba de casa, me buscaría donde fuese o haría cualquier barbaridad.

No vi con claridad que la única opción que tenía era separarme hasta que no me golpeó por quinta vez. Ese día comprendí que nuestra relación no tenía salvación posible de modo que cuando se fue, preparé las maletas y me fui con el niño a casa de mis padres.

Hubo por su parte súplicas, ruegos, llantos, amenazas, de todo; pero no he vuelto. Hace un año conoció a la que hoy es su compañera y a partir de entonces, me dejó en paz.

* * *

El hombre, al igual que cualquier otra población de vertebrados, se divide en dos sexos: masculino y femenino. Desde el punto de vista biológico cada uno de éstos tiene características específicas, diferencias en cuanto a tamaño, fuerza, órganos internos, hormonas, etc. Sin embargo, el ser humano tiene una cualidad que lo distingue del resto del reino animal: su racionalidad. Ésta le permite fabricar con los elementos de su entorno herramientas con las que puede ir mucho más allá de las posibilidades de su cuerpo.

A través de siglos de civilización ha logrado volar como los pájaros, recorrer las profundidades abisales como los peces, levantar mediante máquinas toneladas de peso que sus músculos jamás podrían resistir y adaptar el medio ambiente a sus necesidades. La razón, además de haberle permitido controlar sus instintos, ha determinado que muchas de las posibilidades derivadas de la anatomía de uno y otro sexo desaparecieran en la medida en que se fueron inventando herramientas, hasta el punto de que hoy la humanidad se ha estructurado en una compleja sociedad como la que tenemos, en la que el dominio y el poder, no están relacionados con la fortaleza física sino con la posesión y uso de elementos netamente culturales como son las maquinarias, el dinero, el conocimiento, la información y las habilidades sociales.

En casi todos los asentamientos humanos primitivos el poder, derivado básicamente de la fuerza física, ha estado en mano de uno de los dos sexos: el masculino hasta que la sociedad occidental, poco a poco, se fue estabilizando.

Pese a lo que muchos creen, durante la Edad Media las mujeres podían estudiar y ejercer profesiones como medicina, música o letras al igual que el hombre, sólo que entonces, quienes tenían acceso a una formación eran muy pocos. También trabajaban como artesanas al lado de sus maridos y, en caso de que éste muriera, quedaban como dueñas de la pequeña empresa familiar en la que a menudo tenían personal a su cargo. Posteriormente, con la creación de los gremios, entre otros factores, la mujer fue recluida; se le prohibió la práctica de los oficios, los estudios y pasó a depender del marido, situación que se perpetuó a lo largo de siglos.

Sin embargo las cosas han empezado a cambiar; desde hace algunas décadas el colectivo femenino ha comenzado una lucha cuyo objetivo es conseguir la igualdad, salir del limitado ámbito doméstico y tener una participación activa en el medio social y cultural. Para ello se hace necesario que el hombre comparta su tradicional papel de cuidadores. Las mujeres no quieren someter ni someterse; quieren la misma consideración, deberes y derechos que el hombre.

Pero todo cambio social trae aparejados muchos conflictos, porque en la búsqueda del equilibrio hay sectores que pierden sus privilegios y eso es algo que no todos están dispuestos a aceptar.

Hoy hablamos de igualdad de sexos sin darnos cuenta de que, por mucho que nos llenemos la boca con ello, no da lo mismo uno que otro. Como dice el terapeuta Víctor Kurcbard.

«Así, recordé, que yo también, lo primero que hago al escuchar la noticia de un nacimiento, es preguntar si fue varón o mujer, y después, sólo después, si ambos, bebé y madre, están bien. Es que la división del mundo en géneros diferenciados, opuestos y dicotómicos funciona como la principal manera de racionalizar el mundo. El mundo que habitamos se divide en nuestra cabeza en hombres y mujeres.»

El psiquiatra Luis Bonino Méndez se pregunta qué poderes ejerce la mujer y, como bien se responde, a ella le toca «el sobrevalorado poder de los afectos y el cuidado erótico y maternal. Con él logra que la necesiten». Este psiquiatra, Director del Centro de Estudios de la Condición Masculina de Madrid, señala que este poder es delegado por la cultura que tiene al hombre como centro y encierra a la mujer en el mundo privado.

«En este mundo se le alza un altar engañoso y se le otorga el título de reina, título paradójico, ya que no puede ejercerlo en lo característico de la autoridad (la capacidad de decidir por los bienes y personas y sobre ellos), quedando sólo con la posibilidad de intendencia y administración de lo ajeno.»

LA VIRILIDAD

La mayoría de los hombres sienten menoscabada su hombría cuando la mujer que tienen cerca ostenta una superioridad intelectual, económica o social.

«Para no causarle ningún dolor aprendí a mantener la boca cerrada y supongo que, a juzgar por mi actitud en las reuniones, más de uno habrá pensado que yo era la típica niña mona, simpática, pero tonta; es decir, lo que para muchos es la esposa perfecta».

Por un lado, a muchos les gusta que sus compañeras sean fuertes, decididas, emprendedoras y capaces, pero en el momento en que piensan que pueden superarles, se sienten mal porque arrastran resabios de una cultura que afirma que la superioridad ha de ser necesariamente masculina. Por el contrario, muchas mujeres necesitan ver esa superioridad en sus compañeros ya que, de este modo, pueden sentirse cuidadas y protegidas por ellos.

Según los psicólogos José Manuel Salas y Álvaro Campos, los hombres realizan una serie de rituales a fin de demostrar su virilidad, su hombría. Estos rituales incluyen:

- Ejercicio del poder (riqueza, estatus, éxito, etc.).
- Repudio de lo femenino.
- No demostrar sus emociones.
- Ser arriesgado y agresivo.
- Estar siempre dispuesto a tener una relación sexual.

Pero, según estos autores, para ser todo un hombre es necesario:

- No ser rechazado o traicionado por una mujer.
- Tener éxito laboral y económico.
- Tener parejas que le admiren, cuiden y obedezcan.
- Ser arriesgados.
- Negar el duelo, el sufrimiento.

Hasta tal punto, estas premisas siguen operando en nuestra sociedad que, como bien agregan estos investigadores, algunas situaciones propiciadas por las mujeres, tales como la impureza sexual de su madre, hermanas o hijas (no la propia), o la infidelidad por parte de su compañera (no la suya) pueden menoscabar seriamente su honor y su hombría.

Obviamente, cualquier actitud de la mujer que atente contra la virilidad de un hombre probablemente será considerada una agresión, un atentado a la hombría, al honor y, como tal, según la opinión de muchos, merecería una sanción.

LA LEY DEL MÁS FUERTE

Si respecto a los malos tratos ha habido un silencio absoluto a lo largo de siglos es porque ambos, hombre y mujer, aceptaron que el uso de la violencia era un derecho masculino; y no había lugar a la queja ni a la denuncia: esos tratamientos estaban instituidos por la ley del más fuerte.

Con la diferenciación de los derechos que la ley ha otorgado a cada uno de los sexos, se había puesto a las mujeres en la misma categoría que los menores de edad: sin derecho a voto, sin posibilidad de tener propiedades, sin acceso a la cultura y obligadas a obedecer en todo lo que el varón mandara. Pero los cambios sociales y económicos producidos en el siglo XX, sobre todo en los últimos 50 años, le posibilitaron un mayor control sobre su vida a la vez que una creciente independencia.

La necesidad de mano de obra femenina en los períodos de guerra, por ejemplo, abrió a la mujer las puertas al mercado laboral en las ciudades y, con ello, la posibilidad de procurarse su propio alimento y cobijo. El poder controlar por sí misma su fecundidad, le liberó de pasar su época fértil pariendo año tras año e hizo factible que, además de la maternidad, pudiera tener también otros deseos y aspiraciones.

Aun así, el silencio con respecto al maltrato se prolongó, en términos generales, hasta la década de los 70, momento en que diversas asociaciones de mujeres empezaron a hacer oír su voz. A partir de entonces, no sólo hemos podido ver manifestaciones, artículos en los periódicos o anuncios contra la violencia doméstica, sino que este tema también saltó a las pantallas de los cines, a las páginas de las novelas y, lo más importante, a las conversaciones cotidianas, fundamentalmente en Europa y América.

En los inicios de la lucha para erradicar este mal social posiblemente no se tuviera una clara idea de la dimensión del problema; sin embargo, gracias a las estadísticas que realizan los diferentes organismos dedicados a combatirlo, hoy se sabe que las cifras son espeluznantes:

«Más del 50% de las lesiones o daños que sufren las mujeres son ocasionados por sus compañeros».

En una sociedad que durante siglos le ha dicho al varón que él es la autoridad, quien tiene los pantalones, quien dice lo que hay que hacer, a la vez que enseña a la mujer que debe hacer cuanto pueda para conseguir la felicidad de su marido con el objeto de conservarlo, no es de extrañar que el varón aplique correctivos a quien considera su inferior. Es comprensible, sí, pero desde luego, es también intolerable.

Hay quienes aún no se dan cuenta de que las cosas han cambiado, que no quieren ver que en la actualidad la pareja no es una sociedad en la que uno de los adultos manda y el otro obedece sino una institución en la que ambos eligen estar juntos; que, en caso de divergencia, el vínculo se puede disolver mediante un divorcio o una separación. Son personas que no alcanzan a comprender que antes que la agresión está la puerta o el juzgado.

Y no todos los que así piensan son maltratadores; también hay víctimas que siguen creyendo que la autoridad suprema es del marido, lo que constituye una dolorosa realidad que no se puede eludir.

Pero la violencia doméstica no siempre se produce porque un hombre se sienta con derecho a exigir lo que quiera a su compañera, ni porque espere su obediencia. Pensar que el origen de todo maltrato es invariablemente el machismo es simplificar erróneamente las cosas.

Un hombre puede emprenderla a golpes con un vecino porque su perro le destroza el jardín y, sin embargo, ahí no hay ninguna cuestión de género ni puede adjudicarse tal hecho a una conducta machista o al sistema patriarcal en que nos hemos educado.

El fenómeno de la violencia doméstica es muy complejo; por tal razón es lícito afirmar que reduciendo su origen a sólo uno de sus aspectos, el machismo difícilmente podrá comprenderse en toda su amplitud y, mucho menos, acabar definitivamente con ella.

Si bien a la hora de hablar de malos tratos se presenta siempre a la víctima como mujer, lo cierto es que las agresiones son ejercidas por personas de ambos sexos. En muchos lugares aparecen las cifras de mujeres asesinadas por sus compañeros, por ejemplo, pero es difícil encontrar las de hombres asesinados en el marco de la violencia doméstica. La estadística de violencia doméstica y violencia de género se obtiene a partir del Registro Central para la protección de las víctimas y su titularidad corresponde al Ministerio de Justicia en España.

Éstas son estadísticas que se hacen, sí, pero que no se utilizan a la hora de difundir cuál es la situación general. Hoy la violencia doméstica es entendida por muchos como «violencia contra la mujer» pues todas las campañas apuntan a ello, pero se hace urgente cambiar esa idea errónea ya que eso deja en un grave estado de indefensión al varón; el mismo que durante siglos han sufrido las mujeres.

La palabra contra los puños

Así como las mujeres están acostumbradas a utilizar la violencia verbal, los varones son propensos, por educación, a utilizar más los golpes que la palabra. En las confrontaciones que tienen entre ellos mismos, cuando la discusión adquiere un nivel elevado de tensión, es muy probable que pasen de los insultos a la agresión física. Todos hemos visto a dos varones, adolescentes o adultos, pegarse en la calle, a la salida del instituto o en un bar, amén de los cientos de veces que hemos contemplado este tipo de situaciones en películas o series de televisión. Sin embargo es posible que en la vida real jamás hayamos presenciado una escena de agresión física protagonizada por mujeres y que rara vez nos haya sido mostrada en cine.

Cuando la mujer utiliza la violencia verbal, lo que menos espera como respuesta es una bofetada, un empujón o una patada; su experiencia le dice que las veces que ha agredido (a otras niñas o a sus hermanos, en cuyo caso los padres habrían puesto fin al conflicto) no ha recibido golpes o palizas sino descalificaciones e insultos; es decir, palabras más o menos hirientes. Sabe que la violencia física existe y que puede sufrirla, pero no entra fácilmente en sus esquemas y, menos aún, se puede imaginar a sí misma recibiéndola en confrontaciones con personas conocidas.

Por el contrario los hombres, acostumbrados a ella, detectan perfectamente el momento en que su oponente está a punto de pasar de las palabras a los puños. Conocen el ritual de gestos, amenazas y posturas corporales que anteceden a la violencia física y, por ello, les resulta más fácil elegir entre «bajar el tono» a fin de calmar al otro o, por el contrario, dar el primer golpe que, según dicen, vale por dos.

La escasa experiencia que tiene la mujer de la violencia física con sus iguales le impide reconocer en sus oponentes masculinos el momento en que ellos, en caso de estar discutiendo con otro hombre, pasarían a los golpes a menos que su oponente masculino callara o les diera la razón. Por esto, en las peleas domésticas, muchas mujeres no tienen en cuenta que en su reacción podrían utilizar los puños y disparan su violencia verbal hasta unos límites a los que ellos no están acostumbrados.

A la hora de descalificar las mujeres suelen ser más mordaces, irónicas y agudas que sus compañeros varones; como la agresión verbal es el arma que se les permite utilizar, la tienen muy afilada y pueden causar con ella heridas profundas que, psicológicamente, pueden ser incluso más dolorosas que muchos golpes. Sin embargo, por mucho daño que produzca, esta violencia no es un arma letal; en cambio, los puños o las patadas, sí.

Es interesante lo que dice al respecto el psiquiatra español Dr. Luis Rojas Marcos:

«...es verdad que siempre ha habido una cierta inclinación a creer en la inocencia de las acusadas de transgresiones violentas que, por definición, dan menos miedo que los hombres, son consideradas menos peligrosas, menos crueles».

Posteriormente, en una entrevista que se le hace en *El País Semanal*, explica:

«Pienso que quizá una justicia más comprensiva y benévola hacia las mujeres criminales sea el peaje que los hombres debemos pagar por haber convertido la violencia en un rasgo emblemático de nuestro talante y de nuestro sexo».

En las discusiones acaloradas, cuando los ánimos se caldean, cada uno agrede cada vez con más saña y el primero que se queda sin arsenal verbal suele ser el hombre. Sin embargo, la mujer, desde la impunidad de que su cuerpo no corre peligro porque eso es lo que ha aprendido y lo que sabe por experiencia, puede seguir elevando el tono de la disputa aun cuando su compañero quiera poner fin a la contienda. Así, en ocasiones consigue llevarlo al límite, hacerle perder completamente los nervios.

Una vez que la discusión ha llegado a ese punto, muchos pasan a intentar controlarla como sea y la forma que habitualmente encuentran los varones es la que han desarrollado con sus iguales: la agresión física.

Aun cuando mediara provocación, esta conducta por parte de ellos es absolutamente inadmisible. Incluso en los casos en que la hubiera, el hombre conseguiría mucho más si no respondiera con violencia, si no le diera a su compañera la posibilidad de colocarse ante sí misma y ante la sociedad en el papel de víctima. Porque la bofetada, el empujón, la paliza, aunque le haga cerrar la boca, le da a ella, sin embargo, la razón.

En parejas conflictivas en las que el hombre no cree ser superior a la mujer ni merecer por parte de ésta obediencia, las agresiones pueden ser múltiples y ejercidas por ambos. Son propiciadas por la forma que ha adoptado el vínculo, por negativas a asumir los roles a los que se había comprometido o, más exactamente, a los que el otro miembro creyó que se comprometía. Si una mujer se casa deslumbrada por el éxito que augura la carrera de su marido y éste nunca lo alcanza, ella se sentirá estafada porque él no ha asumido ni sabido llevar adelante el papel que ella creyó que se comprometía a asumir: el de hombre de éxito.

Si uno de los miembros de la pareja quiere 'otra cosa', un cambio en su vida, es muy posible que al otro se le venga el mundo encima porque desde el momento en que conviven, en que tienen un vínculo tan estrecho, eso le obligará a revisar y reestructurar también su propia vida, cosa que no siempre se tiene ganas de hacer.

Para ilustrar esta idea, nada mejor que la película «La guerra de los Rose». En ella se relata la historia de un matrimonio modelo en el cual la mujer, que es la perfecta ama de casa, un buen día desea ser algo más. Proponiéndose un cambio en su vida da comienzo a un rápido proceso de deterioro que les lleva al divorcio y que hace aflorar resentimientos acumulados a lo largo de muchos años.

Entre los espectadores que han visto esta película hay quienes piensan que es ella la culpable del clima de violencia que viven y otros que, por el contrario, hacen responsable al marido.

Sin embargo, hay una cosa que debe tenerse siempre en cuenta: cuando hay maltrato físico por parte de uno de los cónyuges hacia el otro, indudablemente éste es responsable jurídicamente de sus actos violentos. Eso no quita que las causas y el origen de los mismos, en muchísimos casos pero no en todos, esté dado por la dinámica que se ha establecido entre los dos e incluso en el otro cónyuge.

Si esto no es comprendido por la pareja, si cada uno echa la culpa invariablemente a su compañero, es muy probable que, una vez separados, construyan nuevas parejas en las que también estén presentes los malos tratos.

EN QUÉ CONSISTEN LAS AGRESIONES

Los malos tratos no sólo consisten en empujones, golpes y palizas. El ser humano, con su capacidad de comunicación, tiene la posibilidad de agredir de muchas maneras sin necesidad de recurrir a la agresión física. Cuando ésta se hace presente, se estima que, antes hubo un largo tiempo de agresiones verbales continuadas o de maltrato emocional orientadas a someter a la víctima, a dominarla, para poder ocupar el lugar de autoridad y poder.

El maltrato adopta diversas formas:

- Insultar, descalificar, humillar.
- Tratar con desprecio a la pareja. Retirarle la palabra, hacerle gestos hirientes o despectivos.

- Amenazar, sea por medio de gestos o de palabra. Las amenazas más comunes son: matar, matarse, hacer daño o llevarse a los niños, implicar a la familia, presentarse en el trabajo, denigrar públicamente, etc.
- Hacer chantaje. Obligar a la pareja a hacer cosas que no quiera para obtener como recompensa algo que merece por derecho propio, tales como la posibilidad de ir donde quiera, de tener contacto con su familia, de trabajar o estudiar lo que le apetezca.
- Prohibir la independencia económica de la pareja y, en ese caso, no darle lo necesario para cubrir sus necesidades ni las de los hijos. Mantener un control absoluto sobre la economía familiar sin permitir al cónyuge decidir nada al respecto.
- Abusar sexualmente de la pareja. Obligarla a mantener relaciones no deseadas, ya sea por medio de la fuerza física o a través de amenazas. Obligarla a realizar prácticas sexuales que le resulten desagradables.
- Cometer actos de vandalismo. Destrozar objetos comunes o de propiedad de la pareja.
- Controlar todos los movimientos de la pareja, acosarla, exigirle constantemente explicaciones acerca de dónde va.
- Impedir que la pareja se relacione con su familia o sus amigos, sea explícitamente o por medio de chantajes emocionales.
- No consultar con la pareja a la hora de tomar decisiones importantes que involucren a ambos.
- Provocar daño físico a la pareja.
- Deteriorar la imagen del cónyuge ante los hijos levantando calumnias, haciéndoles saber cosas que, por edad, no pueden comprender, revelando secretos de su vida sin el permiso de éste, mostrarles exclusivamente sus facetas más negativas con objeto de denigrarlo, etc.

El hecho de que un hombre, en medio de una fuerte discusión, zamarree a su compañera por primera vez en 15 años de matrimonio no lo convierte automáticamente en un maltratador, sobre todo si éste es un episodio aislado que no se vuelve a repetir y si no hubo con anterioridad humillaciones, insultos y descalificaciones reiterados y unilaterales. Estos casos son francamente raros, ya que lo más común es que una vez traspasado ese límite, una vez que se ha dado el primer golpe, la violencia física aumente.

Es habitual que este tipo de agresiones comiencen en el momento en que la víctima de maltrato psicológico tome conciencia de su situación y decida abandonar al agresor o hacerle frente. Los golpes, en este sentido, constituyen el último recurso de que éste dispone para tenerla sometida a su voluntad.

Tampoco es raro que las agresiones físicas continúen incluso después de haberse pronunciado la sentencia de divorcio, sobre todo cuando el maltratador padece de celos enfermizos y amenaza a la víctima con matarla si la ve en brazos de otra persona. En estos casos, las autoridades judiciales suelen dictar una orden de alejamiento que impide al agresor acercarse o tomar contacto con la persona a la que ha maltratado.

En la mayoría de los casos, aunque no en todos, la presencia de la autoridad real, es decir del juez, pone fin a la violencia. Ante ella el maltratador, por lo general, se somete y acata las órdenes que éste imparte.

En el caso de las víctimas femeninas, muchas mueren anualmente asesinadas por sus ex compañeros sentimentales pese a haberse dictado medidas cautelares. Normalmente, al carecer de un trabajo, ellas no tienen las mismas posibilidades de refugio por lo que, cuando el agresor se niega a alejarse, no les queda otro recurso que desaparecer, normalmente contactando con el sistema de casas de acogida.

Bajo estas condiciones, la víctima se ve obligada a romper drásticamente con su pasado; no puede volver a su antiguo barrio, teme encontrarse con amigos comunes que puedan dar a su ex compañero la nueva dirección, habitualmente tiene que cambiar de colegio a sus hijos y reestructurar completamente su vida. De ahí que en estos centros se le brinde atención psicológica no sólo para asimilar de la mejor manera posible el drama que se ha vivido, sino también para preparar a la persona refugiada lo mejor posible a fin de que pueda encarar con fuerzas una nueva vida.

La persona violenta no cambia por sí misma; es muy raro que después de años de ejercer malos tratos se reconozca culpable de delito alguno o considere que sus acciones son censurables; más bien tiende a culpabilizar a la víctima, a hacer responsable a ésta de las escenas de violencia ocurridas.

Muchas mujeres que sufren malos tratos intentan convencerse a sí mismas de que éstos van a cesar, porque la esperanza de que estoocurra es el único consuelo que encuentran a esa situación a la que no ven ninguna salida; pero lo cierto es que la única forma de terminar con ellos es aceptar que no habrá cambio y pedir ayuda terapéutica o legal a fin de encontrar el modo de distanciarse de quien les agrede.

Como acertadamente afirma el terapeuta Víctor Kurcbard, especializado en violencia familiar:

«Siendo terapeuta familiar y de parejas, recibía con asiduidad derivaciones de personas, todas mujeres, que pedían ayuda para su situación personal en el ámbito familiar, relacionadas con el maltrato en sus distintas formas por parte de sus compañeros. Algunas querían y planteaban la necesidad de salvar sus matrimonios, otras, sólo querían salvar su vida y la de sus hijos. Excepcionalmente llegaba algún esposo, derivado por un juzgado. A diferencia de las mujeres, en los hombres no era una elección propia, sino una "obligación" a cumplir».

El cese de la violencia por parte del maltratador, generalmente sólo es posible si éste se somete a un tratamiento que le enseñe a controlar sus impulsos agresivos. Lamentablemente, como afirma el Dr. Kurcbard, son pocos los que admiten necesitarlo. A veces acuden a las consultas porque esa es la condición que le ponen sus mujeres para aceptar volver con ellos, pero lamentablemente son muchos los que al poco tiempo abandonan la terapia.

CREENCIAS ERRÓNEAS

Hasta hace unos pocos años nadie hablaba de los malos tratos salvo que éstos fueran muy evidentes. Cuando los gritos de la víctima trascendían las paredes del hogar y eran escuchados por vecinos, el incidente se mencionaba en voz baja y escandalizada, con la mala conciencia de estar espiando o metiendo la nariz en la vida íntima de los demás. Todo era disimulo o, como mucho, una llamada anónima a la policía para que terminara con el escándalo de gritos y golpes, y viera qué ocurría en tal o cual piso. Nadie solía prestar ayuda ni, mucho menos, tocar el timbre de la puerta que encerraba el horror. Eso era intervenir en un ámbito estrictamente privado, cosa que estaba muy mal vista.

Al día siguiente una mujer saldría a la calle con gafas negras para tapar el cardenal y los ojos hinchados de tanta lágrima, y quien coincidiera en el ascensor con ese vecino a quien sabía agresor, lo saludaría educadamente como todos los días; hasta es posible que le hiciera algún comentario sobre el tiempo para romper el hielo. Todos: víctima, maltratador y oyentes jugarían a un «aquí no ha pasado nada». Las vecinas por solidaridad, para no provocar a la mujer, ni a ellas, una mayor vergüenza, o por miedo a ponerle las cosas mucho más difíciles con su marido; los vecinos, por pensar que seguramente algo habría hecho para merecer la paliza, o bien que la cosa no era para tanto.

La víctima no se quejaba de las agresiones recibidas; pensaba que era la única o, como mucho, una de las pocas que tenían la desgracia de estar en una situación tan bochornosa; y esa creencia se asentaba en cada una de ellas, favorecida por el silencio, impidiendo que se solidarizaran.

Las autoridades distinguían también entre lo público y lo privado juzgando que lo que ocurría en la intimidad de un matrimonio, ahí se tenía que resolver, a menos que hubiera gravísimas lesiones o asesinato.

Lamentablemente no puede decirse que las cosas hayan cambiado pero sí que empiezan a cambiar, sobre todo para las mujeres. Porque aunque las campañas suelan ponerla a ella como víctima, también hay hombres que sufren la violencia de sus parejas, no tanto en forma de golpes o palizas como de un constante acoso, denigración e insultos, o de calumnias dirigidas a los hijos que terminan viendo a su padre como el monstruo que ella insiste en presentarles. Al respecto es importante saber que por cada mujer que se suicida hay diez hombres que lo hacen, por lo que es mejor analizar detalladamente la situación.

Si a la mujer, a quien la sociedad considera un ser débil, frágil, indefenso, le cuesta en ese contexto pedir ayuda, cuánto más al varón que, se supone, debe tener el coraje y la fuerza para defenderse por sí mismo, para establecer el orden y mandar en el hogar.

De ahí que para ambos sexos sea importante no callar, no girar la cabeza ante la violencia, prestar ayuda a las víctimas, sean éstas hombres o mujeres.

MITOS

El silencio con el que se ha tapado siempre el tema de los malos tratos ha dado pie a muchas ideas equivocadas; mitos que tienden a perpetuarlos y que aun hoy, a pesar de las campañas de información, siguen siendo aceptados por muchísima gente.

- **La violencia doméstica es un hecho aislado.** Las estadísticas realizadas en los últimos años por las autoridades de diferentes países demuestran que el maltrato en las relaciones de pareja es un fenómeno frecuente, cotidiano. Muchas personas mueren al año asesinadas por sus cónyuges, sobre todo mujeres, a pesar de que en el barrio en que vivían o en su propia familia las palizas que recibían eran conocidas por todos. En la medida en que los medios de comunicación han empezado a hablar del problema, poniendo de manifiesto que los malos tratos no son algo excepcional y aislado, las víctimas se han atrevido a denunciar a sus agresores y el número de casos registrados en las comisarías ha ido aumentando año tras año. Aun así, se estima que sólo una pequeña cantidad de personas agredidas en el ámbito doméstico acude en busca de ayuda, presenta denuncias o intenta con éxito distanciarse de su agresor. La gran mayoría, ya sea por miedo o por vergüenza, permanecen calladas.

- **Sólo ocurre en las clases sociales más bajas.** La violencia, bien ocurra en las escuelas, en lugares públicos o en el seno de la familia, siempre ha sido asociada a las clases sociales menos favorecidas, con aquellos que tienen que luchar duramente para sobrevivir. Pero la agresión doméstica, al contrario de lo que cree la mayoría, se observa tanto entre los menos pudientes como entre los más adinerados. Si el mito se ha mantenido es porque cuando el maltrato se produce entre personas acomodadas, por lo general, es resuelto en un ámbito privado (abogados, médicos, etc.) y las encuestas sobre malos tratos, en cambio, suelen hacerse en hospitales públicos a los que, por lo general, no acuden quienes tienen medios económicos para pagar un médico particular.

- **Si en una pareja hay violencia, eso es asunto de ellos.** La idea de que lo que pasa en un matrimonio es cosa de los cónyuges ha posibilitado que muchas mujeres que podían haber tenido una vida digna y agradable hayan terminado destrozadas, cuando no muertas, a manos de sus maridos por no atreverse a pedir ayuda. Aún son muchos los amigos o familiares que, cuando una víctima confiesa su problema, se niegan a oír hablar del tema y, mucho menos, a intervenir porque consideran que en eso no deben meterse. Hay mujeres que acuden a sus madres o hermanas después de recibir una paliza para oír de ellas que deben aguantar, callar o no hacer del tema una vergüenza para todos. En estos casos, no prestarle apoyo y no protegerla adecuadamente es abandonarla en manos de alguien que puede acabar con su vida, tal y como ha sucedido tantas veces. Además, con este tipo de conducta, se sustenta la parte más negativa de la víctima, aquella que la empuja a seguir al lado de la persona que la maltrata. La violencia doméstica ha dejado de ser un tema privado para convertirse en un serio problema social. De ahí que las autoridades de muchísimos países, ante las cifras que se están manejando, reaccionen intentando crear leyes y estructuras que protejan a estas víctimas, que permitan condenar a los agresores y que propicien una educación adecuada a fin de que en las nuevas generaciones el maltrato no tenga ninguna cabida.

- **Siguen con ellos porque quieren, porque son masoquistas.** Está muy extendida la opinión de que a las personas que aguantan malos tratos durante años les gusta sufrir, así como la idea de que son débiles, pusilánimes o poco inteligentes. Sin embargo, la baja autoestima que normalmente tienen antes de comenzar esa relación, las empuja a soportar agresiones psicológicas que mermarán aún más la buena opinión que tengan de sí mismas. Esto determina que concedan un excesivo valor a quien les maltrata, que caigan en una dependencia emocional que les impida separarse. Todo ello, naturalmente nada tiene que ver con la inteligencia o con la fuerza; se puede ser brillante y, al mismo tiempo, considerarse a sí mismo insignificante y sin valor. Normalmente las víctimas son fuertes pero tienen sus energías puestas más en la resistencia que en el avance. Además, suelen jugar limpio, y así como un tahúr puede ganar haciendo trampas a otro excelente jugador, quien tenga una ética sólida no miente e intenta siempre ser coherente con sus principios y puede ser engañado con facilidad por un individuo mentiroso, tramposo y mucho más débil siempre y cuando se gane previamente su confianza. La víctima, antes de pensar que está siendo moralmente estafada, tendrá una actitud autocrítica e intentará ver qué está fallando en ella con el objeto de corregirse; eso le impedirá ver que el problema no está en ella sino en el hecho de convivir con una persona violenta.

- **Cuando hay hijos, lo mejor es aguantar.** Los niños que se crían en hogares donde es habitual la violencia tienen muchísimos más problemas psicológicos que los hijos de padres separados. Viven con miedo, sienten una horrorosa impotencia, no terminan de comprender lo que está ocurriendo y, a menudo, se culpan a sí mismos de lo que sucede. La situación les acarrea, además, otros problemas que agravan su situación: es frecuente observar en ellos una serie de síntomas tanto físicos como psicológicos entre los que se incluyen: fracaso escolar, trastornos de conducta, dolencias psicosomáticas, ansiedad, etc. Además, como la víctima vive bajo una constante tensión, a menudo no puede cuidarles de una manera eficaz y positiva ya que tiene que gastar muchísimas energías en protegerse a sí misma y en estar alerta para poder prever los ataques del agresor. Hará lo que pueda por los pequeños, sí, pero lamentablemente es muy posible que todo esto sea insuficiente. Muchas personas piensan que con cerrar la puerta ellos no se enteran de lo que está ocurriendo; sin embargo los niños no son tontos y saben captar perfectamente las miradas y tonos amenazadores, el nerviosismo y el miedo de la víctima, los gestos que pueden augurar el estallido violento y toda la gama de emociones que se ponen en juego en estos casos. Aguantar una situación de malos tratos por no provocar un daño a los hijos es un grave error ya que esa situación les deja dolorosas huellas para toda la vida. Por otra parte, los modelos que se les están transmitiendo impiden la erradicación de la violencia doméstica en un futuro ya que aprenderán a resolver las diferencia con los demás a través de insultos y golpes. Algo que debe tenerse muy en cuenta es que, tal y como se ha demostrado en los estudios realizados por todos los psicólogos que investigan el tema de los malos tratos, muchas de las personas violentas provienen de hogares en donde los problemas se resolvían utilizando la violencia.

- **Hay mujeres que provocan el maltrato.** Aunque se haya pretendido hacer de esto un mito, la respuesta es sí; muchas son verbalmente muy agresivas, son capaces de inferir heridas psicológicas que tardan en cicatrizar muchísimo más que cualquier bofetada. Insultan o descalifican a su compañero y no se quedan satisfechas hasta no ver que éste pierde el control para poder así dejarlo con una gran carga de culpas. Pero si bien esto es cierto, también es verdad que al agredido nadie le obliga a pegar. Dándole un golpe a su compañera no obtendrá ningún beneficio. Siempre hay una puerta por la que salir, un modo de apartarse para no seguir oyendo los insultos, las descalificaciones, o para evitar los objetos que, en un ataque de histeria, la mujer pueda arrojarle. La violencia física, aun cuando mediara provocación por parte de la víctima, no se puede justificar de ninguna manera ya que la ley provee actualmente de los elementos necesarios para poner fin a una relación conflictiva o para tomar la debida distancia con cualquier cónyuge o compañero sentimental que emplee el maltrato emocional. Esto está perfectamente contemplado por la ley y, si bien es bastante más difícil de demostrar que un hueso roto o un cardenal, hay psicólogos forenses capacitados para determinar si se han producido daños de esta naturaleza. El empleo de la violencia física en ningún momento aporta solución a los conflictos de pareja; más bien, todo lo contrario. Por otra parte, constituye un delito o una falta penados por la ley.

- **La violencia doméstica es propia de familias problemáticas.** Para que se instale el maltrato no es necesario que el grupo familiar pase por problemas graves, viva marginalmente o se dedique a actividades delictivas; la violencia doméstica se da en todas las capas socioculturales sin distinción. Muchas personas que son consideradas ejemplares en el vecindario, en su entorno laboral o profesional, al llegar a sus hogares se muestran despóticas, prepotentes, humillantes o violentas con sus parejas. Incluso ciertos tipos de maltratadores son especialmente agradables con compañeros de trabajo, amigos, etc., pero muy crueles con las personas con las que tienen un trato más íntimo.

- **Los hombres que pegan a sus mujeres son alcohólicos o drogadictos.** Es un error muy común pensar que la paliza sobreviene a causa de los efectos del alcohol o de las drogas. Aunque estas sustancias pueden contribuir a la pérdida de control y al ejercicio de la violencia, sobre todo en el caso de alcohólicos, no sólo maltratan quienes las ingieren. Para tener un arrebato de celos y emprenderla a golpes con alguien a quien consideran un objeto de su propiedad no necesitan tener la mente nublada por ningún estupefaciente; ya la tienen bloqueada por ideas erróneas en lo que respecta a la forma de resolver cualquier tipo de conflictos.

- **Cuando la mujer dice «no» lo que quiere decir es «sí».** Durante siglos se ha atribuido a las mujeres (y se sigue haciendo en algunas culturas) el deseo sexual irrefrenable, la carnalidad. De ahí nace el mito de que ellas, como norma, cuando no admiten querer un encuentro sexual, en realidad, siempre lo están deseando y, a menudo, buscando. También está muy generalizada la creencia de que les gusta excitar al hombre fuerte, muy macho, que las someta sexualmente, que las obligue a realizar aquellos actos que quisieran llevar a cabo pero que, por educación, no se atreven a aceptar que les gustan. Estos mitos dan pie a que, tanto fuera como dentro del matrimonio o de la relación de pareja, se produzcan violaciones con lamentables secuelas para las víctimas; a que no se espere el consentimiento de la mujer para ejecutar el acto sexual sino que se tenga la certeza de que ella siempre quiere, por mucho que se resista. Otro de los mitos dice que el hombre siempre quiere, siempre está dispuesto. Por ello, cuando un hombre se niega a tener un contacto íntimo, la mujer vive esa situación como un acto de desprecio, como una humillación. La opinión de que cada cónyuge tiene la obligación de responder a los deseos sexuales de su compañero, le apetezca o no, también está muy difundida. Muchos creen que siempre hay que cumplir con ese deber. Esta idea está muy arraigada incluso en muchos países occidentales, en algunos de los cuales, hasta hace tan sólo dos años, la violación en el seno del matrimonio no estaba tipificada como delito. Aunque hoy se tienda a considerar la violación matrimonial como tal, hay lugares donde, a pesar de tener leyes que así lo admitan, las mujeres casadas que denuncian abusos sexuales cometidos por sus maridos tienen un tratamiento menos favorable que si denunciaran una violación ejercida por un desconocido.

Todos estos mitos parten de ideas erróneas que han sido sostenidas por la cultura en la que estamos inmersos y son las que siguen dificultando la erradicación de los malos tratos, tanto del hombre hacia la mujer como viceversa.

Irremediablemente, mientras la población no sea consciente de que la violencia doméstica es un problema que atañe a todos –las agresiones maritales, o de otros miembros de la familia–, los malos tratos seguirán dejando un doloroso rastro de víctimas, la mayoría de las cuales serán niños.

La dote emocional

Ya saben todos que Javier y yo estamos saliendo. Ayer quedamos para ir al cine y, mientras esperábamos para entrar, Pedro empezó, como de costumbre, a hacerse el gracioso. Dijo que nos mirábamos mucho, que estábamos cuchicheando todo el tiempo, que se olía algo raro entre Javier y yo y no sé cuántas tonterías más. En un momento oigo que Javi le dice: «¡Normal! ¿Qué quieres? ¡Estamos enamorados! ¡Nos queremos, chaval!», dándome un abrazo y un beso a continuación.

Todos se quedaron de piedra y la cara de Marisa fue para filmarla. Ella tan guapa, tan sexy, tan segura que estaba de que él caería rendido a sus pies, me miró como diciendo: ¿Qué ha podido ver en ti, que yo no tenga?». Los demás, aunque no se lo esperaban, se lo tomaron muy bien; dijeron que hacíamos una pareja estupenda y comentaron lo calladito que lo teníamos.

Yo aún no termino de creérmelo. Estoy como en una nube, me parece que todo esto fuera un sueño y que en cualquier momento me voy a despertar. Tampoco quiero hacerme muchas ilusiones, al menos de momento, pero es que no puedo evitarlo; me paso todo el día pensando en él y tengo que controlarme para no llamarle a cada instante, para no ir a esperarlo a la salida del trabajo. Cada vez que se tiene que marchar, creo que no voy a poder resistirlo. ¡Qué horror! Es casi como un dolor físico.

Pero debo controlarme; debo hacer lo imposible por mantenerme serena y dejarle hacer su vida ya que, según me contó, ha salido antes con otras dos chicas a las que dejó porque le hacían sentir muy agobiado.

Ahora está con mucho trabajo en la oficina, y estudiando, además, para unas oposiciones, de modo que no tiene demasiado tiempo para que nos veamos. No hay modo de quedar por anticipado. Lo que hacemos es que cuando él está tan saturado que decide salir para tomar un poco el aire, me llama y voy para allá.

Y así estoy yo, en casa, pendiente del teléfono; cada vez que suena doy un bote y corro a cogerlo por si es él. Me parece que mi madre se ha dado cuenta de algo porque lleva una semana diciéndome que estoy rara y quiere saber dónde voy y con quién, pero es mejor que no se entere de este asunto porque va a empezar con los sermones y ahora no tengo ganas de aguantarla.

Javi es especial. Ante todo, sabe muy bien lo que quiere y cuando se le mete una cosa en la cabeza, hasta que no la consigue, no para. Él no es de los que salen cada día con una chica distinta; si quisiera podría hacerlo porque tiene muchas detrás, pero, como dice, no pierde tiempo en relaciones que no le aportan nada.

En su oficina hay una que hace rato le está tirando los tejos, pero él no le hace ni caso. Al parecer es muy guapa y tiene mucho éxito entre sus compañeros, pero a mi niño no le gusta; la ve demasiado frívola, coqueta, «descerebrada», como él la llama. Dice que las historias con chicas así no duran, que sólo sirven para pasar el rato, para salir de juerga o estar un verano acompañado; nada más. Él quiere algo serio, con futuro.

En algunas cosas es un poco chapado a la antigua. Opina que la mujer de hoy se preocupa más de su desarrollo profesional que de sus hijos, que ha perdido el norte y que no sabe realmente lo que quiere; de ahí que hasta ahora no haya encontrado a ninguna sensata con la cual formar pareja.

También tiene decidido que su mujer no trabajará hasta que los niños sean mayores. En parte estoy de acuerdo con él ya que si se tienen niños, no será para que los críe la profesora de una guardería, por muy encantadora que sea.

Aunque opine estas cosas de las muchachas jóvenes, el concepto que tiene de las mujeres de verdad es muy alto, y eso me gusta. Nos considera superiores porque, dice, tenemos una capacidad de sacrificio y de generosidad que el hombre, por naturaleza, no tiene; que al contrario que ellos, nosotras damos más importancia al espíritu que a la materia. También opina que más vale sufrir por una ruptura a tiempo, durante el noviazgo, que hacerle pagar las consecuencias de las equivocaciones a los niños y que, por eso, no se casará hasta no estar completamente seguro de que la relación que ha establecido sea para toda la vida.

Es muy seductor; a veces se queda mirándome durante un buen rato y, cuando le pregunto qué le pasa, me dice que está embobado con mi forma de mirar, tan limpia, tan sincera. ¡Y yo que pensaba que mis ojos eran inexpresivos!...

31

Al fin, me ha valido la pena esperar a que apareciera alguien que realmente me gustara en lugar de salir con el primero que se me puso a tiro... ¡Quién me hubiera dicho que iba a encontrar al hombre ideal! Lo raro es que se haya fijado en mí pudiendo elegir otra cosa. No soy especialmente guapa, mi familia es normalita y en los estudios no he sido brillante ni mucho menos. Pero él está encantado y dice que le gusta todo de mí; la forma de moverme, mi sencillez, mi independencia... todo. Incluso da un valor especial al hecho de que antes no hubiera estado con otros chicos. Eso a veces me preocupa, pero también me digo que antes, las mujeres se casaban con su primer novio y, aun así, el matrimonio duraba para toda la vida.

Espero no defraudarlo. De momento, quiero disfrutar de esta felicidad sin preocuparme por lo que pueda pasar más adelante. Tengo un poco de miedo de que la relación se termine, pero voy a vencerlo. Necesito tener más confianza en mí misma y sé que a su lado la iré consiguiendo poco a poco.

Él me hace sentir más valiosa de lo que nunca me he sentido; me veo guapa, inteligente, atractiva. Todo esto es tan nuevo que me sorprende, me alegra, pero también me asusta.

* * *

Un buen día la mirada, el pensamiento y el deseo quedan anclados en alguien en particular, normalmente de forma exclusiva e intensa. Ante este fenómeno, muchos se preguntan por qué esa persona y no otra es la que les hace vibrar, gozar y padecer. Como respuesta a este interrogante, sólo obtienen retazos de verdad o aproximaciones; jamás una conclusión certera que les explique todos los pormenores de su estado emocional.

Poetas, filósofos, psicólogos o, simplemente, enamorados han intentado expresar los mecanismos de esta fascinación escribiendo miles de volúmenes sobre el amor, pero a pesar de haber comprendido algunas de sus facetas, síntomas y métodos, éste sigue resultando, en gran medida, un misterio.

El enamoramiento no es el único camino para formar una relación de pareja; muchos la establecen partiendo de una amistad tranquila, serena, en la que el afecto se va haciendo cada vez más profundo hasta que cada uno siente que no puede vivir sin el otro. Sin embargo, lo habitual es que comience con ese rapto de locura al que también se denomina «amor pasional».

En el enamoramiento correspondido concurren dos tipos de aspectos: los psicológicos y los fisiológicos. Entre los primeros, se pueden citar:

- Búsqueda permanente de contacto con el objeto amoroso.
- Fantasías acerca de la dicha que entrañaría una vida en común.
- Transformación de los defectos de la persona amada en virtudes.
- Aumento del tiempo empleado en fantasías, ensoñaciones.
- Distanciamiento de todo aquello que no tenga que ver con la persona amada (amigos, aficiones, etc.).
- Ansiedad, desasosiego, emotividad a flor de piel.
- Aumento de la autoestima.
- Sensación de felicidad.
- Desasosiego.

A pesar de ser tan evidentes para los demás, la persona enamorada no suele ser consciente de cada una de las cosas que le suceden; ella las vive como un conjunto de emociones que se centran en la persona por la cual experimenta atracción. Ante su presencia o su recuerdo, se siente diferente, feliz y entusiasmada, pero a la vez, inmersa en un torbellino de recuerdos recientes y fantasías que le impide pensar serenamente, cosa que, por otro lado, tampoco le interesa hacer.

EL ÉXTASIS

Cuando el enamorado, sea hombre o mujer, confirma que los fuertes sentimientos y emociones que le inundan son correspondidos, la lógica, la razón y el sentido común parecen abandonarle y de la noche a la mañana su vida cambia por completo: cualquier otra cosa que no sea lo relacionado con su conquista pasa a segundo plano y, prácticamente, todos los momentos del día los dedica a soñar con la persona amada.

Inmerso en una especie de éxtasis, vive bajo un estado de conciencia alterado en el cual hay un gran despliegue y gasto de energía emocional. Ésta le lleva a gozar y sufrir con los mil y un matices del amor y confiere un significado desproporcionado a cada uno de los gestos y actitudes de la persona que lo ha encandilado que, al ser recibidos, se transforman en nuevas fuentes de emociones.

La búsqueda de contacto con ese ser al que encuentra tan especial se convierte en obsesión. La necesidad de oír su voz, captar su mirada, tocar su piel, se hacen urgentes y ocupan un lugar prioritario en su mente desplazando de ella la precaución, la desconfianza e, incluso, la sensatez. Con tal de vivir la proximidad con la persona que ha elegido o de confirmar que ocupa un lugar especial en su corazón, la persona enamorada es capaz de realizar acciones que, en circunstancias norma-les, jamás llevaría a cabo. De esto dan cuenta la infinidad de tragedias, novelas y poemas que se han escrito a lo largo de la historia.

Aun cuando hubiera sido previsible que el amor sería correspondido, la con-firmación de que el sentimiento es mutuo siempre es recibido como una sorpresa inesperada, como un regalo maravilloso, mágico, que sólo poco a poco y con el correr de los días se puede asimilar en toda su amplitud. La desacostumbrada fe-licidad que produce saberse escogido por quien se ama, lleva irremediablemente a experimentar el temor de que esa dicha se acabe, impulsa a confirmar una y otra vez que la persona elegida está tan pendiente de uno, como uno de ella. Y en la búsqueda constante de señales que corroboren esa correspondencia, los sentidos se agudizan de tal modo que se es capaz de distinguir hasta los más leves matices de voz, los gestos más discretos, las miradas más fugaces que, en otras circuns-tancias, pasarían totalmente desapercibidos.

¿QUÉ HA PODIDO VER EN MÍ?

La atracción no se produce tanto por las virtudes que objetivamente tiene la persona amada como por una serie de sutiles intercambios de comunicación que se estable-ce con ella: miradas, sonrisas, gestos que expresan deseo e invitan al acercamiento. Este conjunto de señales que constituyen la seducción es tan complejo y rico en matices que resulta prácticamente imposible expresarlo en palabras, sobre todo a quien lo está viviendo.

Si se le pregunta al enamorado por las cualidades que ha creído ver en el objeto de su amor, tal vez intente mencionar algunas como la inteligencia, la bondad o la belleza; sin embargo, es probable que conozca a otras personas que tengan estas virtudes mucho más desarrolladas sin que, por ello, le hayan despertado ninguna atracción especial.

Lo que atrapa a la persona que se enamora es el conjunto y, sobre todo, la respuesta que recibe a sus gestos, a su actitud de acercamiento. Es la emocionante comunicación que establece con el otro.

El enamorado no ve a la persona amada tal y como es sino, más bien, como desea que sea. La moldea de acuerdo a sus fantasías, según la imagen de pareja que se haya formado previamente, e intenta ver en cada una de sus actitudes, elementos que le confirmen que la persona que tiene ante sus ojos se asemeja indiscutiblemente a lo que ha fantaseado.

Para poder encajar la imagen real de quien le atrae con la de pareja ideal con la que tantas veces ha soñado, minimiza sus defectos e, incluso, los convierte en virtudes. Así, el comportamiento caprichoso puede transformarse, por efecto de la mirada amorosa, en carácter fuerte, decidido y emprendedor; la debilidad o la cobardía, en sensibilidad exquisita; y el temperamento obsesivo, en perfeccionismo y pasión por el detalle. Durante la fase de enamoramiento, el ser amado siempre se acerca ilusoriamente a la perfección.

A las personas optimistas, que se quieren lo suficiente a sí mismas, no suele llamarles la atención que alguien que podría ser muy codiciado como pareja quiera estar a su lado; sienten que se lo merecen, que es natural, que tarde o temprano tenía que sucederles. Sin embargo, a quienes tienen una baja autoestima y han vivido convencidas de que jamás alcanzarían una felicidad completa, les cuesta entender cómo es posible que alguien tan maravilloso les haya elegido, que esté tan ciego para no ver sus múltiples imperfecciones.

«¡Quién me hubiera dicho que iba a encontrar al hombre ideal! Lo raro es que se haya fijado en mí pudiendo elegir otra cosa.»

Con frases de este tipo establecen, desde los comienzos de la relación, una jerarquía: la persona amada es mucho más valiosa que ellos mismos. Y si bien les resulta agradable sentirse elegidos por un ser que roza la perfección, eso les lleva a sentir el constante temor de que, en un futuro, comprenda lo poco que valen y les abandone. Para que esta terrible amenaza nunca llegue a cumplirse, procuran desde un primer momento compensar su supuesta insuficiencia con una generosidad extrema, con una devoción y espíritu de sacrificio exagerados que, sienten, les ayudarán a conservar el amor que reciben de alguien tan superior.

A partir del momento en que nacen estos temores, sus deseos ya no cuentan, se diluyen ante otro deseo primordial que lo ocupa todo: seguir siendo amados por esa persona. Sus propias opiniones, decisiones o deseos tampoco serán tan válidos e importantes como los del ser que han elegido que, gracias a la mirada amorosa que les prodiga, les otorga una nueva y maravillosa imagen de sí mismos.

QUÉ NOS ATRAE DE LA PERSONA QUE ELEGIMOS

Cada cultura, incluso cada persona, tiene su propia escala de valores: para unos, lo más importante es la sensibilidad en tanto que, para otros, puede serlo el sentido práctico, o una actitud emprendedora determinada más por la capacidad de actuar agresivamente frente a los obstáculos que por la sensibilidad. Sin embargo, a la hora de enamorarse no es posible hacer evaluaciones racionales sobre las cualidades de quien nos despierta interés, ya que lo que nos acontece en el cuerpo y en el alma no es algo del orden mental sino emocional.

Cuando una persona se enamora no piensa con la cabeza sino con el corazón, y los sentimientos que el otro le inspira, a menudo tienen poco y nada que ver con las virtudes o defectos reales que posea. Por esa razón, es bastante frecuente que, cuando una relación llega a su fin, cada uno de los miembros acabe preguntándose qué es lo que ha podido ver en el otro; cómo ha estado tan ciego como para enamorarse de una persona absolutamente opuesta a su forma de ser, con valores tan diferentes a los propios o con defectos que jamás imaginó que podría llegar a tolerar.

La respuesta a este interrogante es clara: la fantasía ha ocupado el lugar de la realidad y el deseo de unión se ha encargado de tapar prolijamente cualquier tipo de discrepancia.

Cuando el enamoramiento es correspondido, una de las cosas que hacen al otro más atractivo es la imagen que nos devuelve de nosotros mismos. Mirarse en sus ojos es apreciarse en el mágico espejo que nos hace más grandes, más buenos, más hermosos, más interesantes. En él somos mejores de como nos hemos visto nunca ya que, por su parte, el enamoramiento que la otra persona sienta por nosotros, sea real o fingido, le impulsa a ocultar todo aquello que pueda deslucirnos. Gracias a eso se provoca la atracción, el imperioso deseo de acercamiento, de continuidad, de proximidad, etc. Queremos estar a su lado por la simple razón de que nos hace sentir especialmente bien y particularmente valiosos.

Aún sin proponérselo conscientemente, la persona que nos ama nos enseña a descubrir en nosotros mismos cualidades que, tal vez, jamás hubiéramos sospechado. Tiene la posibilidad de mostrarnos facetas, a menudo sorprendentes, que incluso pudimos haber admirado en otros sin darnos cuenta de que también estaban en nosotros mismos.

«...me dice que está embobado con mi forma de mirar, tan limpia, tan sincera. ¡Y yo que pensaba que mis ojos eran inexpresivos!...»

Y lo importante es que esto nos transforma, nos da una nueva seguridad que se trasluce en cada uno de nuestros actos. La mirada amorosa de quien amamos nos hace poner en juego mecanismos que, quizás a causa de una educación rígida, de timidez, de trabas que no hemos sabido superar, hasta ese momento no habíamos podido desplegar o nos sentíamos incapaces de utilizar. Con ello, no sólo el enamorado nos ve diferentes; también quienes nos rodean observan el cambio a mejor y nos lo hacen saber, ya sea en palabras o estableciendo un trato diferente que nos favorece. Como es natural, el cambio positivo y general nos anima a efectuar en nosotros mismos otras transformaciones con mayor profundidad y nos decide, en muchos casos, a sacar el máximo provecho posible a muchos talentos que teníamos olvidados o nos eran desconocidos.

A través del amor correspondido aprendemos a querernos, a aceptarnos mejor, a sentirnos valiosos. El hecho de que alguien a quien admiramos nos elija especialmente significa que, al menos para esa persona, tenemos cualidades especiales que nos destacan del resto de la gente:

«... él me hace sentir más valiosa de lo que nunca me he sentido».

Quien esté acostumbrado a los elogios, ya sea porque durante su infancia ha vivido en un entorno familiar pródigo en alabanzas o porque tenga un carácter más asertivo y se valore con justicia, se sentirá indudablemente halagado ante la imagen mejorada de sí mismo que le devuelve la persona amada, pero eso no marcará un cambio radical en su vida. Sin embargo, para quien siempre se ha sentido el «patito feo» de la familia, del barrio o del grupo de amigos, la presencia en su vida de un admirador incondicional que le descubra de la noche a la mañana sus virtudes, inaugurará un antes y un después, del cual es muy difícil zafarse. Por ello no es de extrañar que, para quienes se hayan desvalorizado durante mucho tiempo, la persona amada represente, por sí misma, la mayoría de las posibilidades de la felicidad.

Es necesario destacar que rara vez se dice: *«Al fin comprendo, gracias a su ayuda, que valgo mucho».* Si así fuera, se podría hablar de una cura radical de la desvalorización, se tendría la certeza de que ésta no se volverá a presentar. Pero lo que se suele expresar es *«me hace sentir valiosa»;* y eso equivale a decir: *«cuando estoy en contacto con la persona que me ama, sus palabras, sus gestos, me hacen sentir lo mucho que valgo».* Con esto queda claro que la ausencia del amado o la ruptura de la relación traería como consecuencia inmediata una nueva caída en la desvalorización, esta vez más brutal y dolorosa desde el momento en que se han probado las mieles del éxito social.

Si la elección mutua cesa por parte del otro, si la persona es abandonada, de nada le servirá la valorización adquirida durante el tiempo que duró la relación; volverá a ser el «patito feo» de siempre.

Esta cualidad especular del amor es, en gran medida, lo que convierte al otro en alguien tan importante en la vida de muchas personas. Sin su presencia, sin un lugar en el centro de su corazón, vuelven al anonimato, a la soledad, a la pérdida de todo lo especial que cobró vida durante el cortejo.

¿Cómo no hacer, entonces, lo imposible por lograr que no se produzca el abandono? ¿Cómo no pagar precios desmedidos por conseguir mantener su proximidad? Quienes han sufrido algún desengaño, saben de sobra que la pérdida de ese paraíso desatará sentimientos negativos y dolorosos como la depresión y la angustia. Estos sentimientos, por lo general, taparán la intensa furia que, por educación y temor a su fuerza destructiva, difícilmente uno se atreve a experimentar.

SOMOS ALMAS GEMELAS

Durante la primera etapa de la relación, la necesidad de establecer un vínculo sólido, de encontrar puntos en común, lleva a cada uno de los componentes de la pareja a identificarse con la mayor cantidad posible de aspectos del otro. El establecimiento de una unión duradera se garantiza, en gran medida, cuando se encuentran coincidencias en los gustos, en las aficiones, en los planes de futuro, en las experiencias pasadas y, en general, en la manera de ver y enfrentarse a la vida. De la misma manera que se transforman los defectos del amado en virtudes o se ignoran hechos negativos importantes que ocurren en los encuentros bajo la excusa de considerarlos detalles nimios, otro tanto se hace con los ideales, la escala de valores y los gustos en general. Cuantas menos discrepancias haya en el modo de pensar, más sólida se sentirá la relación. De ahí que las personas inseguras tiendan a adherirse a las ideas de su pareja, las vean razonables o encuentren en ellas una lógica que, en ocasiones, es completamente opuesta a la que han sostenido hasta el momento:

«Opina que la mujer de hoy se preocupa más de su desarrollo profesional que de sus hijos, que ha perdido el norte y que no sabe realmente lo que quiere; de ahí que hasta ahora no haya encontrado a ninguna sensata con la cual formar pareja. También tiene decidido que su mujer no trabajará hasta que los niños sean mayores...».

Es muy posible que antes de conocerle ella opinara que tanto el hombre como la mujer tienen derecho a desarrollarse profesionalmente y que los hijos, que son de ambos, deben ser atendidos tanto por el padre como por la madre; sin embargo, la idea de que el hombre decida que su mujer no va a trabajar hasta que los niños sean mayores, no la escandaliza ni le molesta como hubiera podido esperarse.

La afirmación, que discrepa con su modo de pensar, es seguramente transformada, adquiere otro valor y es observada desde un ángulo distinto a fin de ser convertida en algo digerible como una sólida ventaja para los hijos, permitiendo así mantener al amado en el estatus de padre y marido perfecto:

«... y en parte estoy de acuerdo con él ya que si se tienen niños, no será para que los críe la profesora de una guardería, por muy encantadora que sea».

La joven cambia de parecer y desecha los que fueron sus principios; cambia sus ideas por las de su compañero porque lo más importante para ella es que no haya entre ambos desavenencias que puedan deteriorar la relación. El autoengaño se hace patente cuando agrega:

«Aunque opine estas cosas de las muchachas jóvenes, el concepto que tiene de las mujeres de verdad es muy alto, y eso me gusta. Nos considera superiores porque, dice, tenemos una capacidad de sacrificio y de generosidad que el hombre, por naturaleza, no tiene; que al contrario que ellos, nosotras damos más importancia al espíritu que a la materia».

Cualquier amiga podría advertirle que, de una manera bastante explícita, desde los comienzos él ya le está haciendo saber que los sacrificios, la abnegación y la generosidad le tocan a ella ya que él dice que, como hombre, carece por naturaleza de estos dones. Sin embargo, bajo los efectos del enamoramiento lo que ella percibe es algo muy distinto; no ve la realidad de sus palabras sino que, más bien, les cambia el sentido tomándolas como un halago dirigido a las mujeres «de verdad» (que es como quiere verse a sí misma) y no como la justificación anticipada de un posible egoísmo.

La idea de que él no se casará hasta no estar completamente seguro (de que su futura mujer hará siempre lo que él decida, de que será capaz de renunciar a cualquier aspiración profesional) en esta primera fase se vive más como amenaza de ruptura que como anuncio de un futuro peligroso en el cual su vida transcurra entre las cuatro paredes de su casa. Para que la relación vaya bien, ella deberá abandonar sus propias convicciones y adoptar las de él ya que, de no ser así, de no darle la supuesta seguridad que él necesita, no estará dispuesto a casarse y se buscará a otra mujer para constituir una familia.

De este modo, con tal de seguir gustando a la persona de la cual se ha enamorado, quienes tienen baja autoestima van dejando de lado sus propios gustos para adoptar los de su compañero; a veces de forma radical, olvidando todo lo que habían deseado o pensado hasta ese momento y otras, de forma inconsciente, entendiendo no lo que su compañero literalmente les dice sino lo que queda de sus palabras después de haberlas modificado hasta hacerlas encajar lo más ajustadamente posible con sus propias creencias.

Cuando ambos tienen un problema común (diferencias con la propia familia, una situación laboral injusta, un padre despótico, etc.) la unión se refuerza al sentirse identificados en esos puntos. Pueden comprender mejor el dolor que el otro experimenta ya que es conocido en carne propia y gran parte del tiempo que pasan juntos lo destinan a planificar estrategias que permitan sobrellevar o erradicar sus problemas comunes.

Si además esa relación no es vista con buenos ojos por la familia de cualquiera de los dos, el vínculo entre ellos se refuerza aún más, ya que cuentan con un enemigo común que amenaza su felicidad.

¿SE PUEDE AMAR DEMASIADO?

Según palabras de San Agustín, «La medida del amor es amar sin medida», y esto es, sin duda, lo que sienten muchos enamorados a la hora de interrogarse acerca de lo que son capaces de hacer por la persona hacia la cual dirigen su afecto. Sin embargo, los psicólogos no están de acuerdo con la afirmación de San Agustín ya que, en ocasiones, ese sentimiento deja de ser recíproco, gratificante y constructivo y se convierte en una adicción frustrante, nociva y enferma en cuyo caso es necesario ponerle límites para evitar que produzca daños psicológicos que amenacen seriamente el equilibrio.

Hay personas, sobre todo del sexo femenino, que invariablemente se sienten atraídas por hombres a los que ven inaccesibles y que, por el contrario, consideran aburridos a los hombres amables y afectuosos que se complacen a la hora de hacerlas sentir queridas. Esto les lleva, por lo general, a establecer relaciones sentimentales tormentosas en las que sus compañeros egoístas, distantes y fríos les provocan grandes sufrimientos.

Si bien a la hora de hacer una elección de este tipo habrá algunas que, con ello, intenten conjurar el fantasma del abandono uniéndose a un hombre que nadie querrá arrebatarles, en la mayoría de los casos la razón por la que escogen compañeros tan poco recomendables responde, más bien, a su temor de establecer una unión real y plena.

Por lo general se trata de mujeres de carácter fuerte y emprendedor, que han tenido una infancia muy pobre en afectos. Para una persona de estas características, que además haya pasado por experiencias dolorosas de desamor o abandono, el miedo a quedar atrapada en una relación afectiva y repetir la experiencia frustrante es enorme. Si el compañero que escogen es quien marca las distancias, quien dice no a una unión profunda, ellas pueden desplegar sin miedo todas aquellas emociones que se asocian al amor porque la imposibilidad de unión está garantizada. En lugar de esperar afecto por parte de su pareja, establecen con ella una lucha de poder en la que su apuesta es transformarle, sacar a la luz las buenas cualidades que creen ver en su interior y, por parte de ésta, mantenerse fiel a su naturaleza destructiva o egoísta.

En este cambio de objetivos en el cual en lugar de esperar amor esperan transformaciones por parte de sus compañeros, evitan frustraciones. Además, en caso de que se llegara a producir el milagro, suponen que su inversión dará excelentes frutos ya que, aun cuando no fuera por gratitud, tendrán en él alguien que las amará incondicionalmente.

Su esfuerzo cotidiano está orientado a que el hombre que está a su lado se transforme y la competencia la establecen en el terreno emocional.

No admiten la idea de que haya personas incapaces de dejarse llevar por sus sentimientos, frías o poco emotivas; necesitan creer que algún día se producirá la metamorfosis y que todo el caudal afectivo que su pareja ha guardado y escatimado a los demás durante tantos años, será para ellas. Cuando esto se produzca, habrán cumplido su tarea, habrán conseguido su propósito y, en definitiva, le habrán vencido.

Es necesario comprender que inician la relación con alguien que no les gusta como es, que le eligen con fallos con el propósito de hacer de ellos otra cosa. En el fondo, es como si dijeran: «*Serás como yo quiero que seas (o como considero que debes ser), no como realmente eres*»; de ahí que se entienda que es una relación en la cual es la lucha por el poder y no el amor lo que ocupa el lugar más importante.

Una vez iniciada la relación, estas personas caen en una fuerte dependencia psicológica y viven bajo una constante ansiedad. Sienten que la ruptura las precipitaría en el abismo, ya que sería una forma de perder la lucha que han iniciado.

Para evitar esa derrota, están dispuestas a aguantar cualquier cosa con tal de que el vínculo se mantenga.

Lamentablemente, la mayoría de las veces fomentan con su actitud la impunidad de sus compañeros que, en una espiral de creciente violencia, primero las humillan verbalmente, luego las engañan y terminan por encerrarlas, darles palizas e, incluso, matarlas.

Esta adicción a sentirse atraída por hombres poco recomendables fue descrita brillantemente por la psicóloga norteamericana Robin Norwood en su libro «Las mujeres que aman demasiado». Entre las características emocionales de este tipo de mujeres pueden citarse:

- Necesitan dar afecto.
- Necesitan sentirse necesitadas o bien superiores.
- Reaccionan emocionalmente ante hombres inaccesibles.
- Creen que todo esfuerzo es poco a fin de ayudar a su pareja para que establezca un cambio positivo en su vida y sus costumbres.
- Creen que su pareja va a cambiar. Aunque a través de los años la actitud del hombre se vuelva cada vez más fría, distante o agresiva, no pierden las esperanzas. Su propia omnipotencia, su incapacidad para afrontar al mundo en soledad, o ambas, les impiden ver la realidad, darse cuenta de que su lucha y sus sacrificios están abocados al fracaso.
- Aceptan más del 50% de la responsabilidad en los conflictos. No entienden que cuando las cosas van mal en una relación la responsabilidad es de ambos. Aun cuando uno de ellos sea violento o agresivo, o parezca ser el causante de los problemas, hay que tener en cuenta que el otro lo permite aceptando su papel de víctima, siendo su *partenaire* en ese juego. Aunque quepa la posibilidad de poner punto final a la relación enferma, son los dos quienes se sienten presos el uno del otro, incapaces de soltarse, de aceptar el fracaso de la pareja como tal. De ahí que no se pueda hablar de culpas.
- Tienen una baja autoestima.
- Sueñan, más que perciben. Ven a sus compañeros no tal y como son sino como les gustaría que fueran. Creen que si ellos no actúan de forma agradable, amistosa, afectuosa es porque la vida no les ha dado la oportunidad de expresar sus sentimientos y piensan que, gracias al modelo que ellas mismas le están mostrando, el hombre finalmente elegirá el cambio. No cuentan para nada con las ganas o la fuerza y lucidez que él pueda te-

ner para efectuar semejante transformación; intentan imponerla con sus sacrificios, haciéndole sentir culpable mediante el subterfugio de pagar cada agravio con un gesto de amor. Con ello, obviamente, lo único que consiguen es que sus compañeros se irriten más aún, las vean más como simples objetos y sean más abusadores.

Salir de una relación de este tipo no es fácil ya que la dependencia emocional que se crea por ambas partes es muy fuerte. Al maltratador no le interesa perder contacto con quien le hace la vida fácil, con quien renuncia a todo con tal de transformarle; a la víctima, la sola idea de dejar aquello en lo que ha puesto tantas energías antes de obtener la merecida recompensa, le resulta desesperante.

Son bastante frecuentes los casos en que estas mujeres son abandonadas por sus compañeros sentimentales, hombres a quienes a lo largo de años les han dado todo; otras, son ellas mismas las que se ven impulsadas a poner fin al vínculo para no seguir soportando palizas o para evitar la muerte.

Toda persona que hubiera vivido al menos una relación en la cual el maltrato y los abusos han sido la pauta de convivencia, debiera tomar conciencia de que en su interior hay cosas que deben ser corregidas y que, por muchos propósitos que se haga, lo más probable es que vuelva a caer en el mismo tipo de vínculo. La mejor solución, en estos casos, es seguir una terapia que destierre de su mente la creencia de que amar implica sufrir, que le haga comprender que no necesita pagar un precio excesivo por un afecto que como persona se merece y que, por otra parte, se siente capaz de retribuir. En definitiva, que le enseñe a quererse más a sí misma.

Noviazgo

Mi noviazgo con Manuel duró cuatro años; los dos últimos fueron, sin duda, los peores de mi vida.

Tal vez le haya conocido en un momento poco apropiado, cuando aún no estaba preparada para empezar una nueva relación, pero quizás el resultado hubiera sido igual independientemente de cuándo le conociese. No lo sé. El caso es que no ha sido una experiencia agradable ni fácil,

Cuando mi primo me lo presentó yo estaba bastante mal; me sentía vulnerable y deprimida por la ruptura con Jerónimo, mi novio anterior. Aunque esa relación había durado sólo tres meses, era la primera vez que había salido con un chico y eso, unido al hecho de que me dejara por otra, me había hundido completamente. Encontrar a una persona que me hiciera caso, que viera cosas agradables en mí, con la que pudiera hablar libremente, me vino muy bien porque tenía la autoestima por los suelos.

Al tercer día del primer encuentro, él me pidió salir, de ser algo así como novios, pero le dije que no; una cosa era resultar atractiva, ver que un hombre se fijara en mí y me considerara agradable y otra, muy diferente, iniciar una nueva relación. La posibilidad de tener que pasar el día de mañana por otra ruptura era algo que me daba pánico.

Pero él no se dio por vencido: todas las tardes venía a buscarme a la salida del trabajo y nos íbamos al cine o a pasear por la orilla del mar. En esos encuentros me preguntaba qué tal me había ido, se interesaba por mis asuntos laborales, por mi familia y eso me hacía sentir muy bien. Si me entristecía recordando a Jerónimo o pensando en cualquier otro problema, él procuraba distraerme cambiando rápidamente de tema, hablándome de cualquier otra cosa y haciéndome reír. La verdad, era un encanto y como amigo no tenía precio.

Poco a poco me fue conquistando sin que yo me diera cuenta de ello. No fui consciente de que me estaba enamorando hasta el primer día que no pudo venir a buscarme; su ausencia me hizo comprender cuánto le echaba de menos y cómo habían cambiado mis sentimientos hacia él.

Las imágenes que tengo de ese primer año son hermosas; siempre había algo divertido para hacer o algún rincón extraño de la ciudad para visitar. Su manera peculiar de señalarme o comentar cualquier escena cotidiana hacía que ésta fuese nueva y sorprendente. Eso me permitía olvidar los problemas y, sobre todo, curar el dolor que me había provocado la ruptura con Jerónimo.

Manuel parecía embobado conmigo y eso me halagaba ya que era muy guapo, simpático y extrovertido. Me gustaba que mis amigas me dijeran que vaya suerte la que tenía. Le encontraba un único defecto: sus celos; pero como no me montaba escándalos ni me hacía quedar en ridículo, no me preocupaban sino que, más bien, los tomaba como una señal de que me quería de verdad, de que temía perderme. Eran una muestra de lo mucho que le importaba nuestra relación.

Su actitud al respecto era bastante infantil: si yo hablaba con algún amigo, por ejemplo, no podía evitar que la cara le cambiara; se ponía enfurruñado, molesto, pero no me decía nada. Si era en la calle, en lugar de detenerse seguía caminando y eso me obligaba a despedirme rápidamente del conocido y salir corriendo para darle alcance. Cuando llegaba a su lado, en lugar de mostrarse enfadado se reía, o, si había vuelto la cabeza durante mi carrera, se burlaba de lo patosa o lenta que era para correr.

Aunque no pueda precisar cuándo, él empezó a cambiar. Sé que fue después de terminar su carrera, a principios del año siguiente. A esas alturas yo me había enamorado de tal manera que la vida sin él me hubiera parecido algo vacío y sin sentido.

En algún momento se me pasó por la cabeza la idea de que a medida que yo me comprometía más, él parecía enfriarse, tomar distancia, pero me dije que esa era una apreciación subjetiva, que era natural que tuviera otras cosas que hacer y que, en todo caso, a mí me parecía que estaba dejando de quererme porque al echarle de menos me comía la cabeza pensando tonterías.

El caso es que ya no venía todos los días, no toleraba que mencionara siquiera a Jerónimo y, si le contaba algún problema, me interrumpía para comentarme sus cosas que, por lo visto, le interesaban muchísimo más.

Casi todos los domingos yo iba a su casa a almorzar y después de comer, en lugar de sentarse conmigo a ver una película o de proponerme algún plan para pasar la tarde, se enfrascaba ante el ordenador y se ponía a escribir montones de mensajes tontos a sus amigos: chistes, dibujos que encontraba por la red, fotos graciosas, etc. Eso me molestaba; hubiera entendido que me dejara sola para contar u oír cosas importantes o para ayudar a alguien frente a un problema, como yo hago con mis amigas; pero, ¿chistes?... Esa tontería me parecía una pérdida de tiempo; de un tiempo que me quitaba a mí y a nuestra relación.

Es cierto que su familia me caía muy bien, que me trataban como a una hija, pero si iba a su casa no era, precisamente, para quedarme sentada en el salón charlando con su abuela o con su madre.

En el verano entró a trabajar en una multinacional y con un sueldo excelente. Aunque celebramos el acontecimiento, nos fastidió las vacaciones. Íbamos a pasar un mes solos, en la playa, cosa que me hacía muchísima ilusión, pero no pudo ser. Además, su puesto era agotador, absorbente, razón por la cual empezamos a vernos menos aún.

A menudo se quedaba hasta tarde en la oficina y luego iba a cenar con algún cliente para cerrar un contrato y salía de viaje por dos o tres días, al menos dos veces al mes. Era bastante común que quedáramos en encontrarnos y, a último momento cancelara el plan y se fuera directamente a su casa porque estaba muy cansado. Eso, como es natural, me ponía de muy malhumor ya que, por esperarle, dejaba de hacer otras cosas que también me interesaban.

Cuando le decía que le echaba de menos, que necesitaba verle más, se irritaba o me respondía que estar pegados uno al otro todo el día era infantil y a mí eso me dolía porque me daba la sensación de que yo no era lo suficientemente importante para él, aunque también pensaba que estaba muy entusiasmado con su nuevo trabajo y que, en la medida en que se acostumbrara a él, las cosas iban a ser diferentes.

Extrañaba mucho el tiempo en que nos quedábamos embobados, mirándonos el uno al otro, el período en el que él también se preocupaba por mis asuntos como yo lo seguía haciendo con los suyos, e intentaba explicarle que su indiferencia me causaba daño. Más de una vez le dije que si no estaba enamorado de mí, me lo dijera y punto, que no tuviera miedo de lastimarme ya que podía estar seguro de que lo superaría. Ante ese planteamiento siempre me respondió que me quería más de lo que yo me imaginaba pero que, al ser menos demostrativo, no se notaba. Según él había una sola cosa que le molestaba de mí: que le agobiara con mis exigencias y con mi inseguridad.

Como casi siempre estaba nervioso y malhumorado, cosa que yo atribuía a la presión del trabajo, nunca le llevaba la contraria e intentaba hacerle sentir lo más cómodo posible. Supeditaba mis horarios a los suyos ya que, si por él hubiera sido, nos hubiéramos visto de Pascuas a Ramos.

A veces, sabiendo que iba a estar ocupado, decidía salir con alguna amiga, pero parecía que lo hacía a propósito: a última hora se liberaba y, finalmente, yo tenía que dejarla plantada para evitar una discusión. Las veces en que le he sugerido que saliésemos los tres, se ha negado alegando que no se sentía cómodo con mis amistades; que aunque yo no me diese cuenta, la mayoría de mis amigos no eran tales y sólo se acercaban a mí por interés: como yo era médico, siempre podían llamarme ante cualquier emergencia. Ahora que lo pienso, tenía un arte increíble para sacarles defectos, y yo, una ingenuidad asombrosa a la hora de creerle.

A mis amigos varones, excelentes compañeros a los que vi día y noche mientras estuve en la facultad, ni se me hubiera ocurrido llamarles. ¡Es que ni lo pensaba!... Supongo que, inconscientemente, sabía que eso le sentaría fatal y que, de un modo u otro, me lo haría pagar.

Gracias a mantener este tipo de actitudes me fui apartando de mi gente y pasé a estar completamente a sus expensas. Ahora que ha transcurrido cierto tiempo, me doy cuenta de que mi círculo finalmente había quedado reducido a padre, madre y Manuel; nada más. De ser una persona sociable y llena de amigos, me había convertido en una muchacha arisca que rehuía cualquier contacto con los demás, por miedo a que a mi novio le diera un ataque de posesión.

Pero mi cambio no sólo se redujo a eso; también mi aspecto exterior tuvo una transformación radical. Al tiempo de haberle aceptado como pareja empezó a criticar mi forma de vestir; decía que a él no le gustaban las mujeres maquilladas y, en cuanto a ropa, nada de minifaldas, ombligos al aire ni escotes. Eso, según su opinión, no era elegante.

A partir de entonces, alguna vez que intenté salir vestida un poco más a mi aire, he tenido que subir a cambiarme o a lavarme la cara porque se negaba a estar en público con alguien que, según decía, parecía más el ligue de una noche que su novia. Como en eso coincidía con mi padre; aunque no me gustara, yo entendía que lo hacía por mi bien.

A casa no venía nunca, básicamente por falta de tiempo; y si alguna vez me surgía algún compromiso familiar como una boda o un cumpleaños, decía que no podía asistir por cuestiones de trabajo. Recuerdo un par de ocasiones en las que fui sola porque no me quedaba otro remedio, quedándome en la fiesta hasta tarde. Al volver, había encontrado el contestador saturado de mensajes suyos en los cuales me decía que estaba histérico pensando que me había pasado algo. Más tarde he tenido que recibir sus recriminaciones por no haberle hecho una sola llamada desde la fiesta. Incluso, recuerdo, me había preguntado con sorna si me lo había pasado bien, ¡y si había ligado mucho!...

Cuando le promocionaron decidimos comprarnos un piso y, desde entonces, todos los problemas de la relación, se agravaron. Yo ya tenía claro que sus celos rozaban la enfermedad, razón por la cual jamás le daba motivos sino, más bien, dejaba de hacer incluso muchas cosas inocentes con tal de que no empezara con sus sospechas. Prefería quedarme en casa por si llamaba en lugar de salir para hacer cualquier recado.

Como me sentía encerrada pensé, ilusa de mí, que no le molestaría que aprovechara las tardes para ir a la facultad a fin de hacer la tesis de doctorado, pero cuando se lo dije le sentó fatal y puso el grito en el cielo. Como no podía alegar que eso era una tontería porque él mismo se quejaba de no tener tiempo para hacer el suyo, me propuso que nos casáramos en un año. Lo ideal, según él, era que utilizara esos meses en la preparación de la boda y de la casa y que terminara la tesis después de la boda.

La idea de casarme siempre me había hecho muchísima ilusión, de modo que inmediatamente olvidé los planes de estudio y acepté su propuesta. En ese momento ni siquiera se me ocurrió pensar que fuera, por su parte, una sutil estrategia para encerrarme del todo.

Cierto día habíamos quedado en una cafetería. Mientras le estaba esperando llegó un viejo amigo de la infancia que, al reconocerme, se sentó un rato en mi mesa. Era un chico muy majo que se había ido con sus padres a vivir a otro país cuando había cumplido los 17 años.

Estaba encantada, charlando y riendo con Iván, cuando llegó Manuel. En cuanto vio que estaba con mi amigo, en lugar de acercarse, se fue sin saludarme siquiera. Confusa y angustiada me despedí rápidamente de Iván, pagué y salí corriendo a la calle, pero al llegar a la vereda vi que Manuel ya no estaba.

Con una culpa que hoy considero estúpida me marché a casa y, cuando llegué, le llamé. Lo primero que me soltó fue que consideraba la relación terminada; que yo no tenía en cuenta sus sentimientos, que me había dado todo lo que podía y que, a pesar de ello, le pagaba de esa manera. Aseguró que se sentía incapaz de confiar en mí; que antes de aceptar salir con él o casarme debería habérmelo pensado mejor. Me hizo polvo.

Convencerle de que estaba equivocado me costó una semana; siete angustiosos días en los que no sabía qué hacer con tal de superar el malentendido. No me cabía ninguna duda de que era yo quien había causado todo el problema. Si sabía que estaba por llegar podía haberme hecho la distraída en lugar de saludar a mi amigo. Manuel tenía razón al pensar que anteponía una amistad, que ni siquiera me importaba, a las necesidades de la persona con la que había decidido compartir mi vida, pero, como no me cansaba de asegurarle, eso yo no lo hacía por maldad ni porque me interesaran más mis amigos sino porque era muy despistada, porque no me daba cuenta.

Ese incidente lo utilizó, con posterioridad, para distanciarse o para cerrar cualquier otra discusión. Si yo le planteaba alguna exigencia, él lo recordaba y, ante eso, yo tenía que olvidar al instante lo que le estaba pidiendo para dedicarme a aplacar su desconfianza, a asegurarle que jamás había habido nada con aquel amigo y que, salvo Jerónimo, mi primer novio, del cual le había hablado hasta el hartazgo, jamás había tenido relación con ningún otro hombre. Esas charlas eran frustrantes y agotadoras.

Terminé viviendo pendiente de él y temerosa de hacer algo que le disgustase. En la calle tenía terror de que algún conocido se me acercara; íbamos donde él quería y muchas veces que habíamos convenido en encontrarnos al atardecer, me quedaba esperándole horas en casa para luego recibir su llamada a medianoche diciéndome que se había liado y no había podido venir. Lo peor era que, cuando se enfadaba, se iba sin más; no me decía qué era lo que le había molestado, de manera que yo nunca sabía qué es lo que hacía mal ni tenía oportunidad de corregirlo. Empecé a estar cada vez más nerviosa, a no comer, a no poder concentrarme en nada de lo que hacía.

Dos o tres meses antes de la fecha fijada para la boda, recibí la carta de una ex alumna del colegio donde había cursado el bachiller. Como se cumplían diez años de haber finalizado los estudios, ella y otras dos chicas habían pensado celebrarlo con una comida de ex alumnas. Como me pareció una buena idea resolví asistir, cosa que a Manuel no le gustó demasiado. Lo primero que hizo fue advertirme que las iba a encontrar insoportables, cada una fardando del éxito que había tenido en la vida e intentando demostrar a las demás que había sido la más lista. Terminó diciendo que lo más sensato era quedarme en casa porque asistir a ese almuerzo era una pérdida de tiempo. Pero como se trataba de una reunión de mujeres con las que no me unía ningún vínculo especial, seguramente habría pensado que no era tan peligroso dejarme ir, de modo que no insistió demasiado.

El encuentro con mis ex compañeras me impactó muchísimo. Ellas estaban asombradas de mi cambio, de mi aspecto tan formal y yo, a su lado, me sentí como una vieja. Casi todas hacían cosas, tenían actividades y proyectos, llevaban una vida social normal, salían con amigas y decidían por sí mismas lo que querían. Mi único proyecto, en cambio, era Manuel, y éste desplazaba cualquier otra posibilidad.

Después de terminar el almuerzo, en lugar de volver a casa me fui con la que había sido mi mejor amiga en aquellos años para seguir charlando. De camino a su piso, no me podía quitar de la cabeza la idea de que estaba haciendo algo malo. Si llamaba a Manuel, me iba a decir que regresara inmediatamente y, si no lo llamaba, se pondría furioso. Sea como fuere, estaba claro que no podía elegir libremente seguir charlando con mi amiga.

Como después me comentó, ella se dio cuenta que estaba nerviosa, que me pasaba algo aunque no podía comprender qué era. Cuando volví a mirar el reloj por centésima vez, me preguntó extrañada por qué estaba tan pendiente de la hora.

Entonces, por primera vez hablé de los celos de Manuel, de su forma de ser, de sus exigencias y presiones y, al hacerlo, al oírme a mí misma, comprendí claramente que iba camino de destrozar mi vida.

Creo que el encuentro me ayudó mucho porque me hizo recordar cómo era antes de conocerle: decidida, libre, divertida, traviesa. Porque aunque siempre había sido tímida con los chicos y había tardado bastante en tener mi primera relación formal, yo había tenido una vida muchísimo más normal y sana que la que estaba llevando.

Esa noche llegué tarde; no quise oír el contestador pero, a los pocos minutos, sonó otra de sus llamadas. Cuando por fin junté valor y cogí el teléfono, le dije que lo nuestro había terminado.

A la media hora me estaba golpeando la puerta de casa. Furioso, empezó a decirme de todo y a amenazarme con no dejarme en paz asegurando, a gritos, que eso a él no se lo hacía nadie.

Y cumplió con su promesa: durante dos meses el teléfono ha sonado a cualquier hora de la mañana o de la noche despertándonos a todos. He tenido que esquivarle en la puerta del trabajo y en la de casa; he recibido cientos de flores y cartas de amor. Después empezaron los llantos y recriminaciones. Cuando ya no pude más, le puse una denuncia y así terminó la pesadilla.

* * *

La expulsión del paraíso

Aunque muchos afirmen estar enamorados de su pareja tras 15 ó 20 años de convivencia, el enamoramiento, entendido como fenómeno fisiológico y psicológico, no dura tanto tiempo. Una vez que la relación ha quedado establecida, cuando sus miembros pueden suponer, con bastante posibilidad de acierto, que va a continuar, esa suerte de locura temporal se diluye poco a poco para dar lugar a un amor más maduro, sosegado, lúcido.

Según un estudio realizado en la Universidad de Cornell, en Nueva York, los científicos demostraron que el ser humano puede sentir enamoramiento durante un período comprendido entre 18 y 30 meses. Llegaron a esta conclusión después de haber realizado 5.000 entrevistas a personas de 37 culturas diferentes. Este tiempo, según los expertos, es el necesario para que la pareja se conozca y el vínculo se afiance.

También opinan que muchos de los problemas que se desencadenan en las relaciones sentimentales se deben a que para cada uno de los miembros de la relación el período de enamoramiento tiene una duración diferente.

La razón de que esta enajenación transitoria se acabe después de cierto tiempo, hay que buscarla en las hormonas y en los neurotransmisores. Estas sustancias, que son producidas por diferentes glándulas u órganos, provocan en la persona enamorada diversos efectos destinados a propiciar el acercamiento y asegurar la continuidad de la relación.

Cada una de estas sustancias tiene cometidos específicos

- **Feniletilamina**. Es una especie de anfetamina natural. Provoca euforia, ansiedad, alegría, etc. Es la que produce ese sin vivir que experimentan los enamorados. Cuando se libera, cualquier suceso que acontece en su entorno, sobre todo ligado al objeto amoroso, puede transportarles a las puertas del cielo o, por el contrario, provocar un torrente de lágrimas.

  Los primeros en detectar la relación de esta sustancia con el enamoramiento fueron dos médicos del Instituto Psiquiátrico de Nueva York: los doctores Donald F. Klein y Michael Lebowitz mientras realizaban estudios sobre unos pacientes que presentaban cuadros depresivos debidos a una desilusión amorosa. Los médicos observaron que estos sujetos comían compulsivamente chocolate, un alimento rico en feniletilamina y pensaron que su comportamiento podía interpretarse como una «automedicación» para combatir el síndrome de abstinencia causado por el descenso de esta sustancia en sus cerebros. No era casual que estuvieran deprimidos ya que la presencia de la feniletilamina en los centros nerviosos superiores provoca la secreción de otras sustancias (dopamina, noradrenalina y oxitocina) que son las que contribuyen a que el sujeto experimente placer y se sienta sexualmente excitado.

La feniletilamina es también responsable del estado de alerta constante que permite al enamorado captar cualquier detalle que confirme la reciprocidad de sus sentimientos.

- **Dopamina.** Entre las funciones atribuidas a este neurotransmisor está la de producir un estado de placer. Durante el acto sexual intensifica las sensaciones permitiendo una rápida respuesta a estímulos como caricias, música, olores, etc. Aumenta los impulsos eróticos e incrementa la energía sexual y la excitación general.

Diversos estudios han encontrado que muchos de los síntomas característicos del enamoramiento tales como la exaltación, la euforia o la falta de sueño y de apetito están relacionados con un aumento de dopamina en el organismo.

- **Noradrenalina (también llamada norepinefrina).** Al igual que la citada dopamina, esta sustancia está ligada al placer y genera sensación de bienestar. Es interesante destacar que la ingesta de chocolate, dulces, sal, nueces y mariscos, entre otros alimentos, favorece su producción y que el aumento de la temperatura ambiente ayuda a liberar este neurotransmisor.

- **Endorfinas.** Además de aliviar el dolor, producen euforia, felicidad y alegría.

Sus efectos son similares a los de la morfina y son generadas por el cerebro. Ante un suceso determinado, este órgano regula la producción de endorfinas: si el acontecimiento es agradable, libera más cantidad, con lo cual las sensaciones de placer y bienestar se mantienen o aumentan. En caso contrario, si el sujeto experimenta un suceso triste o estresante, el cerebro libera menos endorfinas causando, con ello, un descenso de la euforia y la alegría. En el enamoramiento, estos neurotransmisores son los que ayudan a mantener la sensación de placer a la vez que propician la excitación sexual.

- **Oxitocina.** A esta hormona que es segregada por la hipófisis se la conoce más por su importante papel a la hora de provocar las contracciones durante el parto y favorecer luego la lactancia. En la etapa de enamoramiento es, al parecer, la responsable del embelesamiento. Induce a acariciar, a mimar al compañero; a tener una actitud amorosa y tierna.

- **Adrenalina.** Contribuye, junto con la feniletilamina, al estado de alerta y excitación. Aumenta la vitalidad, las energías de que dispone el organismo. Predispone también al encuentro sexual.

  Al cabo de un tiempo, cuando estas sustancias vuelven a sus valores normales, la energía emocional desciende considerablemente y muchos de los síntomas que había percibido el enamorado, tales como el cosquilleo interno o la sensación de intenso bienestar, dejan de producirse. Ya no hay taquicardia en cada encuentro; el rubor ante la mirada de la persona amada o la imperiosa necesidad de estar con ella a cada instante se atenúan o desaparecen; se empieza a prestar atención a otras cosas ajenas a la relación.

La pérdida de esas sensaciones placenteras puede resultar penosa, pero no se puede vivir eternamente con la mirada puesta en la persona elegida las 24 horas del día, descuidando todo lo demás, con el ánimo exaltado y sin hacer otra cosa que brindar y recibir caricias. Tal vez a alguno pueda parecerle que una vida así es lo ideal, pero el organismo está preparado para que el individuo pueda buscar compañía, afianzarla y, además, procurarse su alimento, cobijo y todo aquello que le permita sobrevivir. Si las hormonas y neurotransmisores siguieran actuando constantemente, sería contraproducente desde el punto de vista de conservación de la vida del individuo y de la especie.

PREPARARSE PARA EL CAMBIO

La presencia de la persona amada debe ensamblarse en la vida cotidiana y, para ello, es necesario olvidar los fuegos de artificio del cortejo y establecer, en todo caso, sentimientos más sosegados, profundos y reales que desplacen a las coloridas emociones que hasta ese momento se han vivido.

Gracias al despliegue hormonal cada integrante de la pareja ha visto una imagen idealizada y perfecta de su compañero que, en la mayoría de los casos, tiene poca relación con la realidad. Cuando las hormonas y los neurotransmisores dejan de cumplir su papel de propiciar el acercamiento, es probable que unas y otros piensen que su compañero ha cambiado en lugar de darse cuenta que lo que más ha cambiado es la imagen que, durante el enamoramiento, se habían forjado de ellos. Sin la ayuda de esas sustancias, empiezan a ver su pareja tal y como es en lugar de verla tal y como la habían idealizado. Esto da origen a que una misma actitud puede ser interpretada de forma opuesta durante el cortejo y después de su fin. La protagonista del relato dice:

«Si me entristecía recordando a Jerónimo o pensando en cualquier otro problema, él procuraba distraerme cambiando rápidamente de tema, hablándome de cualquier otra cosa y haciéndome reír».

Pero más adelante, una vez que las hormonas responsables del enamoramiento han dejado de hacer su efecto, comenta:

«No toleraba que mencionara siquiera a Jerónimo y, si le contaba algún problema, me interrumpía para comentarme sus cosas que, por lo visto, le interesaban muchísimo más».

El cambio de tema de conversación, que en un principio atribuyó a la intención de distraerla, de protegerla contra el abatimiento, luego es tomado como una actitud egocéntrica y poco considerada. En este ejemplo se hace evidente que el cambio no se ha dado en su compañero sino en la manera en que ella interpreta una misma acción que él realiza. Lo que antes fue síntoma de protección, se vuelve indicio de egocentrismo.

Hay personas a las que se podría calificar de adictas al enamoramiento; les importan mucho más las sensaciones que éste trae aparejadas que las personas que se las provocan. Están más enamoradas del amor en sí que del hombre o la mujer que les motiva ese sentimiento.

Mientras experimentan las potentes emociones surgidas por el cortejo, se sienten sumamente excitadas, felices, plenas; pero cuando éstas empiezan a difuminarse, el vínculo pierde para ellas todo su encanto. Suelen interpretar la disminución de la energía emocional como falta de amor y piensan que si no se sienten arrebatadas ante la presencia del otro eso seguramente se debe a que no le quieren lo suficiente, a que se han equivocado en su elección o a que no están con el compañero adecuado.

Son personas que no pueden alcanzar un amor más profundo, una interacción más real con su pareja porque, sobre todo, se niegan a verle humanamente imperfecto. Por ello, cuando dejan de sentirse apasionadamente enamoradas, cosa que sucede antes o después, lo que habitualmente hacen es romper la relación y prepararse para encontrar al compañero ideal que les permita sentir intensamente durante toda su vida. Así van de relación en relación, sin llegar a construir sólidamente ninguna.

A excepción de lo que ocurre con este tipo de personas, lo habitual es que con el fin del enamoramiento la relación se transforme, que los amantes encuentren otras maneras de comunicarse y sentir el afecto. Como este cambio no ocurre de un día para otro sino que es paulatino, el sentimiento de pérdida que cada uno de los miembros podría sufrir ante el cese de tan gozosas emociones generalmente pasa desapercibido.

Si en los comienzos del romance cada uno de ellos hacía constantes esfuerzos para atraer a la persona amada, ya sea cuidando esmeradamente su aspecto personal, brindando atenciones, intentando mostrar la mejor faceta posible, una vez que ésta ha sido conquistada esos cuidados ya no se consideran imprescindibles. Al establecerse una mayor confianza cada uno de los miembros de la pareja pueden dejar de «vestir con las mejores galas» y ponerse cómodos vistiendo «la ropa de andar por casa».

Ante este cambio de actitud es lógico que afloren aquellos defectos que ambos se han empeñado en ocultar, si son propios, o en no ver si son de su enamorado. La disminución del nivel en sangre de los neurotransmisores y hormonas que habían estado operando, también les permite desviar la atención que antes tenían puesta sobre su compañero hacia otras cosas de su interés y ello implica no estar continuamente atento a los deseos del otro sino destinar más tiempo a los propios asuntos.

ELLOS SE DISTANCIAN

La transición entre la etapa de enamoramiento propiamente dicho a la del amor maduro es crucial para entender el origen de muchas relaciones desiguales que acaban en escenas de violencia y en malos tratos. La forma en que se asuma esta crisis determinará, en cierta medida, el futuro entendimiento de los componentes de la pareja.

El hombre y la mujer tienen maneras diferentes de asumir este cambio, de estructurar su relación basándola en un amor más sereno y adulto.

Aunque en ocasiones ocurra a la inversa, la mayoría de las veces es el varón quien da el primer paso a la hora de distanciarse, de mostrar los primeros síntomas de esta crisis. Cuando sus emociones, por efecto de la disminución de hormonas y neurotransmisores, bajan de intensidad, suele retomar sus actividades y aficiones habituales que había dejado de lado durante el primer período de la relación. Por ejemplo, es común que vuelva a frecuentar a los amigos, ahora acompañado de su pareja. Para ésta, si bien le resulta halagador que él le presente a su círculo de amigos, también le proporciona displacer ya que estando con otras personas se rompe el clima de intimidad que hasta ese momento venían manteniendo.

Para la mujer las cosas no resultan tan sencillas. Ella también experimenta el descenso de los niveles hormonales en su organismo y, con ello, parte de la euforia y placer que había venido experimentando; pero hay otros factores que le impiden tomar distancia con la misma facilidad que el hombre, factores educacionales que actúan sobre ella y la determinan a estar pendiente de la salud y vigor que en cada momento tiene el vínculo.

Desde su infancia se ha fomentado en ella la capacidad de comunicar sus experiencias y sus sentimientos, se le ha enseñado a estar atenta no sólo a su vida emocional sino también a la de las personas que la rodean. Por este motivo, cuando el enamoramiento toca su fin y su pareja toma distancia, es muy posible que el primer sentimiento que la asalte sea el miedo, que viva la actitud de su compañero como una señal de alarma, como un signo de que ya no hay tanto afecto ni interés en la relación.

Si el hombre percibe frialdad en su compañera o ve la relación en peligro, intentará afianzarla recurriendo, más que a las charlas y a las preguntas, a toda suerte de subterfugios. Por ejemplo, hará lo posible por mantener al objeto de su amor alejado de la mirada o el deseo de otros hombres que pudieran competir con él.

«A mis amigos varones, excelentes compañeros a los que vi día y noche mientras estuve en la facultad, ni se me hubiera ocurrido llamarles. ¡Es que ni lo pensaba!... Supongo que, inconscientemente, sabía que eso le sentaría fatal y que, de un modo u otro, me lo haría pagar.»

ELLAS RECLAMAN

Observando a los niños en un patio de colegio a la hora del recreo, se puede comprobar que los varones son más reacios a quedarse quietos charlando; por lo general se reúnen para hacer alguna actividad común y la información que intercambian entre ellos no suele basarse en experiencias personales e íntimas sino, más bien, en conocimientos acerca del mundo que les rodea. A menudo hablan acerca de lo que han hecho el fin de semana, comentan detalles de un partido de fútbol o proponen juegos que desarrollan entre varios. Si tienen una pena, un problema, lo más probable es que lo callen o que, si se sienten muy agobiados por él, se lo cuenten sólo al más íntimo de sus amigos con la certeza de que nadie más se enterará de ello. Normalmente no esperan que su amigo les consuele, que se muestre particularmente comprensivo; sólo que les escuche y, si se le ocurriera alguna solución, que se las ofrezca.

Las niñas, por el contrario, disfrutan contándose los últimos sucesos que han vivido, lo que piensan y lo que sienten; y todo ello con un lenguaje fluido y rico, dando innumerables detalles para poder transmitir a su interlocutor lo más vívidamente posible todas las emociones que han experimentado. Esperan por parte de sus iguales una comprensión total y, frente a los problemas, consuelo, palabras de aliento, abrazos, caricias, gestos que les hagan sentir emociones positivas, que les den la pauta de que no están solas.

La mejor amiga en la adolescencia es aquella con la que se habla día y noche sin parar, a quien se la llama mil veces al día por teléfono para comentarle el último incidente con lujo de detalles, a quien se le hace saber qué chico resulta atractivo o qué nombres llevarán sus hijos el día que puedan tener una familia. Si la amiga no presta la debida atención a estos comentarios, si no está dispuesta a escuchar la última fantasía que se le ha ocurrido o si no comprende que ese mínimo detalle que le está narrando para ella es una señal importantísima, su actitud será considerada como una falta de apoyo afectivo que tendrá consecuencias nefastas para esa amistad.

Pero el mejor amigo del adolescente varón será aquel con el que practique algún deporte, intercambie discos, vaya a conciertos, comparta juegos de ordenador o haga cualquier otra actividad. Le contará sus cosas, sí, pero muy escuetamente y con bastante menos frecuencia que los partidos de fútbol, los hallazgos de curiosidades científicas en libros o la puntuación que ha obtenido en el último juego de moda. Lo importante, para ellos, es tener actividades comunes y contar, concretamente, con su ayuda. Si alguien le amenaza, por ejemplo, éste esperará que sus amigos acudan a defenderle, dispuestos a lo que sea con tal de protegerle; pero no contará con abrazos, ni ningún otro gesto de apoyo puramente afectivo.

Estas conductas tan diferentes hacen que, cuando se produce el fin del ena-moramiento y, con éste, la disminución de las charlas y de las constantes demos-traciones de afecto por parte del hombre, esta situación genere en la mujer una fuerte sensación de inseguridad y avive el temor de que la relación se deteriore.

Es frecuente que ellas pregunten constantemente a sus compañeros si las quie-ren; que se quejen de que ellos nunca les digan qué sienten o de su costumbre a mostrarse reacios a hablar de amor. Estas actitudes masculinas son interpretadas por las mujeres como una limitación afectiva o como peligrosas señales que pu-dieran augurar un probable abandono.

Para que esto no suceda, optan por hacerse imprescindibles; se muestran complacientes, anteponen los deseos de sus compañeros a los propios y están pendientes de los más mínimos matices o cambios que se produzcan en la rela-ción a fin de subsanar cualquier malentendido. En pocas palabras: se esfuerzan al máximo porque la relación siga viva no sólo por su parte, sino también por parte de sus compañeros, a la vez que sienten que ellos no hacen otro tanto.

«Cuando le decía que le echaba de menos, que necesitaba verle más, se irritaba o me respondía que estar pegados uno al otro todo el día era infantil y a mí eso me dolía porque me daba la sensación de que yo no era lo suficientemente importante para él.»

Es inevitable que en el fondo esto les suscite rabia y frustración, ya que por grande que sea su entrega no obtienen el trato amoroso que buscan. Pero en lugar de expresar estos sentimientos negativos abiertamente o de comprender que los varones funcio-nan de otra manera, los ocultan para evitar cualquier tipo de conflicto que pudiera precipitar el fin de la relación. Luego, con el tiempo, tal vez ante una disputa sin importancia, saquen a relucir estas viejas ofensas de las que ellos ni siquiera tenían conocimiento. Y no como un acto de rencor ni para provocarles daño sino como una manera de medir, con la mayor exactitud, hasta qué punto son realmente queridas.

«... en lugar de sentarse conmigo a ver una película o de proponerme algún plan para pasar la tarde, se enfrascaba ante el ordenador y se ponía a escribir montones de mensajes tontos a sus amigos: chistes, dibujos que encontraba por la red, fotos graciosas, etc. Eso me molestaba; hubiera entendido que me dejara sola para contar u oír cosas importantes o para ayudar a alguien frente a un pro-blema, como yo hago con mis amigas; pero, ¿chistes?... Esa tontería me parecía una pérdida de tiempo; de un tiempo que me quitaba a mí y a nuestra relación.»

Frente a este testimonio, cabe pensar que el novio de la protagonista probablemente no comprendiera que ella necesitaba una mayor intimidad, ni las razones por las cuales quisiera volver a las actitudes propias del inicio del romance. Seguramente haya interpretado sus demandas como un capricho o, usando su propio adjetivo, como un rasgo infantil.

Su actitud demuestra que a él, como hombre, le bastaba con que ella estuviera a su lado y riera con los mismos chistes que mandaba a sus amigos; consideraba a eso un acto de unión, de compañerismo, una manera de compartir y de estar juntos. Eso le hacía sentir que la corriente afectiva entre ambos fluía con normalidad.

Sin embargo, por sus palabras es posible comprender que ella no opinaba lo mismo; su actitud le hacía sentir abandonada, poco querida. Sin duda le hubiera gustado pasarse mucho tiempo frente a él mirándole a los ojos, sintiendo mariposas en el estómago; eso le hubiera confirmado que su amor seguía siendo correspondido.

Tanto el hombre como la mujer intentan recibir una respuesta a la pregunta «¿qué significo yo para ti?», sin embargo, es más propio del género femenino poner este interrogante en primer plano y exigir una contestación clara y, a ser posible, con lujo de detalles.

SENTIR Y EXPRESAR AFECTO

El afecto es algo imposible de medir. ¿Cuánto quiero a mi madre? ¿Quiero más a mi hermano pequeño o a mi hermano mayor? ¿Quién me quiere más a mí, mi abuelo o mi abuela?...

A veces se puede establecer una escala de afectos mediante la comparación, pero no siempre. Ante la pérdida de una persona, por ejemplo, uno puede darse cuenta de que había más afecto puesto en ella del que se creía.

Si nadie puede estar seguro de la dimensión del propio afecto, ¿Cómo saber en qué medida es querido por otra persona?...

Cualquiera puede, con mayor o menor habilidad, simular u ocultar sus sentimientos; basta mostrar una particular deferencia hacia alguien para que se sienta aceptado, valorado, apreciado o querido y, por el contrario, si se toma distancia con la persona a la cual se ama o si se la trata de manera descortés, brusca o agresiva, lo más probable es que nunca sospeche que detrás de ese comportamiento hay un amor que se pretende ocultar.

Cada persona expresa lo que siente hacia otra de muchas maneras diferentes, pero son las más asertivas y extrovertidas las que suelen utilizar las formas más habituales de comunicación del afecto (abrazos, besos, caricias, etc.) porque no temen expresar lo que sienten.

A las personas tímidas les resulta difícil realizar estos gestos; el miedo a su propia torpeza les hace reprimir las muestras de cariño por temor a ponerse en evidencia, a molestar, a exagerar, a hacer el ridículo. Otro tanto les ocurre a las personas que tienen una autoestima pobre; porque como tienden a pensar que van a ser rechazadas, prefieren no demostrar abiertamente lo que sienten a fin de no exponerse, o bien recurren a maneras extrañas de decir «te quiero» (bromas, pullas, exagerada indiferencia, etc.) para que sus muestras de afecto sean difusas. Con ello evitan un posible fracaso y, en caso de no recibir una respuesta afectuosa, poder decirse a sí mismas que la otra persona no ha entendido su gesto.

Si se observa a los adolescentes en la época en que empiezan a acercarse al sexo opuesto, cuando aún no saben cómo comportarse, se comprueba que ellos también adoptan estas formas extrañas de demostrar la atracción que sienten: se empujan, se desafían, fingen ignorar a la persona que más les interesa, etc. Es una forma de acercarse pero, a la vez, llevar puesta una armadura.

Nadie puede saber a ciencia cierta qué cantidad de afecto le destina otra persona, hasta qué punto le importa o qué estaría dispuesta a hacer para verla feliz; todo lo que puede hacer es intuirlo. Por esta razón, a la hora de evaluar la salud o consistencia de una relación de pareja es necesario, en primer lugar, tomar en cuenta los propios sentimientos y evaluar si en ese vínculo se encuentra felicidad, sosiego y motivación. Si en lugar de eso lo único que se obtiene de la relación es sufrimiento, frustración, ansiedad, temor o inseguridad, es porque hay en ella cosas que no marchan como debieran; posiblemente porque por parte del compañero no existan las muestras de afecto que uno necesita para ser feliz.

Algunas personas, debido a problemas que arrastran desde la infancia, nunca están seguras de ser lo suficientemente queridas y se comportan de forma caprichosa y egoísta a fin de averiguar hasta qué punto es capaz de aguantarles la persona que está con ellas. Esto, además de ser un tratamiento injusto hacia el compañero, es una forma más de provocar en la relación un seguro deterioro porque llega un momento en que la pareja se cansa de soportar tanta frustración, de buscar infructuosamente la manera de hacerle saber que le quiere y, ante tanto fracaso, pierde el interés.

Quienes se ven impulsados a poner constantemente a su pareja a prueba, debieran pensar que hay algo en su interior que no está correctamente colocado. Esa perturbación que les impide ser felices puede y merece resolverse mediante una terapia.

Hay hombres y mujeres que interpretan como muestras de amor los esfuerzos excesivos que hacen sus parejas para facilitarles las cosas, habitualmente anteponiendo sus necesidades a las propias, sin darse cuenta que esta forma de actuar evidencia, más que amor, un temor al abandono. En estos casos, lo aconsejable es que busquen la manera de fortalecer la autoestima de quien se muestra tan excesivamente dócil y sumiso, que le hagan entender que por ese camino terminarán creando serios problemas en la relación.

A NADIE LE AMARGA UN DULCE

Como la mujer se siente aceptada por las personas que quiere en la medida en que comparte con ellas su mundo interior y comunica sus sentimientos, para sentirse bien en una relación necesita, además de las muestras de afecto, oír de labios de su compañero palabras que le confirmen que él la elige y que la ama.

Leyendo el testimonio del comienzo del capítulo se observa que, cuando la relación se asienta y las atenciones por parte de su novio disminuyen, lo primero que piensa la protagonista es que él está dejando de quererla, que la relación le interesa menos que antes. Esto la coloca interiormente en una posición similar a la del comienzo del idilio: debe despertar su atención, atraerle, volver al juego inicial, etc. Pero al hacerlo, no recibe la respuesta esperada sino muestras de irritación y agobio:

«... *Extrañaba mucho el tiempo en que nos quedábamos embobados, mirándonos uno al otro, e intentaba explicarle que su indiferencia me causaba daño; que si no estaba enamorado de mí, me lo dijera y punto, que lo superaría; pero él me decía que sí me quería pero que era menos demostrativo que yo e insistía en que se sentía ahogado con mis exigencias...*».

Esta situación, en la que no sería exacto buscar a un culpable sino, más bien, hablar de causas y efectos, deja a la mujer en una posición de inferioridad; le hace sentir que debe hacer un esfuerzo extra para resaltar sus cualidades y demostrar su amor para despertar el interés de su compañero. Para ello desecha aquellos deseos que pudieran entrar en conflicto con los de su novio:

«...nunca le llevaba la contraria e intentaba hacerle sentir lo más cómodo posible...».

Difícilmente se le ocurre pensar al hombre que esta actitud responde a la fuerte inseguridad de la muchacha; más bien entenderá que, si siempre le da la razón será porque la tiene. Tampoco es probable que se dé cuenta de que ella cede ante sus deseos por complacerle; pensará que coinciden en sus gustos.

Esto propone un falso equilibrio en la relación que, lejos de reforzar la autoestima de ella, de hacerla sentir más fuerte y segura, opera de modo exactamente contrario: la lleva a pensar que, si haciéndolo todo por él, no consigue el intercambio afectivo que busca y no logra que la quiera como ella necesita ser amada, será porque no es lo suficientemente valiosa, atractiva o deseable.

Hay hombres que perciben esta desvalorización y rechazan los esfuerzos o renuncias que pretenden hacer sus compañeras; son conscientes de lo que ocurre y procuran fortalecer en ellas la autoestima haciéndoles ver que están siendo injustas consigo mismas y que no deben vivir pendientes de ellos. Pero no es fácil renunciar a una posición particularmente cómoda y privilegiada, sobre todo cuando no aparece de la noche a la mañana sino que se instala poco a poco e imperceptiblemente. Es más difícil aún si el hombre ha visto a su madre dedicada a complacer a su padre o ha observado a las mujeres de sus amigos mostrarse solícitas y estar atentas a lo que sus maridos quieren.

Son muchos los hombres que aún piensan que a la mujer le gusta complacer, que es generosa, que prefiere que decidan por ella a hacer las cosas por sí misma; están convencidos de que así las ha hecho la naturaleza y no la educación.

Para llegar a la conclusión de que esas muestras de amor son, más bien, muestras de temor, hay que tener una gran madurez y una excelente empatía.

Lamentablemente, en la mayoría de los casos, este desafortunado comienzo es el que posteriormente facilita, no determina, la aparición de los malos tratos; de ahí que sea tan importante comprender desde un principio cómo se establece el papel que cada uno jugará en la relación.

Cuando uno de los miembros da y el otro recibe, y si hay un interesado en que continúe y otro a quien (según la percepción del compañero) le importa menos, se establece una desigualdad, una jerarquía que, finalmente, puede desembocar en que uno de ellos tome el mando, sea déspota y caprichoso en tanto que al otro le toque el papel de obedecer.

Toda persona que sienta que está haciendo enormes sacrificios por mantener viva una relación sentimental tendría que plantearse que hay algo que no marcha como debiera y que, desgraciadamente, sus sacrificios no darán los resultados que espera. En estos casos sería conveniente revisar fríamente los propios sentimientos y temores, las actitudes del compañero y, a ser posible, buscar ayuda de un psicólogo, ya que es muy probable que se haya establecido una dependencia emocional que podría tener malas consecuencias.

¿POSESIVIDAD O CELOS?

Si un niño se sale siempre con la suya y nadie pone límites a su egoísmo, se vuelve malcriado y caprichoso; le cuesta mucho más que a otros aceptar que su propia libertad y bienestar terminan donde comienzan los de los demás. Si se le convierte en centro de atenciones, pronto creerá que es merecedor de ellas y, en el momento en que se le amenace con retirarle los privilegios, lo más probable es que monte en cólera, que tome la medida como injusta o que reaccione con violencia.

Pero esto no sólo ocurre con los niños; también se observa en ese tipo de relaciones entre adultos que, desde un principio, se basaron en la desigualdad o en la creencia, por parte de uno de ellos, que para conservar el vínculo debía hacer todos los sacrificios y renuncias imaginables. En estos casos la injusticia se convierte en algo natural y el beneficiado rápidamente se convence de que merece eso y mucho más.

A partir de ahí empieza a ver a su compañero como objeto de su propiedad, como un esclavo a su servicio y, como tal, alguien a quien conviene imponerle restricciones, a quien es preciso recortar su libertad a fin de tenerlo muy dominado y seguro.

Bajo la forma de los celos, muchas personas ejercen un estricto control sobre los movimientos, entradas y salidas de sus parejas, tal y como puede apreciarse en el testimonio que inicia el capítulo. En ese ejemplo el novio hace su vida y no responde a la necesidad que ella le plantea de verse más a menudo; sin embargo, basta que ella intente distraer su atención de la pareja, reanudar relaciones con amigas y tener un mundo propio para que él haga lo necesario con tal de impedirlo. Al principio, ejerce este control de forma disimulada:

«A veces, sabiendo que iba a estar ocupado, decidía salir con alguna amiga, pero parecía que lo hacía a propósito: a última hora se liberaba y, finalmente, yo tenía que dejarla plantada para evitar una discusión».

Cada vez que ella tiene un plan propio, él le ofrece su presencia para quitárselo de la cabeza. Más adelante, a partir de la compra del piso, puede hacerlo de forma más directa ya que hay menos probabilidades de que su novia rompa la relación.

De esta manera la aísla de sus amistades logrando, con ello, que su único interés y preocupación sean el vínculo que mantiene con él.

Aunque estas actitudes parezcan responder a una actitud de celos, se trata más bien de afán posesivo, de temor a perder parte del dominio que se tiene sobre esa persona.

Para minimizar las posibilidades de que cualquier otro hombre se le acerque, no sólo se le prohíbe hablar con sus amigos varones sino que, además, le exige que oculte su atractivo:

«... Alguna vez que intenté salir con él vestida un poco más a mi aire, tuve que subir a cambiarme o a lavarme la cara porque se negaba a estar en público con alguien que parecía más el ligue de una noche que su novia...»

Con estas palabras logra que ella se cambie de ropa, que se sustraiga a la mirada de los demás a la vez que también la desvaloriza criticando su gusto a la hora de escoger su vestimenta. Como es natural, cuanto más desvalorizada se sienta ella, más sacrificios hará para sentir que le merece, y éste es un mecanismo que es aprendido y establecido entre ambos y del que ninguno es plenamente consciente.

En este tipo de parejas la persona que recibe más atenciones toma como hábito criticar a la otra porque eso le da un beneficio: hace que ella se esmere más aún. Lejos de ser un plan premeditado, algo que haga intencionadamente, es una conducta que se aprende y se refuerza cada vez que se consigue un beneficio cuando se ejecuta.

Ella entiende, equivocadamente, que la relación se mantiene gracias a sus sacrificios, a no llevarle la contraria o a quedarse encerrada todo el día. No puede seguir sus otros deseos como el de verse con sus amigas o terminar su carrera porque siente que eso amenaza la pareja.

Curiosamente, muchas mujeres descubren lo importantes que son para sus parejas masculinas cuando se produce o está muy próxima la ruptura. Al creer que todo está perdido empiezan a poner sus energías en sí mismas, a hacer su vida, a romper las reglas que tácitamente habían convenido con su compañero y, con ello, despiertan en él un nuevo interés. Y es comprensible que así sea ya que, cuando se tiene algo como seguro, como propio, no se le da el mismo valor ni genera el mismo deseo que ante aquello que aún no se ha alcanzado. Eso se ve claramente en esta historia: cuando ella dice «basta», su novio hace lo imposible por reconquistarla y se comporta tal y como ella hubiera deseado que lo hiciese durante el noviazgo.

«... durante dos meses el teléfono ha sonado a cualquier hora de la mañana o de la noche despertándonos a todos. He tenido que esquivarle en la puerta del trabajo y en la de casa; he recibido cientos de flores y cartas de amor. Después empezaron los llantos y recriminaciones.»

De no haber coincidido en charlar con su amiga, difícilmente hubiera sido consciente de que estaba sufriendo malos tratos ya que, a sus ojos, el comportamiento de su novio era exagerado pero no se apartaba demasiado de la normalidad. Confundía el afán posesivo y controlador de su pareja, con afecto; su propia dependencia emocional, con amor verdadero. No cabe ninguna duda que, de haberse casado con él, hubiera vivido un infierno; prueba de ello es que ha tenido que ponerle una denuncia para terminar con las amenazas.

¡ALERTA!

La sociedad patriarcal ha puesto a la mujer en el lugar de la sumisión calificando como rasgos femeninos muchas actitudes que van en contra de ella misma. Aunque para ser considerada «femenina» no tiene necesariamente que estar encerrada en su casa, ser esclava del hombre ni renunciar a sus aspiraciones como persona, tal y como han tenido que hacer las anteriores generaciones de mujeres, la sociedad sigue destacando al colectivo femenino aquellas cualidades propias del machismo.

A través de películas, series y, sobre todo, de culebrones, vemos que por amor muchas protagonistas pasan las más crueles injusticias, humillaciones y malos tratos psicológicos a manos del hombre. Eso sí, como el amor siempre triunfa, ella tiene al final su recompensa cuando él, que tanto la ha hecho sufrir, se le acerca llorando de arrepentimiento, loco de pasión y dispuesto a casarse y formar una feliz familia que los mantenga unidos hasta que la muerte los separe. El mensaje es clarísimo:

«Si estás enamorada de un hombre que te maltrata, aguanta lo que sea porque al final comprenderá lo buena que eres, lo mucho que le quieres y volverá a ti arrepentido».

Lo que nunca se cuenta en estas historias es lo que pasa después, a los dos, tres o diez años de matrimonio, una vez que el arrepentimiento ha quedado totalmente olvidado y él ha vuelto a ser el mismo de siempre. No se habla de las humillaciones, insultos o palizas que cuesta mantener esa relación.

Cuando aparecen escenas de celos, de estricto y despiadado control del hombre sobre la mujer, la explicación que suele darse a esas actitudes masculinas es que lo hacen por desesperación, porque sin esa mujer no pueden vivir, por lo mucho que la quieren. De esta manera, por un lado se fomenta la perpetuación de una injusticia y, por el otro, se consigue audiencia ya que lo que ocurre en la pantalla es lamentablemente igual a lo que ocurre en la vida real.

Con todo ello se induce a la mujer a interpretar como muestras de afecto aquellas actitudes masculinas que son, por el contrario, índices claros de maltrato psicológico; y al hombre, a pensar que a las mujeres les gusta el hombre masculino recio, controlador y muy «varonil».

Para evitar que se establezca la jerarquía en la pareja y, con ella, posibles malos tratos y violencia, es necesario tener en cuenta que muchos de los gestos que habitualmente se toman como muestras de afecto, atención, cortesía o romanticismo son los que establecerán, poco a poco, quién manda y quién obedece.

Saber detectar y rechazar a tiempo dichos gestos dejando clara la intención que conllevan, permite a la mujer ayudar a su compañero a cambiar su escala de valores machista por otra más igualitaria o, en el peor de los casos, poner fin a la relación evitando para ambos una vida amarga y difícil.

Entre las actitudes masculinas que habitualmente se interpretan como actos de amor pero que encierran peligro, pueden citarse:

- **Críticas.** No tienen por qué ser directas; pueden estar dirigidas hacia una actitud equitativa en las parejas que se observan o a hacia aquellas mujeres que no muestran sumisión ante sus compañeros, en cuyo caso se las compara desfavorablemente con la propia.

  Hay hombres que, simulando complicidad y buen entendimiento con sus compañeras, critican otras mujeres que son más abiertas, más asertivas.

«¿Cómo puedes ser su amiga si sois tan diferentes? Tú eres sensata y tienes la cabeza bien puesta, pero ella es egoísta. Mientras su marido se desloma trabajando para que a ella no le falte nada, se va por ahí con sus amigas, como si no tuviera nada mejor que hacer».

Aunque la mujer tome esto como un halago, como una señal de que su pareja reconoce en ella una sensatez que otras mujeres no tienen, en el fondo él le está marcando pautas; le está advirtiendo qué cosas desaprueba y, sutilmente, le dice qué espera de ella y qué no.

Cuando la crítica está dirigida a las mujeres en general, es aún más notorio porque, en definitiva, también la está desvalorizando por el mero hecho de ser también mujer. Entender estas críticas como que *«le desagradan todas menos yo»*, es un error; lo que debiera pensarse es: *«nos considera inferiores y, encima, me lo dice en la cara»*.

Criticar la manera de vestir o de maquillarse. Para salir de dudas es conveniente pedir otras opiniones, por ejemplo a una amiga, a un familiar, a otros hombres con los que se tenga confianza: *«¿Es demasiado descarado este vestido? ¿Te parece exagerado mi maquillaje? ¿Me queda mal esta ropa?»*.

No es recomendable satisfacerle sin más, renunciando a la propia opinión, por el simple hecho de que él tenga otra. A veces se cometen errores al pensar: *«Él quiere lo mejor para mí, de modo que será verdad lo que me dice»* porque la mayoría de las veces, lo cierto es que *«él querrá lo mejor para él»*. Si bien hay que tener en cuenta las críticas, cuando éstas apuntan invariablemente a que uno pierda posibilidades o tenga que renunciar siempre a sus deseos, cabe la sospecha de que se trate de manipulaciones.

- **Celos.** Aunque es bastante frecuente interpretar los celos como muestra de amor, si éstos son injustos, constantes y enfermizos no expresan tal sentimiento sino, más bien, un afán de posesión y control. Desvalorizar a las personas del entorno pretendiendo cuidar a la pareja para evitarle posibles decepciones, tiene por objeto cortarle cualquier comunicación con el mundo exterior que pudiera abrirle los ojos y hacerle comprender que está soportando una situación injusta. Además, al cortarle la posibilidad de cualquier otro vínculo emocional (con amigas, familiares, etc.) el agresor consigue crear en su víctima una fuerte dependencia emocional que impedirá que le abandone, aun a pesar de los malos tratos que pueda inflingirle. Este tipo de comportamiento posesivo pueden presentarlo tanto los hombres como las mujeres.

- **Control.** Consiste en la necesidad de saber todos y cada uno de los pasos que da su compañera: dónde ha ido, con quién, para qué, cuánto tiempo tardará en volver, etc. Hacer constantes «visitas sorpresa», aparecer en lugares a los que no iba a ir con el objeto de descubrir traiciones; insistencia en participar en eventos propios de su pareja donde él no tiene cabida, hacer llamadas telefónicas intempestivas, etc.

  Es natural que un hombre tenga cualquiera de estas actitudes alguna que otra vez, más que nada por torpeza; pero si son constantes, no hay que tomarlas como muestras de interés ni como una necesidad por su parte de estar permanentemente juntos, sino como señales de desconfianza y de afán posesivo.

  Muestras de dominio. Utilización de frases del tipo «eres mía», normalmente para exigir renuncias (no hables con otros, no hagas aquello que no me gusta). Lejos de demostrar afecto, estas palabras señalan que para el hombre, la mujer es un objeto de su propiedad. Eso, según él, le da derecho a exigirle que se comporte como él desea.

- **Desvalorización del entorno.** Para que una relación evolucione saludablemente, es importante que cada uno de sus miembros tenga, además, intereses externos, que ambos establezcan contacto con otras personas ya sea como pareja o individualmente porque ello, sin duda, enriquecerá la relación.

  Cada uno debe ser libre de escoger aquellas actividades que desee realizar sin tener en cuenta lo importantes o valiosas que sean a los ojos del otro. Una de las maneras de impedirlo consiste en decir cosas del tipo: *«Tú te mereces algo mejor»*. Este halago es un regalo envenenado que impide a muchas mujeres tener una independencia económica (*«En tu trabajo no te valoran lo suficiente, no sé qué haces aún ahí»*). Sin ella, la mujer corre el riesgo de tener que soportar humillaciones, ya que pasaría a depender económicamente de su pareja.

  Otro tanto ocurre con los amigos: a veces la crítica es abierta pero otras, toma la forma de protección:

  «Tu amiga se aprovecha de ti», «sólo te llaman cuando te necesitan».

Estas palabras o gestos provocan malestar, sobre todo cuando se tiene en alta estima a la persona que se está descalificando. Si la mujer, en lugar de justificar y convertir en una muestra de amor esta actitud que nace de los celos pudiera analizarla con claridad, comprendería que surge de una postura posesiva o jerárquica. Sabiéndolo, posiblemente pueda ayudar a su pareja a cambiar la forma en que ve la relación, los diferentes papeles que, por educación, piensa que debe tener cada uno.

Cuanto antes se haga este trabajo, más posibilidades tendrá de conseguir su objetivo, ya que una vez que las funciones de cada uno estén adjudicadas y asumidas, cuando ya se ha establecido que hay uno que manda y controla en tanto que otro obedece, esto hace que el hombre se acostumbre y viva cualquier intento de cambio como una forma de desamor, de desinterés o, más probablemente, de agresión y falta de respeto por parte de su compañera.

La persona implicada suele ser la última en observar hacia dónde se dirige la relación, de ahí que sea muy importante el papel que desempeñen los padres, familiares y amigos durante el noviazgo, haciéndole ver a la persona que puede estar siendo coaccionada y en que esa situación probablemente no sea la adecuada. No siempre es fácil abrir los ojos a una amiga cuya pareja la maltrata, pero sí es posible mostrarle las actitudes de su novio que puedan entrañar malos tratos.

Lamentablemente, para las mujeres que tienen hoy hijas jóvenes, la sumisión es lo que siempre han considerado natural, de ahí que pudieran entender ciertas actitudes de abuso por parte de los novios de sus hijas como algo lógico y normal. Pero debieran pensar que se está operando un cambio en el que ellas pueden y deben participar; que su apoyo es fundamental para que las mujeres de hoy y de mañana tengan una vida más plena, más justa. Eso, sin duda, también repercutirá en la calidad de vida de los hombres, aunque para ello tengan que aprender a lavarse los calcetines o a preparar la comida.

Es necesario aclarar que prácticamente todas las actitudes negativas que se han explicado a lo largo de este capítulo no sólo las manifiesta el hombre; también hay mujeres que ejercen malos tratos sobre sus parejas masculinas y éstos, asimismo, se dan de igual manera en las parejas de homosexuales. La diferencia es que, debido a la distinta educación que ha recibido uno y otro sexo, la violencia física es una característica que se aprecia mucho más en los varones.

No hay un sexo agresor y un sexo víctima, aunque sí parece ser que uno de ellos sea más proclive a la agresión, pudiendo provocar la muerte de su compañero con más frecuencia que el otro.

Para evitar que se instale la violencia en la pareja y que se produzcan situaciones de maltrato sería conveniente que, desde los inicios de la relación, cada persona tuviera en cuenta ciertas premisas:

- **Perder el miedo al abandono por parte de la pareja.** Cuando todo lo que se hace está motivado por la angustia ante una posible ruptura de la relación, eso no es amor; es miedo. Si éste subsiste, es necesario acudir a una terapia que permita averiguar en qué está sustentado. Es necesario actuar de acuerdo a la propia línea de conducta y, en todo caso, negociar con la pareja en qué cosas se está dispuesto a cambiar y en cuáles no. Hablar claramente desde los comienzos permitirá que no se alienten expectativas que jamás se cumplirán. El tener espacios propios, amigos, familia, aficiones, trabajo, no sólo coloca a la persona en una posición de mayor independencia sino que favorece a la pareja porque permite que ésta aporte cosas nuevas que puedan ser útiles y enriquecedoras para ambos.

- **Perder el miedo a decir NO.** Es importante que, cuando se considere conveniente, se haga oír la propia opinión y se negocie para que ésta se cumpla. No es cuestión de que se haga todo como uno quiere sino que el vínculo se vaya formando con los elementos que pongan ambos y al gusto de los dos. Procurar entender las necesidades del otro pero también exigir que se entiendan las propias. Por el mero hecho de que uno haga constantemente cosas a favor del otro, de renunciar a las propias aspiraciones para no irritar al compañero, no conseguirá que éste quiera más. El afecto y el agradecimiento son dos cosas completamente diferentes.

- **No anticiparse a los deseos del otro.** El deseo se funda en lo que no se tiene y por tanto se complace rápidamente, y lo que se está dando se desvaloriza con la misma rapidez. Como ejemplo, baste decir que no se obtiene el mismo placer cuando se desea un objeto e inmediatamente lo compra que cuando lo adquiere después de haber ahorrado dinero para ello durante cierto tiempo. Si se complacen los deseos del compañero antes de que éste llegue a formularlos, dejará vacío de deseo, no encontrará elementos en su pareja que la hagan ser apetecible y, siendo así, es probable que busque el deseo en otras personas.

Maltrato psicológico

Tengo miedo. No sé por qué, pero tengo miedo y por mucho que intente comprender lo que me pasa, no lo consigo. Cuando intento pensar, es como si todo se me mezclara en la cabeza, como si no pudiera fijar ninguna idea. Por eso quiero escribir; a ver si así puedo aclararme un poco.

Hoy he pasado casi todo el día vomitando. ¡Qué horrible!... Siempre me pasa eso cuando tenemos alguna discusión. Por suerte me gusta el té porque lo que es alimento sólido... no he probado ninguno desde hace tres días y las náuseas, con el estómago vacío son peores. Pero es que no me pasa nada por la garganta; la comida me da asco y debo haber adelgazado, como poco, tres kilos. Si sigo así terminaré enfermando, que sería lo único que me faltase.

Por Juan, ya ni sé lo que siento. En algunos momentos pienso que le odio, que me gustaría no volverle a ver en la vida. En otros, todo lo contrario; se me ocurre que si en algún momento me dejara o llegáramos a separarnos, yo no lo podría resistir, me volvería loca.

No me entiendo yo, ni le entiendo a él; llevo años con un nudo en el estómago, angustiada, con ganas de morirme, pero teniendo muy claro que esa salida la tengo prohibida. Si no fuera por los niños, seguro que me tomaba un frasco de pastillas y terminaba con todo de una vez.

Sé que hago lo imposible porque las cosas salgan bien, porque estemos contentos, porque haya en casa un clima de paz y tranquilidad, pero es imposible. Todo lo hago mal y estoy a veces tan preocupada por lo alterada que me siento, que me resulta imposible prestar atención a lo que hago. A veces pienso que soy tonta, que hay algo que me falla por dentro aunque no sepa qué es.

Juan, en lugar de ayudarme, me pone peor. Si me equivoco en algo, en vez de quitarle importancia me lo recuerda una y otra vez, semana tras semana. No tiene ojos para mirar lo bueno; siempre lo malo, la imperfección.

La última vez me había pasado toda la mañana amasando pasta en la cocina, haciendo tortellini de uno en uno, con mi santa paciencia, para darle una sorpresa, ya que le encantan. Cuando vino a comer, a mediodía, se sentó a la mesa y yo, contenta, fui a la cocina a buscar la fuente, segura de que sería un éxito. Pues no. Le dio tanta importancia a que el queso estaba rallado demasiado grueso que de los tortellini... ni se enteró. Empezó a decir que a quién se le ocurría poner un parmesano así, que eso era estropear un queso bueno, que parecía mentira que la gente fuera tan inepta, etc. De los tortellini apenas un «Ahá, están buenos pero con este queso...». Me sentí absolutamente frustrada.

Será una estupidez, pero me dolió porque parecía que no valorase en absoluto mi trabajo, el esfuerzo de pasarme horas amasando, haciendo la salsa, haciendo una comida especial. Me dieron ganas de estrellar la fuente contra la pared, de sembrar queso por todo el salón o de quitarle los tortellini y llamar por teléfono para que trajeran una pizza. Como puse mala cara, luego me vino con que era susceptible, que no se me podía decir nada, que todo me lo tomaba a pecho. Estoy harta.

A veces pienso que cuando me ve contenta, tranquila, bien, tiene que decirme algo que me desequilibre por completo. Me obliga a estar las 24 horas pendiente de él. Si se acuesta, no puedo ir ni siquiera a la compra por si suena el teléfono y le despierta; si está viendo la tele, también tengo que estar para que los niños no le molesten; si hace algo, tengo que estar al lado suyo para ver cómo lo hace o para alcanzarle las herramientas o lo que necesite. Y yo siento que no tengo un solo minuto para mí; para pensar, para dedicarlo a algo que me interese. Tampoco sabría decir qué haría porque hace mucho tiempo que me olvidé de todo lo que me interesaba.

Anoche fuimos a la casa de Teresa y Óscar. Como ella siempre está haciendo algo con las manos y en cuanto la veo quiero hacerlo yo también, tuve la maldita idea de llevarme un mantel que empecé a bordar hace cinco o seis años y que he vuelto a retomar hace un mes. Por un lado quería mostrárselo porque sabía que le iba a encantar y, por el otro, para estar entretenida mientras charlábamos. Creo que Juan no lo había visto, o no se había fijado, no sé, porque jamás me había dicho nada; aunque sí es verdad que las veces que me he puesto a hacer *alguna labor, por ejemplo ganchillo, se pone histérico porque dice que me habla y, como estoy contando las vueltas, no le escucho.*

El caso es que después de la cena ellos se sentaron frente al televisor para ver el partido y nosotras, en una esquina del salón para conversar. Tal y como había previsto, Teresa sacó un vestido que le estaba haciendo a la niña, con nido de abeja, de modo que aproveché para seguir con el mantel; tenía bordada más de la mitad y quería terminarlo para navidades.

Cuando terminó el primer tiempo ellos se acercaron y Tere me dijo que le mostrara a Óscar lo que estaba haciendo; como él es decorador y tienen una tienda de regalos, ese tipo de cosas le gustan. En cuanto lo desplegué, oí que Juan decía: «Tomarse todo ese trabajo es una estupidez, una pérdida de tiempo. En cualquier tienda se consiguen manteles mucho más baratos y, desde luego, más bonitos».

Inmediatamente Teresa me lanzó una mirada a ver qué cara ponía, pero no dijo nada; Óscar, en cambio, le llamó hortera y me hizo un gesto como diciendo: «no le hagas ni caso, lo hace para fastidiar»; y yo me quedé con la boca cerrada pero con unas ganas tremendas de asesinarle. Como algo tenía que hacer para quitarme la rabia, para explotar por algún lado, cuando volvieron al sillón, con mucha calma, cogí las tijeras y me puse a cortar cuidadosamente todos los hilos del bordado sin decir una palabra.

Cuando Tere se dio cuenta de lo que estaba haciendo intentó quitarme las tijeras al tiempo que me hacía señas de que no continuara, pero no le hice ni caso. Entonces se puso de pie y me dijo en voz alta que la acompañara al dormitorio para mostrarme un vestido que se había comprado, así que no me quedó más remedio que seguirla.

Allí me dijo que era una tonta, que encima le daba el gusto, que él era un cerdo. Al oírla me largué a llorar como una magdalena, con un miedo horroroso de que entrara Juan en cualquier momento, pero por suerte no apareció.

Nos fuimos temprano y no pasó nada más, pero cuando estábamos en el coche de vuelta a casa, lo primero que me soltó fue si estaba contenta de haber montado el numerito; que si no me daba vergüenza ir de víctima por el mundo, pidiendo ayuda a cuantos conocía y haciéndole pasar por un monstruo. «Por eso no quiero salir nunca contigo –decía–, porque eres más agria que el vinagre, aburrida, siempre con esa cara de amargada que da asco de ver. ¿Qué crees que puede sentir cualquiera que esté a tu lado? Si eres un tonto, como cuando yo te conocí, sientes pena; pero después, te llevan los demonios, porque pasarte mañana, tarde y noche delante de esa cara de nada, puede con la paciencia de cualquiera. Pero ya te lo he advertido muchas veces: llega un día en que la paciencia se acaba y, para mí, ese día está a la vuelta de la esquina.»

Hice lo peor que puedo hacer en estos casos, lo que más le irrita: echarme a llorar. Pero es que o lo puedo evitar. Sé que no debería hacerle el menor caso, pero ¿qué puedo hacer si me dice cosas que me duelen? ¿Qué cara quiere que ponga cuando no para de acusarme de todo, de despreciar cuanto hago? ¿Pretende que, encima, me sienta contenta?... Yo no tengo la culpa de que nuestros gustos sean distintos. Cuando sé qué es lo que quiere procuro complacerle pero cuando no lo tengo claro, hago lo que me parece más adecuado o lo que me da la gana. Y nunca falla: siempre me equivoco y tenemos problemas.

La semana pasada me atreví a comentarle la posibilidad de ir a un psicólogo, pero me dijo que hiciera lo que quisiese teniendo en cuenta, eso sí, que cuando una persona casada empieza una terapia, antes del año ese matrimonio termina destrozado. Así que entendí el recado perfectamente; me quiso decir que no está de acuerdo y que si lo hago, tendré que atenerme a las consecuencias. Es una pena porque estoy segura de que me hubiera venido bien.

Ahora se ha ido dando un portazo y sin decir dónde. Tengo que ocuparme de los chicos y hacer la comida, pero me siento totalmente sin fuerzas. Los pobres no tienen la culpa y me desespera pensar que no estoy siendo tampoco una buena madre, cosa que él me dice constantemente, pero si me siento a jugar con ellos, en cuanto nos oye reír dice que los estoy excitando y que luego no podrán dormir y si estamos callados, se burla de que no sabemos divertirnos. ¡Siempre tiene que encontrar los defectos!

¡Es un hombre tan difícil!... Me puedo romper la cabeza durante horas pensando, que jamás sabré claramente qué es lo que quiere.

Mañana tenemos una cena y ya me pongo nerviosa de pensarlo. No sé por qué, pero cada vez que salimos se monta una discusión. Cuando no tengo mal el pelo, el vestido me hace demasiado gorda o me he pintado como un carro. Me paso ante el espejo no sé cuánto tiempo poniéndome una cosa y la otra, y con todo me veo horrible. Y cuando por fin decido qué es lo que voy a usar, es él quien me dice que así vestida no salimos, y vuelta a empezar.

No puedo centrarme. Si por lo menos no tuviera miedo, todo iría mejor; pero como sé que voy a hacer las cosas mal, que por mucho que me lo proponga no conseguiré nada bueno, me hundo y estoy sin fuerzas para nada.

Bueno. Mejor dejo de escribir y rompo esto porque si llega a leerlo no sé qué puede pasar. Al final, creí que intentando poner las ideas en un papel iba a conseguir *aclararme un poco, pero no hay caso. Sigo tan confundida como antes aunque, eso sí, me siento mejor; es como si hubiera estado hablando un rato con una amiga.*

Por eso quería ir a un psicólogo; porque necesito hablar, decirle a alguien lo que me pasa, preguntar qué es lo que hago tan mal y que me responda.

* * *

A la hora de hablar de malos tratos en la pareja, la escena que uno se suele imaginar es un espacio en el que se desarrolla la violencia física: empujones, puñetazos, patadas, etc. Sin embargo, hay una forma de maltrato que, sin dejar marcas visibles, puede llevar a la víctima a la locura o al suicidio: es el maltrato psicológico.

Los métodos por los cuales el ser humano puede hacer daño sin necesidad de recurrir a los puños son muy variados; se puede lastimar con la palabra, con actitudes de desprecio o de humillación, con amenazas, con calumnias, impidiendo a la víctima expresar sus opiniones o deseos, menoscabando su autoestima, haciéndole quedar en ridículo, burlándose de sus convicciones y de muchas otras formas que atenten contra su estabilidad mental. Todas éstas son formas de agresión o maltrato psicológico.

«¿Qué crees que puede sentir cualquiera que esté a tu lado? Si eres un tonto, como cuando yo te conocí, sientes pena; pero después, te llevan los demonios porque pasarte mañana, tarde y noche delante de esa cara de nada puede con la paciencia de cualquiera».

Hay quienes opinan que esta forma de lastimar a otro es más bien femenina; como generalmente la mujer tiene un contacto más estrecho con el mundo de los afectos y los sentimientos que el hombre, conoce mejor las debilidades ajenas y es más sibilina a la hora de agredir verbalmente diciendo aquello que pueda causar más daño. Por otra parte, por recibir una educación que no fomenta el desarrollo de su fuerza física sino que, por el contrario, lo censura. Las disputas que vive durante la infancia no las suele resolver, como se ha dicho, por medio de golpes como los varones, sino utilizando la palabra y los gestos.

Pero lejos de ser un arma exclusivamente femenina, la agresión psicológica también es utilizada por los hombres: hay jefes que humillan a sus empleados, padres que hacen gestos despectivos a sus hijos, maridos que ponen en ridículo a sus mujeres o profesores que se burlan de la torpeza de sus alumnos. Y eso por no hablar de las amenazas y coacciones (ya sea de golpear al oponente o a alguien querido, de jugar con un arma delante de la pareja en medio de una discusión, etc.).

Este tipo de agresiones que se observan en personas de todo tipo y condición social no constituyen por sí solas lo que se califica como maltrato psicológico. El que una vez y en medio de una fuerte disputa se insulte, no pasa a ser una agresión. Para que una situación pueda definirse como de violencia psicológica, es necesario que las agresiones sean insidiosas, constantes y repetidas a lo largo de cierto tiempo.

LOS SUPUESTOS

Cuando dos personas establecen una relación de pareja, cada una parte de la idea de que los sentimientos de la otra persona son más o menos similares a los propios. Ambos presuponen que hay amor, generosidad, una enorme voluntad de hacerse mutuamente felices, sueños de futuro similares, deseo de construir algo juntos, etc. Ven al otro miembro de la relación como un compañero, como un amigo especial que, sin duda, será el primero que acuda ante las dificultades, el que brinde ayuda cuando ésta sea necesaria y la persona con la cual se compartirán penas y alegrías durante muchos años, como poco.

El vínculo se basa en la confianza, en las buenas intenciones de los componentes de la pareja y se entiende que la persona a la cual se está vinculado, lejos de ser un competidor será, durante todo el tiempo que dure la relación, el mejor aliado posible en todos los ámbitos.

El irse conociendo poco a poco permite a las dos personas saber cuáles son los puntos de coincidencia y cuáles aquellos en los que los intereses de ambos se oponen. Sin embargo, por mucho que ambos hablen acerca de los principios con que rigen su vida, dentro de cada persona hay matices y opiniones que son completamente inaccesibles; creencias, deseos y anhelos que, por estar tan profundamente enterradas en el subconsciente, son desconocidas hasta para sí misma. Y estos datos que, por su misma naturaleza, son imposibles de transmitir al compañero, más tarde o más temprano aflorarán a menudo creando conflictos que la pareja deberá resolver sobre la marcha.

En toda relación sentimental hay muchas cosas de las que no se habla pero que se dan como supuestas. Dos personas pueden llevar varios meses de noviazgo sin que ninguna de ellas jamás se haya comprometido a ser fiel. Sin embargo, lo más probable es que ambas hayan entendido que las relaciones sexuales con terceros no son admitidas por el otro y que, si tuvieran lugar, serían vividas como una traición.

Durante el noviazgo también se hacen acuerdos, se buscan coincidencias y, si se encuentran, el vínculo se fortalece y perdura; pero esas negociaciones siempre están basadas en lo que cada uno sabe de sí mismo y no en aquellos deseos, creencias o modelos a seguir que están en su subconsciente.

Cualquier persona que tenga una fuerte ambición de poder, por ejemplo, necesitará sentirse por encima de los demás, tapar sus propios conflictos buscando imperfecciones ajenas que le permitan considerarse superior, pero en el momento en que se decida a establecer una relación de pareja, no se dirá a sí misma: «*Voy a dominarla, a anularla lo más posible para sentir que soy mucho mejor que ella*». Y no porque pretenda engañarse ni engañar a la persona que haya elegido, sino porque desconoce estos aspectos de sí misma; a lo sumo podría considerarse mandón, terco o caprichoso, pero difícilmente haya llegado a la conclusión de que su ambición de poder hace que se muestre déspota incluso con las personas que ama.

Sus intenciones, salvo raros casos, estarán basadas en una imagen ideal de la pareja en la cual a su compañero siempre se le ocurrirá hacer aquello que le complace porque, a sus ojos, es lo natural. Del mismo modo piensa que cuanto haga también será del gusto de su pareja. Pero en la realidad las cosas no son así; cada uno tiene diferentes expectativas, gustos, pareceres y opiniones.

En un primer período, cada miembro de la relación intenta minimizar los conflictos cediendo ante su compañero. Uno de los dos suele hacerlo con más frecuencia que el otro, pero si la oposición es muy grande, lo más probablemente es que permita decidir a su pareja porque lo importante es evitar el conflicto. Sin embargo, cuando la relación lleva cierto tiempo, cada uno defiende con más tesón su propia idea con lo cual se establece una lucha por el poder. En este caso este poder consiste en decidir sobre las cuestiones que atañen a ambos.

Hay personas que no soportan seguir los pasos de otras; personas para las cuales, el hecho de imponer su voluntad, es más importante que cualquier otra cosa. No dudan en utilizar cualquier tipo de medios con tal de que sea su decisión la que triunfe y suelen recurrir a manipulaciones para mermar la seguridad de decisión de los demás y, con ello, menoscabar su capacidad para mantenerse firmes en sus opiniones.

Estas conductas crean hábito en uno y en otro y, a medida que transcurre la convivencia o el noviazgo, el hecho de ser quien invariablemente diga lo que hay que hacer coloca al más controlador en un lugar de autoridad, de poder. Una vez conquistada esta posición, para poder mantenerla deberá constreñir cada vez más su compañero hasta conseguir que, entre ambos, quede tácitamente explícito que él siempre tiene razón, que sus juicios son más acertados y que debe ser él quien decida absolutamente en todo. Ante esto, el miembro menos agresivo de la pareja ve, poco a poco, menoscabada su autoestima y, dado que ha consentido que la verdad y la razón sean siempre patrimonio del otro, para seguir con este estado de cosas deberá aceptar todas las opciones que aquél le presente, incluso aunque vayan en contra de sus propios intereses u opiniones básicas:

«Yo no tengo la culpa de que nuestros gustos sean distintos; cuando sé qué es lo que quiere procuro complacerle pero cuando no lo tengo claro, hago lo que me parece más adecuado o lo que me da la gana. Y no falla: siempre me equivoco y tenemos problemas».

Las diferentes expectativas de uno y otro, en definitiva, pueden abrir la posibilidad de que el miembro al que más le interese mantener el control maltrate psicológicamente al otro descalificando sus ideas, opiniones y normas de vida a fin de que se vea imposibilitado defenderlas.

¿QUIÉN MANDA AQUÍ?

En una pareja la persona que lleva más habitualmente la voz cantante suele ser el miembro más activo, el que tiene una mayor capacidad de iniciativa, el que se entusiasma con más facilidad, el más asertivo o al que se reconozca mayor sentido práctico. El otro se pliega a las decisiones de su compañero y acepta de buen grado los planes que éste traza. Esto ocurre en las parejas sanas y normales, y tal situación no implica necesariamente una jerarquización ni mucho menos un maltrato. Cada uno acepta la función que le queda cómoda y así se complementan y se admiten tal y como son. Ambos pueden sugerir y decidir, sólo que es uno de ellos el que por costumbre acaba haciéndolo la mayor parte de las veces y en casi todos los terrenos sin que eso produzca resultados negativos ni menoscabe la opinión de sí mismo que tiene su compañero.

Lo habitual es que los papeles se distribuyan de forma tal que sea la mujer quien manda en la casa y el marido quien lo haga afuera. Cuando los niños piden permiso a su padre para salir, por ejemplo, es común que éste les diga que consulten con su madre; o que a la hora de elegir muebles, cortinas o pediatra, sea la mujer quien se ocupe del asunto. El hombre, en cambio, es más probable que sea quien decida qué marca de coche se han de comprar, en qué banco conviene poner el dinero, cómo harán la declaración de la renta, etc. Cada cual tiene un terreno de actuación bastante definido y en eso suelen coincidir la mayoría de las parejas.

La jerarquización y el abuso se instalan cuando uno de los dos pretende decidir en todo lo que atañe a la pareja y a la convivencia en común y, además, también sobre todo lo que corresponda a la vida del otro: uso de su tiempo libre, trabajo, relaciones con otras personas, forma de vestir, aficiones, creencias, etc. Es decir, cuando un miembro de la relación, además de tomar arbitrariamente todas las decisiones que afectan a ambos, intenta coartar también la libertad de su compañero en todos los demás aspectos, incluidos los personales.

«No sé por qué cada vez que tenemos que salir todo es peor. Cuando no tengo mal el pelo, el vestido me hace demasiado gorda o me he pintado como un carro. Paso ante el espejo no sé cuánto tiempo poniéndome una cosa y la otra, y con todo me veo horrible; y cuando por fin me decido, es él quien me dice que así vestida no salimos, y vuelta a empezar.»

El maltratador psicológico ve a la otra persona no como un ser humano adulto, responsable, libre, sino como un objeto; por esta razón espera que le obedezca, le sirva y haga todo cuanto a él se le antoje, como si fuera una máquina. En ocasiones, para conseguirlo, utiliza prohibiciones directas que se apoyan en las creencias que surgen de la cultura patriarcal en la que nos hemos educado:

- Las mujeres decentes no salen solas de noche (los hombres, sí).
- Toda mujer debe respetar a su marido (poco se ha dicho en el sentido inverso).
- Una buena esposa cumple con su deber (es decir, admitir relaciones sexuales aunque no quiera) siempre que el marido lo desee (el deseo de ella, aquí, no cuenta).
- El hombre es el jefe (el que manda) de familia.
- La economía de la familia depende del hombre y es él quien la administra. Al respecto, cabe señalar que hasta hace unos pocos años la mujer casada necesitaba el consentimiento de su marido a la hora de comprar cosas tan elementales como un frigorífico (a la inversa no sucedía). Hoy, cuando el

colectivo femenino ha entrado de lleno en el mercado laboral, aún sigue siendo el hombre, en la mayoría de los casos, quien tiene las riendas sobre la administración de los bienes.

Éstas, que son sólo algunas de las premisas que siguen siendo aceptadas en muchos países, se podrían resumir en un conocido refrán español:

«La mujer en la casa y con la pata quebrada».

Cualquier prohibición explícita por parte de la pareja, sea aceptada culturalmente o no, es algo que se puede discutir, negociar o desobedecer. Si una persona dice a otra: *«No quiero que salgas sola de noche»* o *«no permitiré que trabajes»*, a ésta le quedan varias posibilidades:

- **Desobedecer.** Como persona adulta puede hacer lo que quiera con su vida, siempre y cuando respete los derechos de los demás.
- **Discutir la medida.** Tratar de negociar con la persona que se opone a sus deseos a fin de convencerle.
- **Romper la relación.** Plantear que no admite órdenes de ningún género y que, por tanto, no le interesa el vínculo.
- **Ceder a los requerimientos de su compañero.**

Pero la jerarquía en la relación no sólo se establece mediante prohibiciones directas, claras y concretas sino también mediante métodos muy sutiles que impiden que la víctima se sienta libre y con derecho a hacer lo que quiera.

«La semana pasada le comenté la posibilidad de ir a un psicólogo pero me dijo que hiciera lo que quisiese teniendo en cuenta, eso sí, que cuando una persona casada va al psicólogo antes del año ese matrimonio termina destrozado. Eso quiere decir que no está de acuerdo y que, si lo hago, tendré que atenerme a las consecuencias.»

El mensaje que subyace bajo las palabras de su marido, es clarísimo:

«No quiero que vayas a un psicólogo y, si actúas en contra de mis deseos, lo más probable es que eso no me guste y te abandone».

Lógicamente, su marido no tiene la menor intención de separarse, vaya o no su mujer a un psicólogo. Más aún: teme que, en caso de ir, la que posiblemente quiera separarse sea ella. Sin embargo su mujer no lo entiende así porque cuando a una persona se le ha hecho sentir que no vale nada, que no sirve como mujer, como madre, como esposa, es natural que tenga constantemente un temor básico a ser abandonada. La protagonista del testimonio tiene ese temor, y las palabras que él le dice con respecto a la posible terapia lo único que hacen es avivarlo, ponerlo en primer plano en su conciencia.

Las personas que ejercen maltrato psicológico sobre sus parejas no quieren, como podría pensarse, que las cosas se arreglen. Aunque protesten mucho, aunque se quejen continuamente que no les gusta la vida marital que llevan, en el fondo se encuentran muy bien porque al mandar sobre alguien se sienten superiores, omnipotentes.

Para poder dominar completamente a la víctima, recurren a la humillación constante a fin de socavar su autoestima y los sentimientos que despiertan en ella son de confusión y temor permanentes:

«Tengo miedo. No sé por qué, pero tengo miedo. No puedo buscar la razón, porque cuando empiezo a pensar, es como si todo se me mezclara en la cabeza».

Les hacen creer que lamentan las situaciones tensas cuando, la verdad, es que disfrutan con ellas y se muestran ofendidos con suma facilidad cada vez que la víctima tiene un intento de responder asertivamente, de hacer lo que desee.

Lo más aconsejable para una persona que sufra este tipo de abusos, sea en una relación de pareja, de trabajo o con personas de su familia, es una terapia. La consulta con el psicólogo le brinda un espacio seguro para hablar tanto del amor como del odio que siente hacia quien la maltrata. Al mismo tiempo, le enseña a darse cuenta de que los conflictos no se originan por su culpa sino por el tipo de relación que ha establecido con el agresor. También le ayuda a tomar conciencia de los mecanismos que éste utiliza, le refuerza la autoestima y le sirve de soporte para tomar distancia con él.

Es cierto que cuando una víctima de malos tratos inicia un tratamiento psicológico hay grandes probabilidades de que se separe; pero si lo hace es por su propia elección, porque prefiere salvar su vida y su integridad psíquica, porque comprende que lo que siente hacia su pareja no es amor sino miedo y dependencia emocional.

Ante la imposibilidad de cambio por parte del agresor, la única opción posible, la más sana, es quererse uno mismo y elegir una vida normal y tranquila. Para ello, es necesario tomar distancia con la fuente del problema.

EN QUÉ CONSISTE EL MALTRATO PSICOLÓGICO

Se entiende por maltrato psicológico a una amplia variedad de actitudes que tienen por objeto despertar en otra persona emociones y sentimientos negativos como miedo, vergüenza, furia, inadecuación, siempre y cuando sean empleadas con regularidad y a lo largo de cierto tiempo. Estos sentimientos son provocados para dominar a la víctima.

Todos somos capaces, en un momento dado, de agredir psicológicamente a otra persona. Si por torpeza o descuido nuestra pareja derrama una taza de café sobre un trabajo que nos ha costado mucho hacer, por ejemplo, y, en lugar de disculparse, se ríe, es probable que nuestro enfado nos lleve a tratarla de inútil, de torpe, o a mirarla con furia o desprecio. Estas respuestas por nuestra parte son agresiones verbales o gestuales que evidencian que, al menos en ese momento, tenemos una pésima opinión de quien nos ha perjudicado. Naturalmente esto no constituye un maltrato psicológico; es, simplemente, una agresión, comprensible o no, que fácilmente podríamos justificar con el estrés, un mal día, los nervios, etc. Pero si a lo largo de meses o de años, ante cada cosa que hace esa persona, por mínima que sea, le decimos que es torpe, que no sabe hacer nada bien, que es inútil, esto sí constituye un maltrato psicológico porque no se trata de una agresión verbal y puntual sino una actitud constante y deliberada que tiene por objeto hacerle daño, minar su confianza, rebajarla, humillarla y ponerla en una situación de clara inferioridad con respecto a nosotros y a los demás.

Las agresiones psicológicas son muy variadas, ya que hay diversas maneras de despertar en los demás emociones negativas y dolorosas, pero entre las más comunes se pueden citar:

- **Agresiones verbales.** Insultos, descalificaciones y humillaciones que apuntan a deteriorar la autoestima.
- **Avergonzar o hacer quedar en ridículo ante terceros.** Consisten en contar en público algo íntimo de la víctima, ponerla en evidencia cuando se equivoca, hacerle sentir que está diciendo cosas absurdas o, más habitual aún, en convencerla de que ha estado mal en una reunión de la que acaban de salir;

en hacerle saber que se ha sentido vergüenza por su culpa; que todos se han dado cuenta de que no entendía nada sobre un tema, etc. En líneas generales, en minarle su capacidad y confianza para relacionarse con otras personas.

- **Agresiones no verbales.** Son gestos de desprecio, de rechazo, destinados a que la pareja pierda la confianza en sí misma. Desde el punto de vista del agresor, tienen una ventaja sobre las agresiones verbales: al no ser explícitos, pueden ser negados con mucha facilidad (*«Tú te lo inventas»*, *«siempre ves fantasmas»*, etc.).

- **Rechazar la compañía de la pareja cuando se está con otras personas** o insistir en mantener oculta una relación sentimental con ella. De esta manera se le hace sentir que no se confía que sea lo suficientemente buena como para presentarla a las personas conocidas, como para hacer pública su elección y que se está dando mucha más importancia al «qué dirán», a la opinión y juicio de terceros que a la persona a la que teóricamente se ama.

- **Sobreprotección.** Es poner de manifiesto un supuesto miedo a que la otra persona sufra algún daño con el fin de mantenerla encerrada, para acostumbrarla a no tomar decisiones. Esto implica una desvalorización del cónyuge, a quien no se le considera capaz de hacer las cosas por sí mismo. No se le da la oportunidad de equivocarse y aprender, de obrar por propia iniciativa, sino que se le trata como a un niño, con todas las consecuencias que esto implica. Lo que se consigue a través de la sobreprotección es la dependencia emocional por parte de la persona protegida que, con el tiempo, termina convenciéndose de que no puede hacer nada por su propia iniciativa y que toda su seguridad depende, justamente, de quien la sobreprotege. Esto asegura al agresor que la víctima no va a abandonarle ya que no se imagina posible el vivir separada de él.

- **Críticas manipulativas.** No se trata de informar a la otra persona que está cometiendo un error sino, más bien, que hay algo errado en ella; que no es lo suficientemente hábil y que hace todo mal.

- **Amenazas de ruptura.** Gracias a la inseguridad que generan estas amenazas, el agresor consigue que la víctima haga los más grandes sacrificios con tal de continuar el vínculo. La idea de que la relación está en constante peligro produce mucha ansiedad, un estado de desequilibrio permanente que puede traer consecuencias importantes a la persona maltratada.

- **El silencio como agresión.** Como resultado de una disputa o sin que haya razón que lo justifique, el agresor se niega a hablar con su víctima o a establecer con ella cualquier otro tipo de comunicación. Es bastante común que ni siquiera se digne a aceptar disculpas, con lo cual el conflicto persistirá hasta que maltratador quiera romper su silencio. La impotencia que esto produce en la víctima es enorme.

- **Dar celos.** Aún cuando no tengan relaciones paralelas, muchas personas utilizan los celos para desestabilizar a su pareja, para obligarla a estar en un estado de alerta permanente. Con ese fin, se muestran seductores con terceros y, a menudo, hacen comparaciones en las cuales la víctima siempre sale desfavorecida. De este modo crean en ella un estado de ansiedad y temor que aumenta su poder.

- **El acoso moral.** Es un conjunto de sutiles y constantes agresiones psicológicas que, desarrolladas paulatinamente, van destruyendo la psiquis de la persona acosada. En el acoso moral se utilizan las formas de violencia ya citadas (descalificaciones, celos, crítica, etc.), pero de forma siempre indirecta a fin de que la víctima quede paralizada y luego confundida. A menudo ésta reacciona ante las agresiones con explosiones de rabia que son utilizadas por el maltratador para presentarla ante el entorno como una persona desequilibrada, incoherente o histérica.

- **Ejercer control económico mediante manipulaciones.** Consiste en hacerle creer al otro miembro de la pareja que no es apto para administrar el dinero de la familia o engañarle deliberadamente acerca del estado de las finanzas familiares.

- **Utilizar el pasado de la víctima para herirla.** Quienes han tenido una vida turbulenta o difícil y han podido cambiarla con grandes sacrificios y fuerza de voluntad, lo que menos quieren es recordar constantemente su pasado. Si a una persona que ha sido alcohólica hace años, por ejemplo, se la sigue calificando de «bebedora», se le está negando el esfuerzo que ha hecho, tratando injustamente y haciéndole ver que todo su esfuerzo para rehabilitarse ha sido inútil desde el momento en que no se lo reconoce. No aceptar esa transformación y seguir tratándola como persona descarriada, sólo puede tener como objeto hacer daño y empujarla a que vuelva a su antigua conducta.

- **Poner a la familia o a los niños en su contra.** Mediante calumnias y hábiles manipulaciones, los maltratadores empujan a sus víctimas al vacío social; le cortan todas las posibilidades de comunicación con amigos y, lo más común, con sus propios hijos. Esto último se pone de manifiesto, normalmente, cuando se ha producido una separación.

- **No dejar hablar.** Una forma de maltrato psicológico es no permitir a la pareja expresarse en las discusiones, aun cuando se muestre calmada y todo lo que intente hacer sea justificarse. A veces, si los ánimos están caldeados y ambos gritan, el tomar distancia hasta que la tormenta amaine puede ser una buena solución, pero nunca debe ser hecha como amenaza o como agresión. Menos aún si la otra persona sólo pretende reconocer el error que ha cometido.

- **Hacerle romper pactos para luego culparla.** Se puede desquiciar a una persona enviando mensajes dobles que no le permitan saber qué es lo que se espera de ella. Por ejemplo: si ambos salen y han convenido previamente volver temprano, el hecho de que la persona dominante diga: «*Anda, quedémonos. ¡Si tú tienes ganas de seguir charlando!*» confunde a la otra, le pone en un dilema ya que sabe, por experiencia, que luego se lo echará en cara y que, si no acepta quedarse, la acusará de ser una aguafiestas o de hacerle quedar como un ogro ante la gente. Este tipo de manipulaciones crea, como casi todas las demás, una intensa ansiedad, porque sea cual fuere la decisión que la víctima tome, será equivocada y provocará el conflicto.

La violencia psicológica es tan propia de hombres como de mujeres y no se observa sólo en el ámbito de la pareja sino que puede estar presente en cualquier otra forma de interacción humana. Cuando se producen en el ámbito doméstico, son cotidianas, constantes y no surgen como producto de la irascibilidad del momento sino de un deliberado propósito de hundir al compañero.

A la víctima de estos malos tratos no siempre le resulta posible darse cuenta de que es objeto de abuso por parte de quien dice amarle y, a menudo, sólo llega a esta conclusión cuando otra persona imparcial (a menudo un terapeuta) la orienta a fin de que pueda percibirlo.

<u>**FRASES TÍPICAS**</u>

Hay una serie de amenazas o sentencias, la mayoría de las cuales no son ciertas, que resultan particularmente paralizantes. Todos los tipos de maltratadores suelen utilizarlas a menudo a fin de amedrentar a sus víctimas, para hacerles sentir que están en sus manos y no tienen escapatoria. Éstas son las más habituales:

- Vas a destrozarle la vida a tus hijos.
- Nadie va a hacerte el menor caso.
- Todos saben que soy una buena persona y tú una loca.
- ¿Dónde vas a ir sin dinero, sin trabajo?
- Como madre eres un desastre.
- No sabes mantener el orden de una casa; eres vaga y sucia.
- Por algo tus padres querían que te casaras cuanto antes. Saben que no vales nada.
- Por mucho que quieras alejarte de mí, no podrás; te encontraré o volverás por ti misma.
- Si me denuncias, atente a las consecuencias.
- No tienes ningún derecho a contar tus intimidades porque también son las mías.
- ¿Con qué dinero piensas pagar a los abogados?
- Jamás te darían los hijos porque no podrías mantenerlos decentemente. Yo gano más y me concederán la custodia porque conmigo vivirán mejor.
- Si me dejas, te mataré a ti, a tus hijos o haré daño a tu familia.
- Si algún día me llevo a los niños, no los volverás a ver en tu vida.
- Los niños están hartos de ti.
- Con las influencias y contactos que tengo, jamás te saldrás con la tuya.
- Tu religión no acepta el divorcio de modo que, quieras o no, me tendrás que aguantar.

Las amenazas de muerte no siempre se cumplen y, normalmente, tienen como objetivo primordial el amedrentar al compañero. Sin embargo cada año son muchas las personas que mueren a manos de sus cónyuges. Normalmente se trata de mujeres que son atacadas por su marido, novio o compañero sentimental, a menudo cuando ya no viven ni siquiera con ellos.

Es muy importante el tener en cuenta todas las formas de malos tratos psicológicos porque, según aseguran los expertos, antes de que se inicie la violencia física la víctima es sometida durante años al maltrato psicológico.

El silencio como forma de agresión

Martes 12 de abril

Hace diez días que no me habla y lo peor es que no sé qué es lo que ha podido molestarle. Todo empezó el domingo. ¡Al menos eso es lo que creo, porque a estas alturas... no sé ni qué pensar!... Habíamos quedado en pasar por la casa de su madre para llevarle un taladro y, después de comer, cuando le pregunté si ya nos íbamos, me dijo que estaba cansado, que quería dormir antes una siesta.

Cuando se levantó, al menos que recuerde, estaba como siempre; normal. Se duchó, se vistió y salimos.

Estuvimos con mi suegra y mi cuñada, como mucho, media hora. Al volver, ya desde que subimos al coche no dijo una sola palabra. Le pregunté qué le pasaba, si estaba molesto por algo, pero no me contestó.

Como su actitud me sentó fatal, decidí no darle importancia, pasar de él, pensando que ya se le pasaría. Eso sí: me intrigaba mucho la razón, el motivo que pudiera tener, ya que por muchas vueltas que le diese, no encontraba nada anormal en lo que se había hablado en casa de su madre ni en lo que yo había hecho desde que salimos de la nuestra. Lo que sí está claro es que su enfado es conmigo. Algo que dije, que hice... no sé.

En un momento se me ocurrió que era porque mientras dormía la siesta los chicos estuvieron haciendo bastante ruido, sin embargo, por lo que recuerdo, en el camino de ida estuvimos hablando; incluso me comentó que había que llevar al perro a vacunar. Pero también es posible que me esté confundiendo con algo que pasó otro día.

Lo que me fastidia es que cada vez que discutimos él hace lo mismo: deja de dirigirme la palabra. Sabe de sobra que eso es lo que más me puede molestar, pero le da lo mismo.

La verdad es que estoy harta de ser yo quien siempre intente arreglar las cosas cuando el que las inicia es él. Entiendo que le resulte más difícil, que se queda siempre sin palabras, que es naturalmente más introvertido y todo eso, pero ya debiera haber aprendido y si no habla es porque no le da la santa gana. Además, con su silencio, lo único que hace es culparme a mí. Siempre tengo que ser yo quien inicie nuevamente la conversación, quien pida perdón treinta veces aunque no haya hecho nada malo, aunque no tenga ni idea de qué es lo que tiene que perdonarme. A él no le basta con que yo le hable normalmente, como si nada sucediese; tampoco el verme preocupada o hecha polvo. No. Hasta que no le pido perdón una y otra vez, sigue mudo, en sus trece. Y no es cuestión de decir «discúlpame», de decirle que lo siento; también tengo que hacer lo que yo llamo buena letra: *la comida que más le gusta, los caprichos, todo lo que le pueda apetecer. Sólo así, al cabo de dos o tres días, empieza a estar medianamente normal.*

Ya le he dicho que si los niños le habían despertado de la siesta, lo sentía; que no iba a volver a suceder, pero eso tampoco es porque ni siquiera ha gruñido. No sé qué pensar. Lo único que sé es que me siento mal, me angustio y tengo miedo de que esto termine de una manera horrible. Porque si sigue sin hablarme, ¡algo tendrá que hacer!... Tal vez se le ocurra separarse, decir que hasta aquí hemos llegado juntos y que no me aguanta más... Lo único que sé es que está furioso. Es como si se comunicara con bufidos, golpes y portazos.

El lunes pasado, cuando vino a mediodía, oí que fue a la nevera y me eché a temblar pensando que, seguramente, querría una cerveza. Como había tenido reunión en el colegio de los niños, aún no había ido a la compra, de modo que no había. No sé cómo no rompió todas las botellas con el portazo que dio. Ante eso, de buenas maneras y sin que me lo preguntara, le comenté que no había casi nada, que iría al súper por la tarde, pero que si quería cerveza se la iba a buscar al momento. Fue como si le hablara a la pared; refunfuñó algo por lo bajo, que no entendí, pero ni siquiera me miró. Le pregunté qué era lo que había dicho... y nada.

Cuando está así, lo que más me molesta es tener que pedirle dinero todos los días. Extender la mano ante alguien que ni te mira es de lo más humillante; por eso, a partir del martes, he decidido no volver a hacerlo; Mónica me dejó lo suficiente para toda la semana, de modo que ni siquiera le pido para la comida. ¡No sé de dónde imaginará que lo saco!...

Ya le he dicho hasta el cansancio que me diera una tarjeta a mi nombre, que eso era mucho más cómodo y no me resultaba molesto, que podría sacar dinero ante cualquier emergencia, pero siempre es «mañana». Y el mañana, hace 12 años que no llega.

Hasta ahora nunca habíamos pasado tanto sin hablarnos; todo lo más, cuatro o cinco días, pero esto ya dura demasiado.

Esta mañana, cuando he ido a buscar el dinero a casa de Mónica, he estado hablando con ella y me sentí bien. Le comenté todo lo que había pasado y me dijo que él me estaba manipulando. Yo no tenía ni idea de lo que me quería decir, de modo que me lo explicó más o menos así: él se comporta como si yo hubiera hecho una cosa terrible, que merezca una ruptura definitiva, yo me siento culpable, aunque no haya hecho nada ni tenga idea de por qué, e intento tratarle lo mejor posible. Y tiene razón; cada vez que sucede algo así, lo único que siento es angustia, miedo de que todo se desmorone.

Pero esta vez es diferente: tal vez sea por esa charla, por haber comprendido, no sé; el caso es que algo dentro de mí ha cambiado. Por primera vez pienso irremediablemente que esto ya no tiene arreglo y, lo más curioso es que eso no me vuelve loca como otras veces.

Esta vez no seré yo quien se deje la piel para intentar solucionarlo. Por un lado, porque no sé cómo hacerlo y estoy hasta las narices de intentarlo; por otro, porque en este momento me enfurece su actitud. Y ya era hora. Tal vez mañana la furia se transforme en desesperación, no lo sé, pero intentaré mantenerme en este estado.

Hace tres o cuatro días me acosté yo antes porque él se quedó mirando el fútbol. Cuando vino al dormitorio, se subió en una banqueta y estuvo mirando los armarios de arriba, donde guardamos las maletas. Le pregunté si buscaba algo, pero no me contestó. Al final, sacó una, la abrió y la volvió a meter en su sitio. Se me hizo un nudo en el estómago al pensar que tenía la idea de marcharse. Al día siguiente no vino a almorzar y, por la noche, cogí el periódico para echarle una ojeada y vi que había marcado algunos anuncios de unos pisos de alquiler. Me pasé todo el día hecha un trapo.

Después recordé que eso ya lo había hecho otra vez pero que, al final, no se había ido y eso me tranquilizó un poco; pero pensando que si esto no se arreglaba pronto terminaríamos por separarnos, me he pasado tres días llorando a cada rato, sin poder hacer nada, esforzándome en realizar obsesivamente cada cosa para que me saliera lo mejor posible. ¿Y todo para qué?... Para que todo siguiese igual: yo desesperada y él, completamente a su aire.

Pero eso se acabó. Ya no va a jugar más conmigo.

Jueves 21 de abril

Las cosas siguen exactamente igual. Bueno, igual, no; yo, definitivamente, he cambiado y eso se lo debo a Mónica que en estos 20 días me ha hecho ver lo que durante tantos años había pasado por alto. Es como si se me hubiera caído una venda de los ojos.

Gracias a ella he podido mantenerme firme en mi decisión de no volver a disculparme, de no pedirle dinero. Mañana iré al banco, pediré un talonario a mi nombre y listo. Después de todo, no tenemos separación de bienes y lo que haya, poco o mucho, es de ambos. Estoy en mi derecho. Ahora, el que no entiende lo que pasa es él. Anteayer, cuando llegó del trabajo, me dijo «buenas noches», cosa que desde que había enmudecido no había vuelto a hacer. Yo, por supuesto, le devolví educadamente el saludo, pero no salí corriendo a abrazarlo, a ver qué quería, a deshacerme en halagos y monerías con tal de romper el hielo. No. Esta vez, el hielo lo romperá él ya que es él quien congeló el ambiente.

Ayer por la mañana me encontré con una notita sobre la mesa del comedor: «No sé qué te pasa; intento acercarme a ti pero estás fría, pasando de mí. Tenemos que hablar. Te quiero. Un beso. Tomás. P.D.: Esta noche tengo reunión, de modo que llegaré tarde».

Es la primera vez que da muestras claras de querer arreglar las cosas. Hasta ahora siempre había sido yo. Evidentemente, como me saludó y no he salido corriendo a hacerle reverencias, dice que estoy «fría y distante». Pues sí que lo estoy; esto ya no lo arreglará sólo con volverme a hablar. He pasado muchos días destrozada, angustiada, sintiéndome culpable por su repentino enmudecimiento y ahora espero, como poco, una disculpa de su parte. Y esta no ha sido ni la primera ni la única vez.

Pase lo que pase, lo ocurrido me ha valido para comprender que no tiene la menor intención de abandonarme, que todo lo hace para tenerme en un puño, asustada y nerviosa.

Aún tengo que luchar para no preguntarme otra vez qué es lo que hice mal, para no intentar hacer cualquier cosa con tal de que todo se normalice, pero lo voy consiguiendo. Y si mi actitud nos lleva a una separación, mala suerte. Por lo menos sabré que sí he tenido algo que ver con ello y no como antes, que estaba en la cuerda floja y sin saber por qué.

No quiero volver a sentirme mal, a romperme la cabeza buscando culpas inexistentes. O él cambia o quien hablará de divorcio seré yo.

* * *

La comunicación personal ocupa una parte importantísima de nuestras vidas; hace que no nos sintamos solos, que sepamos que ante una emergencia podemos esperar y dar ayuda, que nos permite conocer y que nos conozcan, compartir nuestro interior, aprender de otros y, a la vez, enseñar.

Junto con la mirada y el gesto, la palabra es el elemento que nos conecta a los demás, que permite enviar y recibir mensajes que posibilita los convenios, que hace conocer nuestras intenciones y conocer las de otras personas. Su ausencia, el silencio, tiene su fuerza inversa y en ocasiones, puede resultar mucho más expresivo e inquietante.

Ha pasado un ángel

Cuando en una reunión en la que hay varias personas conversando animadamente sobre diversos temas, todos callan en un mismo instante y sin motivo aparente, se dice que ha pasado un ángel. Sin embargo, cuando eso sucede, lejos de sentir una paz agradable que le acerque al cielo, cada uno de los presentes experimenta una intensa sensación de embarazo y de cierta incomodidad. Es como si individual y colectivamente los presentes se hicieran responsables del fallo en la comunicación general que venían sosteniendo. A continuación, algunos intentarán romper el silencio intentando retomar la conversación de forma atropellada o riendo nerviosamente. Pasarán muchos segundos hasta que el clima sea nuevamente distendido.

Independientemente de las explicaciones que se puedan dar al fenómeno, éste sirve para comprender lo importante que puede ser la ausencia de la palabra; el significado que adquiere el silencio en las relaciones que establecen las personas entre sí.

Callar y negarle a otra persona el contacto verbal es una forma de agredir, de hacerle sentir mal, de quitarle la categoría de ser humano para convertirla en un objeto. Es también un método que se suele utilizar a fin de manipular, de hacer sentir culpable a otro para que se esfuerce en reanudar el contacto que se ha perdido, haciendo, para ello, todo aquello que sea del gusto de quien le está negando la palabra.

Ampararse en la falta de lenguaje, en la incapacidad de expresión, es absurdo ya que cuando se producen este tipo de silencios agresivos, no sólo se deja de hablar sino que también se rehuye la mirada, se escatiman los gestos y se rompen todas las otras formas habituales de comunicación.

En un silencio normal, producido porque nadie tiene nada que decir, no hay incomodidad; puede haber incluso complicidad o sensación de compañía porque el contacto se establece a través de otras vías, cosa que no sucede en el silencio agresivo.

Un castigo cruel

El miembro de la pareja que niega la palabra a su compañero se hace con ello dueño de la situación porque es quien tiene la llave para que se reinicie el contacto, para aceptar el acercamiento o, por el contrario, impedirlo. Es quien determina, en última instancia, si están o no unidos, si se puede considerar que aún tienen proyectos, ideas en común o afecto mutuo.

La primera consecuencia del silencio es la imposibilidad de arreglar el malentendido que puede haber surgido entre ambos. Frente alguien que niega la palabra, se hace muy difícil a la persona que teóricamente ha causado el problema pedir disculpas u obtener perdón, y esta imposibilidad aumenta su culpa.

Los maltratadores que utilizan estas agresiones esperan que la víctima haga méritos:

«Porque a él no le basta con que yo le hable normalmente, como si nada sucediese; hasta que no le pido perdón una y otra vez, sigue en sus trece. Y no sólo perdón con palabras sino hacer lo que yo llamo «buena letra»: la comida que más le gusta, los caprichos, todo lo que le pueda apetecer».

El silencio, cuando tiene como fin agredir, someter a la pareja, no es un silencio casual; es una interrupción deliberada del contacto que se hace a todos los niveles: se apartan los ojos, se hacen gestos que la víctima capta y que luego son negados, se demuestra hastío ante la presencia del otro y, en general, se acompaña el mutismo con otras agresiones:

«...es como si se comunicara con bufidos, golpes y portazos».

Con estas actitudes el agresor tensa aún más la situación a fin de no permitir que la víctima se desentienda del asunto o que llegue a pensar que en cualquier momento el problema se resolverá por sí solo. Necesita ver a la persona a la que maltrata haciendo esfuerzos inútiles por romper el hielo porque de esa manera mide hasta qué punto le interesa.

Jugar con la imaginación ajena

Con la negación de la palabra el agresor juega con la imaginación de su víctima. La obliga a repasar una y otra vez, infructuosamente, qué es lo que pudo hacer mal, qué es aquello tan grave que ha llevado a semejante punto a la relación. Además de generarle culpas la humilla, la desprecia, la rechaza, cosas que le producen mucha angustia y que la obligan a buscar nuevos métodos para aplacar al maltratador:

«...me siento culpable y no tengo ni idea de por qué. Cada vez que sucede algo así, lo único que siento es culpa, angustia, miedo de que todo se desmorone».

Esta actitud provoca una intensa ansiedad ya que lo normal es que la víctima la experimente como el preludio de una ruptura.

A medida que el tiempo transcurre, y a menos que el agresor deje de comportarse de esa manera, la ansiedad y el miedo son aún más perturbadores porque la salida parece cada vez más difícil.

Con cada nuevo intento de reparación que hace la víctima, lo único que consigue es añadir un nuevo fracaso sobre sus hombros, un sentimiento más profundo de inutilidad y de confusión.

Es muy probable que quien mantiene el silencio se irrite ante las muestras de afecto o desesperación de la persona a la que está agrediendo; que cuanto más se empeñe ella en reanudar la comunicación, más desprecio le muestre. Él piensa que si a pesar del rechazo ella lo sigue intentando es porque no tiene amor propio ni dignidad. De este modo la víctima, en lugar de hacerse más atractiva mediante su tolerancia o mediante sus intentos de que las cosas marchen mejor, consigue exactamente lo contrario.

Para una persona que sea emocionalmente dependiente, el vacío afectivo que provoca ese silencio es devastador.

Qué hacer frente al silencio

Por muy difícil que resulte, la víctima debe interrumpir el flujo emocional de miedo y ansiedad que ocupan su mente. Si ante la pregunta que le haga al agresor acerca de lo que le ha molestado éste guarda silencio, conviene no insistir y, mucho menos, romperse la cabeza buscando los fallos que pueda haber cometido.

Si tiene en cuenta que se la está manipulando afectivamente, le resultará mucho más fácil encontrar la salida al problema.

En líneas generales, lo más conveniente es:

- No molestarse en buscar los propios errores y, en caso de saber qué es lo que ha originado el silencio, darle al hecho la dimensión adecuada, no la que le quiera dar el agresor.
- No intentar sacar a la otra persona de su mutismo ni sentirse responsable por el distanciamiento. Entender que hay otras formas mucho más sanas de solventar las diferencias. Los halagos destinados a que quien niega la palabra para volver a comunicarse con él, es decir, todo lo que se haga a fin de agradarle, lo único que conseguirá es que vuelva a utilizar la misma conducta cada vez que haya una diferencia entre ambos.
- Evitar caer en la angustia o en la ansiedad; si así fuere, no evidenciarlo. Si se toma una actitud normal, cotidiana, lo más probable es que la otra persona acabe por cansarse y reanude el diálogo.
- No creer que el silencio es anticipo de una ruptura y tener por seguro que, si una persona está dispuesta a terminar la relación, sea más tarde o más temprano eso va a producirse.
- Respetarse a sí misma y respetar los tiempos de la otra persona. No agobiarla preguntándole qué le pasa o intentando reanudar la conversación a cualquier precio si ésta no quiere. No siempre el silencio se produce con ánimo de maltratar; en ocasiones, las personas que no tienen una excesiva habilidad verbal, prefieren callar antes de decir cosas de las cuales, posiblemente, el día de mañana tuvieran que arrepentirse.
- Mantener una actitud lo más neutra posible; ni agresiva ni servicial. No cambiar los hábitos.

Es muy probable que, al ver que su método no da los resultados buscados, quien se niegue a hablar rompa su mutismo. También es posible que intente otras formas de agresión pero, sea el que fuere el camino que tome, si una persona se respeta a sí misma, el riesgo de ser manipulada es menor.

La sobreprotección

Cada vez que venía de visita, mi casa era una fiesta. Jamás llegaba con las manos vacías: cuando no era un ramo de flores para mi madre, eran caramelos para nosotros, puros para mi padre o un gran postre para toda la familia. Siempre traía algo.

Me gustaba verle con su uniforme azul de piloto, sentarme en sus rodillas y jugar con los botones dorados de su chaqueta mientras me narraba alguna historia o me enseñaba a contar en diferentes lenguas. Joaquín era una persona especial y yo sabía que, entre todos mis hermanos, era su preferida.

Mis padres siempre le preguntaban, riendo, cuándo iba a sentar cabeza, qué esperaba para casarse, pero él decía que no estaba hecho para el matrimonio, que le gustaban mucho los niños pero, con la vida que llevaba, no quería hacer desgraciada a ninguna mujer. Mi padre, que le conocía desde la infancia, opinaba que cierta muchacha le había destrozado el corazón y que por eso había renunciado a formar su propia familia. No obstante, cuando sabían que vendría a cenar, a veces invitaban también a alguna compañera soltera de mi madre. Había quedado huérfano siendo muy joven y no tenía hermanos, por eso les daba pena verle tan solo. Además, le consideraban un excelente partido. Casi siempre pasaba las navidades con nosotros y, alguna que otra vez, unos días en la playa durante las vacaciones. En cierta forma, éramos su familia.

Cuando terminé el bachiller me fui a estudiar al extranjero. Al principio mis padres se opusieron, pero poco a poco, con paciencia, les fui convenciendo de que eso era lo mejor.

Durante los primeros años viví en casa de un matrimonio con tres hijos y luego alquilé con cuatro compañeras un piso cerca de la facultad. Salía más barato y, además, me permitía recibir a mis hermanos o a alguna amiga que pudiera venir a visitarme.

Una mañana, para mi sorpresa, recibí una llamada de Joaquín. Me dijo que acababa de estar con mis padres y que éstos, al saber que tenía un vuelo a mi ciudad, le habían preparado un paquete para que me lo llevara. Me preguntó si tenía algo que hacer al mediodía y, como yo estaba libre, me invitó a almorzar en el restaurante de su hotel.

Hacía un par de años que no le veía, pero estaba exactamente igual, como si los años por él no pasaran. Como siempre, me cautivó con su conversación; había recorrido casi todo el mundo y tenía un don especial para narrar hasta los acontecimientos más triviales y atrapar con sus palabras la atención de los oyentes. Cómo lamenté tener que interrumpir una charla tan amena para ir a clase, me invitó a cenar aprovechando que no se marchaba hasta el día siguiente. Me dijo, medio en broma medio en serio, que me pusiera guapa porque íbamos a ir a un lugar especial. Y así fue; cenamos en un restaurante al que, por mis propios medios, jamás hubiera llegado a conocer.

Su visita me hizo bien, aunque me sentí desasosegada el resto de la semana. No hacía más que pensar en Joaquín, recordar las charlas, su manera de mirarme y cierta tristeza que creí ver en sus ojos a la hora de despedirnos en la puerta de mi casa.

A los dos o tres meses, volvió a aparecer. Esta vez no traía ningún recado, ningún paquete; estaba en la ciudad y me proponía comer juntos. Cuando le comenté a mi compañera de piso la razón por la cual no iba a almorzar con ella, me dijo: «Ten cuidado... demasiado contenta te veo yo a ti... los ojos te hacen chiribitas».

No podría precisar cómo ocurrieron las cosas: lo único que sé es que poco después de tomar el café nos habíamos cogido las manos y estábamos mirándonos como embobados. Así empezó nuestra relación.

Él venía a visitarme cuando podía y, cuando no, me llamaba por teléfono. Durante un año no dijimos nada en mi casa pero pasado ese tiempo decidimos hacer pública la relación; después de todo no estábamos haciendo nada malo y eso de disimular delante de la familia no nos parecía ni justo ni bueno.

El caso era que no sabíamos cómo hacerlo; si contárselo yo a mi madre primero, si sentarles a los dos... Finalmente optamos porque él los invitara a cenar a un restaurante al que yo iría después.

La situación fue realmente difícil; en cuanto aparecí, creo que mi madre se dio cuenta de lo que ocurría pero no dijo nada.

Cuando Joaquín les comunicó que quería casarse conmigo, todo fue un drama. Él era una buena persona, sí, pero me llevaba treinta años. Además, les *parecía una traición el hecho de que hubiéramos mantenido ocultas nuestras relaciones.*

Mi padre le dijo que no quería volverle a ver y, en cuanto a mí, dejó de financiarme los estudios y la estancia en el extranjero. Decía que nunca debería haberlo hecho, que había sido un tremendo error, que jamás se hubiera esperado eso de mí y cosas parecidas. Para su manera de pensar, yo lo había defraudado y no sabía si echarme la culpa de lo que había ocurrido o culparse a sí mismo por no haberme tenido más vigilada.

Los ruegos y las amenazas no sirvieron de nada; estaban decididos a impedir, como fuera, que me viera con él.

Empecé a no comer, a no dormir, a no poder pensar en nada que no fuese Joaquín; me pasaba el día llorando y con ganas de morirme, sintiéndome profundamente desgraciada. Odiaba a mis padres por lo que me estaban haciendo y el mundo me parecía injusto, sucio y estúpido. ¿Qué culpa teníamos si nos habíamos enamorado? ¿Acaso estábamos cometiendo algún delito? Entendí que les hubiera sorprendido tanto y que tuvieran que asimilarlo, pero con su actitud no iban a lograr nada.

En casa no sabían qué hacer; mi madre estaba destrozada e intentaba hacerme razonar, pero ella misma no tenía demasiados argumentos para darme. Alegaba que le conocía, que Joaquín no estaba hecho para el matrimonio, que era una locura y cosas así y eso me sonaba aún más a hipocresía, porque se habían pasado años recomendándole que buscara una buena compañera y se casara.

Con mi padre apenas me hablaba. Sabía que ellos estaban pasándolo muy mal, pero ¿qué podía hacer yo?

Finalmente aceptaron lo evidente: Joaquín y yo nos queríamos de verdad, estábamos muy enamorados el uno del otro y no había ninguna razón lógica que nos impidiera estar juntos. Era comprensible que se preocuparan por posibles problemas que podían surgir con la diferencia de edad, pero eso no era un motivo suficiente como para prohibirnos seguir adelante con nuestra relación. Si las cosas fallaban, el tiempo ya se encargaría de decirlo.

Cuando cumplí 22 años nos casamos.

El primer año en común fue maravilloso: yo seguía estudiando, él viajaba y los encuentros tenían la misma intensidad que en los primeros días. Cuando estaba en casa me cuidaba, me mimaba, y si tenía una línea interesante a algún país exótico, me pedía que fuera con él.

Salíamos bastante, a menudo a casa de amigos suyos, todos de su misma edad. A su lado yo era una niña, pero eso no me hacía sentir incómoda sino, más bien, todo lo contrario.

Como quería terminar pronto la carrera, aprovechaba que él tenía que volar para estudiar todo el día. En cuanto tocaba tierra me llamaba por teléfono desde donde estuviese y yo le contaba qué estaba haciendo, le decía lo mucho que le extrañaba, y así no me sentía sola.

Al comienzo del segundo año decidió dejar la compañía para llevar a cabo una serie de negocios; decía que su trabajo ya le había cansado y que, por otra parte, deterioraba demasiado el organismo. En su momento me pareció bien porque eso significaba que íbamos a estar más tiempo juntos, pero a partir de entonces empezamos a tener fricciones, desencuentros, malentendidos y discusiones.

Yo nunca había ignorado que él era muy sobreprotector. Más aún: me encantaba sentirme cuidada e, incluso, tratada a veces como si fuera una niña pequeña. Era como un juego que me resultaba divertido.

El problema fue que para él no era ningún juego, que se había tomado en serio su papel y en lugar de considerarme como una mujer adulta pensaba que era una cría que no sabía hacer nada, a la que había que vigilar y controlar las 24 horas del día.

Cada vez que quería hacer algo invariablemente pretendía quitarme la idea de la cabeza. Sacaba a relucir su experiencia y me decía que estaba equivocada o que mis ideas eran tonterías infantiles que no irían a ningún lado. Si aun así me empeñaba en llevarlas a cabo, se irritaba y dejaba de hablarme durante un par de días. Y eso sucedía cuando las cosas me salían bien, porque si me equivocaba, durante meses me echaba en cara el no haber prestado atención a sus recomendaciones.

Yo no me metía en sus negocios ni le decía cómo tenía que tratar sus asuntos; él, en cambio, sí lo hacía conmigo, cosa que me enfermaba, y cada vez más.

Empezó a querer acompañarme a todos lados. No podía encontrarme con mis amigas porque no había momento en que pudiéramos hablar a solas. A veces invitaba a alguna a comer, pero era siempre él quien monopolizaba la conversación, quien tenía que opinar sobre todo, incluso sobre temas nuestros de la facultad, tratándome de ingenua o sonriendo como si yo fuera boba cada vez que hacía el menor comentario. Al principio no me daba cuenta, pero luego empecé a observar que no soportaba que hablara sobre mi carrera. No aguantaba que le hiciera sombra ni por cinco segundos.

Empecé a sentirme ahogada, acosada, presa; mi carácter se fue agriando y un buen día, en medio de una discusión, me descubrí diciéndole que no sopor-

taba más esa vida, que me quería separar. Me contestó, como de costumbre, que yo no sabía lo que decía, que era una niña caprichosa y malcriada y que ya podía ir quitándome esa estúpida idea de la cabeza porque no estaba dispuesto a aceptar ninguna separación. Lo que más rabia me dio fue que me dijo que esas ideas no eran mías, que seguramente otros me habían convencido de ello. Le aseguré que yo era perfectamente capaz de pensar por mí misma, de llegar a mis propias conclusiones sin que él ni nadie tuviera que venirme a decir qué tenía que hacer a cada paso.

Una vez que las cosas se calmaron volví a plantearle el tema de la manera más suave posible pero él no tuvo el menor reparo en amenazarme: como se me ocurriera dejarlo, sencillamente me mataba. Según dijo, conocía gente que por un puñado de dinero era capaz de atropellarme con el coche, darme cuatro puñaladas en un callejón o hacerme cosas aún peores; y que si tenía que recurrir a ello, no dudaría en hacerlo ni un minuto porque «a un traidor, se le paga con traición».

Eso me aterrorizó. Me pareció que estaba totalmente loco y que era muy capaz de llevar a cabo sus amenazas. Decidí esperar un poco, tomármelo con calma e intentar hacerle cambiar de opinión. Con mi familia no quería hablar porque se iban a poner furiosos y con razón, mis amigas no podían ayudarme y lo más probable era que pensaran que yo estaba loca, que él era un hombre encantador y que separarme era una estupidez. No sé. Estaba hecha un lío pero no quería precipitarme.

Las cosas se calmaron pero él seguía igual; yo le decía a todo que sí, y no protestaba, más por miedo que otra cosa.

Un día busqué mi pasaporte porque calculé que sería momento de renovarlo y comprobé que no estaba en el lugar donde lo había dejado. Alarmada fui a ver si tenía el documento de identidad en mi billetera y vi que también me lo había quitado. Le pregunté si los había visto, por las dudas, y me dijo que no con una sonrisa que le delató de inmediato; como diciendo: «los tengo yo».

Eso fue lo que terminó de abrirme los ojos. Me di cuenta que no podía seguir así, que las cosas iban a ser cada vez peores y que, de seguir a su lado, me iba a volver loca.

A sus espaldas y sin decir nada saqué una nueva documentación, escondiéndome y buscando el momento en que él no pudiera pillarme. Cuando tuve todo listo, me escapé marchándome de la ciudad.

Volví a casa de mis padres. A pesar de la oposición que mostraron a mi boda, no me hicieron un solo reproche. En ningún momento me recordaron que ya me *lo habían advertido; muy por el contrario, me recibieron con los brazos abiertos asegurándome que no debía preocuparme por nada, que esa era mi casa y que podía quedarme en ella, tranquila, todo el tiempo que me diese la gana.*

La reacción de mi marido fue cosa de locos. Me llamaba obsesivamente 100 veces por día rogando, amenazando o guardando silencio del otro lado de la línea. Si cualquier otra persona atendía la llamada, colgaba sin más.

Yo tenía miedo de salir sola a la calle porque muchísimas veces veía desde la ventana su coche en la esquina, o eran mis hermanos quienes se cruzaban con él en el barrio. Mi padre habló seriamente con él, le dijo que me dejara en paz, pero eso tampoco surtió ningún efecto. Mientras tanto, yo había tomado contacto con un abogado para que tramitara mi divorcio.

Estuve un año entero sufriendo su acoso noche y día. Afortunadamente, una vez que salió la sentencia dejó de importunarme.

Hoy tengo una nueva pareja; alguien que me lleva sólo diez años y, con él, soy completamente feliz.

* * *

En la sociedad actual, donde hay muchas personas que se han casado más de una vez, se ha podido comprobar que la diferencia de edades no tiene por qué ser un impedimento a la hora de formar pareja. Hasta hace relativamente poco tiempo, se estimaba que el varón debía tener sólo unos años más que la mujer y que una relación donde ella fuera mayor que él era escandalosa y estaba destinada al fracaso. Pero lo cierto es que no todas las personas alcanzan madurez a la misma edad.

Es necesario aclarar que, si bien en el testimonio que abre este capítulo la edad parece ser un impedimento para la buena convivencia, lo cierto es que la protagonista pudo haber vivido exactamente la misma situación con un joven de su misma edad o, incluso, menor que ella.

La debilidad no adorna

La educación sexista que ha imperado hasta hace muy pocos años, y cuyas secuelas aún seguimos presenciando, enseñaba que el varón debía ser fuerte, activo, decidido y valiente. Como contrapartida, la mujer tenía que mostrarse dócil, sumisa y, sobre todo, débil. Aquellas que sabían valerse por sí mismas no estaban muy bien consideradas por parecer muy varoniles, y de ellas se decía que ningún hombre las querría para formar una familia.

Aunque las cosas no llegaran a estos extremos, ya que en la historia hubo muchas mujeres fuertes que no por ello dejaron de casarse, lo cierto es que no son pocas las que han crecido con la idea de que mostrar fuerza, capacidad de decisión e iniciativa no es, precisamente, la mejor manera de resultar atractivas a los hombres o de conseguir marido. La creencia de que a los varones les gusta la mujer delicada, necesitada de su protección y dispuesta a seguirles hasta el fin del mundo aún sigue vigente.

Durante siglos se ensalzó una actitud masculina típica que consistía en tratar a las integrantes del sexo opuesto como si fueran frágiles muñecas de porcelana; pero, al parecer, a nadie se le ocurría pensar que tras esta conducta aparentemente generosa hacia la mujer, se escondía un sentimiento de superioridad que daba pie al sometimiento, al encierro. Como recibir cuidados y protección también tiene sus ventajas, la mujer se ha sentido halagada ante esas atenciones prodigadas por el hombre, pero no ha sido consciente de que el mismo principio de autoridad que empuja a los más fuertes o poderosos a cuidar de los más débiles (caso padres e hijos, señor feudal y súbditos, marido y mujer), es el que propicia la desigualdad de sexos en cuanto a oportunidades, lo que determina que los hombres puedan dominar a través de una supuesta protección, que sean quienes den las órdenes, quienes pongan los límites y también quienes cometan abusos de poder.

Una cosa es protegerse y cuidarse mutuamente, ayudar al compañero en lo que sea posible, sobre todo si lo solicita; otra, muy diferente, es obligarle a aceptar la ayuda (normalmente en forma de recomendaciones que el protegido debe seguir estrictamente), tratarle como si fuera incapaz, no permitirle probar, equivocarse y aprender.

La actitud de sobreprotección hacia otro adulto siempre encubre un sentimiento de superioridad del que a veces ni siquiera son conscientes el protector y el protegido, y no pocas veces se utiliza para tener a otra persona psicológicamente maniatada, imposibilitada de hacer libremente lo que le venga en ganas aunque con ello no dañe a nadie, tal y como ejemplifica el testimonio.

«... pero era siempre él quien monopolizaba la conversación, quien tenía que opinar sobre todo, tratándome de ingenua o sonriendo como si yo fuera boba cada vez que hacía el menor comentario. Al principio no me daba cuenta pero luego empecé a observar que no soportaba que hablara sobre mi carrera. No aguantaba que le hiciera sombra ni por cinco segundos.»

El mero hecho de que alguien muestre una desproporcionada protección hacia su pareja no implica que la esté maltratando; hay personas aprehensivas que tienden a ver siempre el lado negativo de las cosas; que por su propia inseguridad temen que los seres que quieren sufran daño, tengan problemas y que sea eso lo que les lleve a cuidarlas. Sin embargo, es necesario tener en cuenta que una vez que se ha establecido una relación en la que uno protege y decide y el otro se deja cuidar y obedece es bastante frecuente que la persona que ostenta el papel de autoridad espere obediencia y sumisión por parte del otro. Si éste no hace caso a las órdenes que se esconden bajo las «amables recomendaciones», seguramente montará en cólera e, inclusive, es probable que quiera aplicar castigos ya que se siente con derecho a ello.

«Yo no ignoraba que era muy sobreprotector; más aún, me encantaba sentirme cuidada por él. El problema es que cada vez que quería hacer algo, siempre pretendía quitarme la idea de la cabeza, sacar a relucir su experiencia para decirme que mis ideas eran tonterías infantiles o proyectos que no irían a ningún lado. Si aún así me empeñaba en llevarlos a cabo, se enfadaba.»

Esto no significa que toda persona a la que le guste cuidar a otros, que sea maternal en el caso de las mujeres o paternal en el de los hombres sea un maltratador. Sí hay riesgos de que lo llegue a ser en el momento en que no permita al protegido la libertad de equivocarse, de intentar hacer cuanto crea conveniente o placentero.

LA REBELIÓN

En los últimos años, gracias a las campañas que los diversos gobiernos han hecho con respecto a la mujer trabajadora, muchas han visto la posibilidad de incorporarse al mercado laboral, probablemente por primera vez en su vida. Esa situación ha traído no pocos conflictos en muchos matrimonios tradicionales, compuestos por personas de más de 45 años. Los hombres, acostumbrados a contar con ellas para todo en la casa, suelen sentirse completamente desconcertados y no comprenden por qué ellas ya no quieren dejarse proteger, cómo es posible que prefieran salir a la calle en busca de un empleo, por qué abandonan sus deberes de amas de casa. Y las censuran por ello ya que viven la actitud de sus compañeras como una traición, como una «tontería moderna» que no tiene sentido.

No es fácil para un hombre de 60 años, por ejemplo, cambiar radicalmente la forma de pensar que ha tenido durante toda su vida, y eso es comprensible; pero también es necesario entender que sus mujeres, muchas de ellas con mucho talento, empeño e iniciativa, han tenido que ocultar sus capacidades, olvidarlas porque la sociedad no les permitía que las desarrollasen.

Es natural, entonces, que muchas aprovechen los años que les quedan para ponerlas en juego, para aprender, trabajar, hacer cosas que hasta hace poco les estaban prohibidas. Y esto implica que ya no acepten ser protegidas, que no acepten que alguien decida por ellas.

Algunas muchachas sencillas, a las que su entorno no les ha brindado oportunidades por el mero hecho de ser mujeres, se casan con hombres que tienen un buen dominio del mundo exterior; que cuentan con un buen trabajo, que han partido de una posición socioeconómica superior y, por tanto, saben actuar en el mundo de una manera mucho más eficaz que ellas. A lo largo de años de convivencia, muchas aprenden de ellos y, en ocasiones, aprovechan el bienestar económico para estudiar alguna carrera o profesión. Llega un momento en que la alumna alcanza a quien hacía las veces de profesor, y es ahí cuando comienzan a presentarse serias desavenencias, porque la superioridad masculina de la cual habían partido, ya no existe.

«Al principio no me daba cuenta, pero luego empecé a observar que no soportaba que hablara sobre mi carrera. No aguantaba que le hiciera sombra ni por cinco segundos.»

Es probable que, ante esta situación, comience el maltrato basado en la falta de reconocimiento hacia el avance de su compañera.

EMPEZAR CON BUEN PIE

Para muchas mujeres puede resultar cómodo y agradable que sea el hombre quien siempre decida lo que hay que hacer, quien tome invariablemente la iniciativa. A menudo esta es una forma de sentirse amadas, a salvo, en manos de alguien fuerte que pueda coger con firmeza las riendas de la relación llevándoles a los dos a buen puerto. Pero debe tenerse siempre presente que ésta es un arma de doble filo.

Entre las negociaciones explícitas o tácitas que se hacen al comienzo de la relación, también se incluye la de quién ostentará la autoridad. Si el desempeño de esta función está equilibrado, repartido, y ambos la ejercen en diferentes áreas, no hay problema. Pero si ante una necesidad de protección, miedo a cometer errores, inseguridad o baja autoestima, se permite que sea siempre la otra persona quien dictamine qué es lo que hay que hacer, se está colaborando en la implantación de una relación jerárquica en la cual el lugar de quien manda y quien obedece, lejos de diluirse, se va afianzando día tras día, semana tras semana.

Es probable que con el tiempo, ya sea por el nacimiento de los hijos, el fin de una carrera, el éxito profesional o cualquier otra situación que permita valorarse más a sí mismo, el miembro de la pareja que en un comienzo aceptó cuidados y órdenes no quiera seguir ejerciendo el papel de débil, de alumno, e intente conseguir una relación más igualitaria y equilibrada. Cuando esto suceda, quien haya ostentado el lugar de la autoridad no se resignará fácilmente a ello y, la mayoría de las veces, recurrirá a todo tipo de argucias con tal de que la relación no se modifique y, sobre todo, con tal de que la víctima siga a su lado, en el lugar que le ha asignado:

«Una vez que las cosas se calmaron volví a plantear el tema y él no tuvo el menor reparo en amenazarme: como se me ocurriera dejarle, sencillamente me mataba. Según dijo, conocía gente que por un puñado de dinero era capaz de atropellarme con el coche, darme cuatro puñaladas en un callejón o hacer cosas aún peores. Eso me aterrorizó».

Cuando la manipulación emocional deja de surtir efecto también es muy posible que se inicie la violencia física.

Por esta razón, sobre todo las mujeres, deben tener en cuenta que la supuesta debilidad no favorece en nada; que si desde el comienzo de la relación no se muestran asertivas, fuertes, decididas y dispuestas a asumir tanto sus éxitos como sus fracasos, corren el riesgo de fomentar actitudes en su compañero y en ellas mismas que determinarán que sean ellas quienes tengan siempre que ceder y obedecer. No es cuestión de tener un compañero amable o violento sino de evitar una relación en la que, cuando se intente cambiar algo, a menos que se haga con suma claridad, se interpreten los hechos como agresiones, las modificaciones como atentados o como muestras de desamor.

CÓMO ACABAR CON LA SOBREPROTECCIÓN

Lo que difícilmente entenderá una persona que se muestra sobreprotectora hacia otra es que haciendo, pensando y decidiendo por ella lo único que conseguirá no es ayudarla sino generarle un sentimiento de profunda invalidez, además de la convicción de que la considera tonta e inferior.

Es posible que el protector adopte esa actitud no por considerarla incapaz sino porque él mismo tenga problemas psicológicos que le empujen a comportarse obsesivamente con todo: con su trabajo, con su vida privada, con sus hijos o con su mujer. En este caso, lo lógico sería convencerle de que necesita un tratamiento para corregir este trastorno, hacerle ver que un psicólogo puede ayudarle a vencerlo y que eso le dará a sí mismo y a su familia una calidad de vida muy superior.

Pero en la mayoría de los casos, estos superprotectores sí se sienten superiores a la persona que protegen, sí quieren ser protagonistas o tener un absoluto control; y no sólo sobre las cuestiones que atañen a los dos sino también sobre las que atañen exclusivamente a su compañera.

Para evitar los conflictos una vez que se ha entrado en una relación de este tipo es necesario tener, ante todo, ganas de cambiar las pautas del vínculo. Es imprescindible aprender a decidir, a afrontar no sólo los éxitos sino, sobre todo, a digerir y aprender de los fracasos, a arriesgarse a actuar por propia cuenta sin temer las recriminaciones que pudiera hacer el compañero y a aceptar, sin sentirse por ello disminuido, las recomendaciones que éste pudiera hacerle en caso de cometer errores.

No vale la pena alterarse, enfadarse, cada vez que la pareja intente decidir o advierta de los peligros; a veces el humor tiene más fuerza que las más agrias palabras.

Es necesario partir de la idea de que un adulto no está obligado a obedecer y que, además, tiene todo el derecho a que las cosas salgan mal, siempre y cuando sea capaz de asumir las consecuencias. A menudo, sólo gracias a los errores se puede aprender.

Una cosa es tener en cuenta la experiencia de los demás y otra, muy distinta, seguir a pies juntillas lo que otros decidan.

Si lo que mueve al compañero es un sincero afán de cuidar del otro, un temor a perderle o a que pueda pasarle cualquier cosa desagradable, eso se hará evidente en cuanto la persona protegida empiece a actuar por ella misma. Si de lo que se trata es de un subterfugio para tenerla sometida, el agresor pasará a tener conductas más violentas y coercitivas, en cuyo caso poco se podrá hacer para conseguir un cambio significativo en la relación.

La infidelidad

Ya son las doce de la noche y aún no ha vuelto. Desde las ocho de la tarde le es-
toy llamando al móvil, pero lo tiene desconectado. Primero intenté comunicarme
con su oficina pero nadie cogió el teléfono. Según dice, a las cinco se va la chica
de centralita y no hay quien pase las llamadas, pero el móvil no tiene centralita
ni secretaria y, sin embargo, tampoco atiende. Seguro que luego vendrá con que
se le había acabado la batería, como siempre.

Trato de mantenerme tranquila pero estoy que me subo por las paredes. Sigo
preguntándome si estará con una nueva o con la misma de siempre. De lo que
estoy segura es que en la oficina no está, que hace como tres meses que le noto
raro y que si no me hace ni caso no es por exceso de trabajo, como dice. Esta vez
no me dejaré engañar como las anteriores. Si piensa que soy tonta, se equivoca.

Hace poco más de 20 días habíamos quedado en ir a casa de mi hermana;
era su cumpleaños y nos había invitado a cenar. Lo lógico hubiera sido que yo lo
fuera a buscar al trabajo, que está al lado, y que de ahí hubiéramos ido al cum-
pleaños, pero en cuanto se lo sugerí, se puso como loco; empezó a acusarme de
querer controlarle, de meterme constantemente en su vida, estaba harto de tanto
control. Lo más curioso es que en ese momento no lo dije porque sospechara, ni
para tenderle una trampa; fue una idea lógica, pero no lo quiso entender.

Finalmente, hicimos lo que él dijo: se vino hasta aquí con el coche y juntos
fuimos a la cena. Como no quería amargarme, decidí no darle importancia al
asunto, pero al día siguiente no pude dejar de pensar en ello. ¿Por qué había
reaccionado de ese modo si no tenía nada que ocultar? Él me dijo que Mercedes
ya no estaba en la compañía, que habían cortado y que ella se había marchado

a otro sitio. ¿Acaso me mintió y tenía miedo de que la viera?... ¿O es que ahora está con otra a la cual le dijo, también, que estaba a punto de separarse, que yo era un monstruo, que no hacíamos vida en común y todo su repertorio de embustes?...

De momento me entra un odio espantoso, ganas de matarle, pero luego siento que si la relación se termina me hundo; no me imagino la vida sin él.

Lo que más me enferma es que me mienta, que me niegue lo que es evidente. Porque si me dice que le llame a un lugar y luego ahí no está, que después no venga con que justo en ese momento había bajado a comprar tabaco. Eso puede pasar una vez, pero ¿siempre?...

Cuando tuvo su aventura con Mercedes perdí diez kilos. Fueron dos años horribles. Un día venía diciéndome que sin mí no era nada y, al siguiente, le encontraba hecho un trapo, tirado en el sofá, pensando en la otra. ¡Y la señora era fina! Tenía la cara de llamarle a casa a medianoche porque se sentía mal, deprimida, o porque estaba dispuesta a tomarse un frasco de somníferos. Y yo aguantando que él saliera escopetado para consolarla.

En realidad, debería haberme dado igual lo que ella hiciera; el culpable es él, que le permitió llamarle a su casa, a donde vive con su familia. Pero eso no ha querido ni escucharlo; cada vez que tocaba el tema, se ponía como loco.

Lo que no comprendo es por qué tantas amenazas cuando le planteaba que mejor era que nos separásemos. Como dice Patricia, quieren la mamá en casa y la novia afuera. Una mujer responsable, buena madre, buena compañera para que le críe los hijos y le lave los calcetines, y otra, jovencita si es posible, con la que ir a bailar, con la cual poder sentirse como si tuviera 17 años.

Mientras duró su romance con Mercedes, me hizo la vida imposible. Recuerdo que me decía que había envejecido, que no me cuidaba, que tenía que hacer algo para estar más atractiva. Y yo, tonta de mí, me lo creía y hacía esfuerzos por estar arreglada, por parecer alegre y sonriente cuando, en realidad, lo único que quería era tirarme en una cama a llorar. Porque una cosa estaba clara: él tenía las peleas y las malas caras en casa; cuando estaba con ella todo era juego, mimos, diversión y alegría. A esa señora no se le estaba cayendo el mundo encima como a mí; por eso podía darse el lujo de tener la sonrisa puesta durante todo el día.

A los cuatro meses se fue a vivir con ella; sin embargo, todos los días a eso de las nueve de la noche, venía a casa con la excusa de ver a los niños. Lo primero que hacía era bajar las persianas porque, según decían, «a los vecinos no les interesa lo que pasa aquí dentro». A mí me indignaba porque no tenía ningún derecho a decirme cómo tengo que vivir, pero me callaba porque si protestaba se ponía hecho una furia y empezaba a insultar, a empujarme, a montar una escena delante de los niños. Si le permitía la entrada en casa era por ellos; después de todo, es su padre y no tengo ningún derecho a impedir que lo vean.

Durante el tiempo que vivió con ella me dijo que era provisional; que era lo mejor porque si no lo hacía así, nunca le iba a dejar tranquilo. En un principio no le creí, pero luego Patricia, que habló con su marido del tema, me contó que él no la quería, que ella lo había enredado de mala manera haciéndolo caer como un tonto. Que si tenía un poco de paciencia y le dejaba agotar la relación, las cosas se iban a arreglar.

En ese momento pensé que tal vez tuviera razón; un hombre puede conocer mejor a otro, saber cómo piensa, enterarse de cosas que a su mujer no le cuenta. Por eso acepté. Poco tiempo después, vino Patricia llorando porque Juan andaba en las mismas; al parecer, se tapaban mutuamente.

En más de una ocasión mi marido tuvo la cara de venir a decirme que no la aguantaba más, que le ayudara a quitársela de encima, que quería dejarla pero tenía miedo de que hiciera una barbaridad. Pero ¿qué podía hacer yo? Eso me lo decía cuando tenía una pelea con ella, pero después se arreglaban y la mala de la película era yo. Exactamente como si fuera su madre.

Un día, según me contó después, descubrió que ella lo había estado engañando; que jamás había dejado de verse con su ex novio. Al parecer, habían tenido una pelea y, en medio de la discusión, ella se lo dijo.

Volvió pidiéndome perdón, arrepentidísimo, diciendo que no se merecía una mujer como yo, jurando y perjurando que no lo volvería a hacer, que había comprendido que yo era la persona más importante de su vida.

Si le dejé quedarse fue, nuevamente, por los niños; ellos adoran a su padre y no tienen ninguna culpa de lo que ocurre entre nosotros.

Tuve que aguantar que le siguiera pagando el piso todos los meses; al parecer, la señora había dejado su trabajo porque él le había prometido el oro y el moro y ahora no tenía con qué mantenerse. Aunque me ponía enferma que esa zorra se llevara un dinero que era también mío, acepté hasta final de año.

Ella seguía llamando por las noches y, si atendía yo, se quedaba sin decir nada. Eso me destrozaba los nervios pero no quería darle el gusto de montar una escenita para arrojarle a sus brazos.

Finalmente, al parecer, entendió que no tenía nada que hacer con mi marido y nos dejó tranquilos. De esto hará unos cinco meses.

Pero desde hace tres, noto a Pedro muy nervioso. Primero, lo que ocurrió el día del cumpleaños de mi hermana; ya venía raro pero atribuía su malhumor, su ansiedad, a problemas de trabajo. Sin embargo, la reacción que tuvo cuando dije de ir a buscarlo me hizo sospechar que ocultaba algo.

Otro día me llamó diciendo que le preparara la maleta que tenía que irse por dos días; que la pasaría a recoger como a las ocho y media porque a las diez salía el avión.

Como ya tenía la mosca detrás de la oreja, llamé a la agencia de viajes y averigüé a qué horas había vuelo. Me dijeron que el último, a las siete de la tarde.

A estas alturas ya he aprendido que no vale la pena demostrarle que sé que me está mintiendo; a él le da igual, sigue con su embuste adelante y se queda tan fresco, por eso decidí tranquilizarme, no hacer ni caso pero, eso sí, ir juntando todos los papeles, todas las pruebas para llevárselas a un abogado.

Lo que no puedo evitar es ponerme furiosa cada vez que me cuenta una mentira, cada vez que desaparece, como hoy, tomándome por tonta, riéndose en mi cara.

Posiblemente esté con Mercedes, no sé, pero me da igual. Llevo un tiempo dándome cuenta de su engaño pero esta vez será diferente. Ni escenas, ni gritos, ni peleas, ni recriminaciones; lo que haré será presentarle una demanda de separación y punto. Ya he resuelto dónde me iré con los niños si es que se niega a abandonar la casa. Por lo que no estoy dispuesta a pasar es por todo lo que viene después; por mis nervios, sus amenazas y sus promesas que no se cumplen; esta vez no esperaré a que me cuente ninguna verdad o ninguna mentira: me da lo mismo si me está poniendo los cuernos o no. Si decido no seguir con él es porque, aunque fuera un santo, se comporta como si fuera un cretino y esta vida no la aguanto. Si es inocente... haber sido más listo, más comprensivo, haberme dado motivos para no sentirme tan burlada en lugar de hincharse como un pavo real al verme desesperada por sus huesos. Esto se terminó. Será hoy, mañana o el mes que viene; lo que sí tengo claro es que de este modo no me merece la pena vivir con un hombre.

* * *

A lo largo de la historia, los diferentes asentamientos humanos establecieron sus propias pautas con respecto a las relaciones entre hombres y mujeres. Hoy, hay sociedades en las que la poligamia es vista como algo natural, e incluso bueno, tanto por hombres como mujeres. En occidente nos puede extrañar que una mujer musulmana comparta su marido con otras posiblemente tanto como a ella la importancia que para nosotros tiene la exclusividad.

En ciertas sociedades primitivas, como algunas tribus indias del Amazonas, se practica tanto la poligamia como la poliandria. A pesar de ello, jamás se han registrado celos o rivalidades por parte de mujeres que comparten un mismo hombre o de hombres que comparten una misma mujer. En algunas culturas africanas es habitual que varios hombres, por lo general hermanos, compartan una misma esposa sin que ello origine el menor problema.

Esto podría hacer pensar que los celos son más una cuestión cultural que natural; sin embargo la rivalidad por el afecto de un padre o de una madre sí se producen en civilizaciones que tienen la poligamia como práctica habitual, de ahí que pueda decirse que la infidelidad en la pareja, no sólo atañe a una supuesta pérdida o menoscabo en el afecto por parte del compañero sino, además, una ruptura en las normas, una contravención de lo que, en la mayoría de los casos, ha sido establecido como acuerdo tácito.

UNA EDUCACIÓN DIFERENTE

Durante miles de años se ha potenciado en el varón una ambivalencia clara: por un lado, la exclusividad; el dedicarse por entero a su familia, el respetar a su mujer, en una palabra, el ser fiel. Pero, por la otra, se le ha celebrado el hecho de tener múltiples relaciones, el ser muy varonil.

La imagen de conquistador, de rompecorazones, ha sido aplaudida no sólo por los hombres sino, más aún, por las mujeres. Porque, no hay que engañarse, el mujeriego, el seductor, aquél que nadie lograba cazar y llevar a la vicaría era siempre el más solicitado. Como ejemplo baste recordar la imagen de Don Juan Tenorio, a quien diera vida Tirso de Molina en el siglo XVII en su obra *El Burlador de Sevilla* y que, posteriormente, fuera magistralmente recreado por genios de la literatura o de la música como, entre otros, Zorrilla, Moliére o Mozart.

Las generaciones de mujeres que nos anteceden han esperado que sus maridos tuvieran relaciones paralelas. Y no porque lo hubieran deseado, sino porque la infidelidad en el hombre era considerada como un derecho natural nacido de la necesidad. A ellas, en cambio, si les estaban vedados los placeres de la carne dentro del matrimonio, cuánto más fuera de los límites de éste. Aún así, a pesar de las prohibiciones, la infidelidad femenina no es un invento moderno sino algo que ha existido siempre; posiblemente más aún cuando los cónyuges no eran aceptados por elección mutua sino por arreglos entre familias, por mandato paterno.

Actualmente las cosas han cambiado: la mujer ha tomado contacto con su cuerpo, puede controlar su maternidad, no es rechazada si no llega virgen al matrimonio y se le reconocen las mismas apetencias que siempre se le han reconocido al varón. Sin embargo, son muchos los hombres que aún hoy, en occidente y en pleno siglo XXI, se sienten con derecho a tener relaciones paralelas a espaldas de sus parejas porque lo siguen viendo como un hecho natural, aunque exclusivo del sexo masculino. Viven bajo una doble moral; no lo admiten abiertamente porque eso traería como consecuencia el tener que concederles a ellas las mismas libertades, pero lo hacen sin sentir el menor cargo de conciencia, seguros de estar cumpliendo lo que se espera de un hombre.

A diferencia de la infidelidad masculina, la femenina es mucho más difícil de detectar: la mujer debe tomar muchísimos más cuidados para no ser descubierta porque sabe que tiene la sociedad en contra, que será censurada en tanto que el hombre, no sólo será disculpado sino, en muchas ocasiones, también aplaudido por el colectivo masculino.

Son pocos los que se atreven a plantear unas relaciones libres en las cuales la infidelidad no tenga cabida por definición. La mayoría de las personas infieles, establecen la pareja dando por sentado que ésta será exclusiva pero sabiendo que no van a privarse de vivir romances con terceros. Y eso solamente, sin necesidad de buscarle más justificaciones, constituye una mentira, un engaño, una traición.

CUANDO UNO SOBRA

La mayoría de las parejas se establecen bajo la suposición de que la posibilidad de tener romances con otras personas queda completamente descartada. Quienes deciden tener una relación libre, suelen dejarlo bastante claro desde un primer momento o, en todo caso, lo plantean más adelante como posibilidad para ambos, buscando un acuerdo.

Nadie está exento de poder enamorarse de otra persona: un buen día se conoce a alguien, se empieza una amistad o una camaradería de la que no se pretende más que eso, pero poco a poco, casi sin darse cuenta, esa persona va convirtiéndose en adicción. Se piensa en ella constantemente, se propician encuentros que uno quiere creer que son casuales pero que han sido deliberadamente provocados, se coquetea con ella

111

como si eso fuera un juego inocente y sin más objeto que el divertirse un rato, hasta que llega un momento en que tomar distancia resulta doloroso, cuando no imposible.

Pero esta situación, aunque es difícil de comunicar a la pareja por los malentendidos y dolores que pudiera ocasionar, no constituye un maltrato. Desde luego se trata de infidelidad, porque en ello no sólo hay una simple atracción sino también un juego de seducción, pero aún se está a tiempo de reflexionar, de dejarlo, de ser tomado como un momento de debilidad que pudo ser superado. La mejor manera de interrumpirlo, sobre todo cuando no se confía en las propias fuerzas, es pidiendo ayuda a la pareja, manifestándole que hay una persona por la que se siente una gran atracción al mismo tiempo que se le asegura que no se quiere poner en peligro la relación. De esta manera, se le está dando la oportunidad de compartir un hecho que podría llegar a ser crucial para ambos a la vez que una muestra de confianza, lealtad y compañerismo.

Hay quienes lo callan por miedo, lo cual es una debilidad en cierta medida comprensible, pero también hay muchos que deciden callar porque previamente han decidido no privarse del placer del romance. Y lo que hacen ambos es romper un pacto; unos por cobardía y otros por egoísmo.

Si la pareja llega a enterarse, los primeros suelen derrumbarse, confesar su debilidad y su miedo, arrepentirse de provocar tal dolor; los segundos, seguir mintiendo, continuar con el engaño, entrar en una espiral donde el sentirse listos y superiores les lleva a cometer imprudencias que, a los ojos de su pareja, son pruebas de que tienen una doble vida. Y esto último puede definirse claramente como maltrato.

¿Amor a la pareja o amor propio?

El saber que tal vez no sea uno quien ocupa el lugar más importante en el corazón del compañero resulta doloroso. Es un golpe a la autoestima a la vez que una invitación a que el fantasma de la posible ruptura, del abandono, tome dimensiones gigantescas. Pero si a esto se suma el engaño, la traición y las mentiras que han debido decirse (y tragarse) para tener una tarde romántica con la nueva conquista, al dolor se suma la rabia de haber sido estafado y una incómoda sensación de estupidez al haber aceptado los embustes.

«De momento me entra un odio espantoso, ganas de matarle, pero luego, siento que si la relación se termina me hundo; no me imagino la vida sin él...»

Toda la confianza que se había depositado en esa persona, con la cual se ha decidido compartir lo bueno y lo malo, se derrumba. La creencia de que jamás nos haría daño a sabiendas se diluye ante las evidencias. Porque una infidelidad no es un accidente; no es un hecho que ocurra como algo ajeno a la voluntad sino algo que se hace con plena conciencia, sabiendo que con ello se está rompiendo un pacto y con la total participación de la voluntad.

Cuando alguien es infiel a su pareja está traicionando a la persona que está dispuesta a cuidarle si enferma, que le limpiará si está impedido o que le dará de comer si no puede trabajar. Y el golpe que se da a alguien que está dispuesto a dar todo en caso de necesidad es recibido como la peor de las bofetadas.

Al conocer la primera infidelidad de una pareja la persona siente que es como si estuviera con un desconocido y tiene que replantearse rápidamente qué es lo que hará con su vida. El futuro inmediato que, hasta ese momento, veía más o menos seguro, de golpe se vuelve negro, difuso, sombrío. Aunque no se hable del tema, es como si su compañero le dijera que no la elige o no estuviera seguro de hacerlo, cuando ella aún no ha tenido tiempo para cambiar sus sentimientos y eliminar todo rastro de amor hacia él.

Por otra parte, la infidelidad hiere en el amor propio. La pareja, salvo los raros casos en que se mantiene en secreto, es una relación que se presenta a la sociedad; constituye una unión que se hace pública, de la que los demás suponen que tiene determinados acuerdos, como la fidelidad propia del modelo más habitual. El hecho de que uno de los miembros quiebre esta norma (cosa que suele ser, como es sabido, lo suficientemente grave como para ser la causante de la mayoría de los divorcios), coloca al compañero en una situación humillante, tanto ante sí mismo como ante el grupo social. Su condición de engañado lo humilla, lo avergüenza, le hace sentir que vale muchísimo menos de lo que suponía. Por el contrario, en muchas personas infieles, el hecho de serlo les llena de orgullo, despierta su vanidad.

INFIEL POR PRINCIPIO

La infidelidad que, a pesar de ser descubierta, es reiterada, constituye un maltrato; sobre todo cuando el infiel niega las evidencias que su pareja le presenta.

La sospecha de que pueda haber otra persona en la vida del cónyuge plantea una contradicción: por un lado se quiere saber la verdad pero, por otro, para evitar el dolor, se quiere creer en las mentiras y en las fabulaciones que éste dice para poder tapar su infidelidad.

Hay personas que se autocalifican infieles por principio, que engañan porque se convencen de que tienen derecho a ello. Saben perfectamente que están quebrando una norma, por ello suelen mentir descaradamente a sus parejas aunque el razonamiento que puedan hacerles evidencia que éstas ya saben la verdad.

Éste es un tratamiento que enloquece porque, por un lado, al engañado la realidad dice que hay una tercera persona pero, por otro, aquél en quien más confía, de quien no se espera un engaño, mentira ni daño a sabiendas, lo niega.

La persona que vive una situación de infidelidad como ésta, pasa alternativamente de la furia de sentirse estafada a la culpa por no creerle. La situación la deja paralizada o la empuja a cometer actos irreflexivos, llevada por la fuerte emoción del momento. Tan pronto puede echarse a llorar pidiéndole que no le abandone, que le necesita, como arrojarle las maletas por la ventana para recibirle con los brazos abiertos al día siguiente.

LAS VERDADES A MEDIAS

Hay personas que, al ser descubiertas, aceptan su culpa y reconocen la relación extramatrimonial que mantienen prometiendo dejarla, terminar para siempre. Aunque estas promesas las hagan completamente con sinceridad, cuando el ardor de la discusión les provoca fuertes emociones, no pasan más de 24 horas que ya están nuevamente en brazos de sus amantes.

El razonamiento que hacen a la hora de justificar su conducta es muy simple: si su infidelidad, a ellos apenas les ha costado unas cuantas discusiones, ¿por qué dejar de sentir todas esas emociones placenteras? Además, si su pareja se ha enterado de la presencia de su amante ha sido por casualidad y eso no volverá a suceder.

Quienes tienen este tipo de actitudes suelen ser lo suficientemente egoístas, egocéntricas e inmaduras como para no interesarse demasiado en las consecuencias que sus actos puedan acarrear a la persona que dicen haber elegido. No quieren enterarse del daño que producen.

De este modo, entran en un juego perverso en el que a su pareja y amante les hablan de la existencia de su rival, a menudo pintándoles como seres monstruosos que les tiene atrapados. El discurso que tienen para con sus parejas oficiales suele ser bastante similar al que tienen hacia sus amantes: *«Ten paciencia, verás que en poco tiempo eso se termina, lo que pasa es que tengo miedo de que haga una barbaridad»* y mentiras por el estilo.

«En más de una ocasión Pedro vino a decirme que no la aguantaba más, que le ayudara a quitársela de encima, que quería dejarla pero tenía miedo de que hiciera una barbaridad. Pero ¿qué podía hacer yo? Eso me lo decía cuando tenía una pelea con ella, pero después se arreglaban y la mala de la película era yo.»

En el fondo, aunque digan temer que alguna de las dos personas haga una barbaridad, ni tienen miedo, ni piensan dejarlas; lo único que quieren es tiempo; que ellas se confíen y aguanten una situación que, de no ser por las promesas y los restos de confianza que aún les queda y el miedo a ser injustas condenando cuando no tienen todas las pruebas que necesitan, jamás soportarían.

Antiguamente, las madres recomendaban a sus hijas que aguantaran ya que, pasado un tiempo, la oveja descarriada volvería al redil. Lo que no les decían es que lo más probable era que se volviera a escapar, que tomara el mantener relaciones extramatrimoniales como costumbre, como algo permitido. Y era normal que les aconsejaran paciencia; en una época en que la mujer dependía económicamente de su marido, la idea de plantear una separación era impensable.

Hoy las cosas han cambiado y ante cualquier infidelidad, antes de reaccionar, habría que plantearse fríamente lo que se pretende; evaluar si se tienen fuerzas suficientes como para cortar la relación, si se puede soportar el desgaste que implica saber que la pareja está en otros brazos y si se es capaz de volver a confiar.

En caso de no optar por la separación, sí es conveniente ponerse un plazo para que las cosas cambien definitivamente. Teniendo en cuenta que hay personas capaces de llevar una doble vida a lo largo de 20 ó 30 años, es importante que la pareja engañadas se diga a sí misma durante cuánto tiempo está dispuesta a sufrir una situación semejante.

Lo que jamás debe hacerse es caer en la trampa de pensar que si tiene otra relación es porque *«En casa no encuentra lo que necesita y eso es mi culpa».* Tal vez no lo encuentre pero antes de mentir, de engañar, de traicionar hay muchos caminos posibles; el mejor, sin duda, hablar claramente con la pareja a fin de solucionar los problemas o, en caso de no ser esto posible, poner un final digno a la relación.

La crítica

Durante bastante tiempo después de separarme de Antonio, he tenido la sensación de que mi vida con él había transcurrido como si hubiera estado bajo hip-
nosis: me costaba diferenciar los tiempos, decir en qué momento había ocurrido
cada cosa y, salvo por el comienzo de la relación y por los nacimientos de mis
hijos, que fueron los que me sacaron de esa especie de sopor, es como si yo no
hubiera estado ahí. Había pasado esos 15 años atontada, aturdida, y todo lo
sucedido desde poco después de casarme hasta el momento de mi divorcio me
resultaba igual: una especie de neblina en la cual los días se sucedían sin cambios, donde sentía tan poco entusiasmo por vivir, que cualquier cosa, excepto mis
hijos, me daba lo mismo.

Le conocí con 27 años, después de varios fracasos sentimentales, cuando
había perdido las esperanzas de encontrar un hombre con el cual formar una
familia. Mis amigos siempre decían que no se explicaban por qué estaba sola ya
que, comentaban, yo era «la mujer ideal»; ideal para otro, claro, porque al parecer, mi necesidad de libertad, de independencia, y mi carácter rebelde provocaba
pánico a los hombres.

Había pasado varios años viajando sola, casi sin medios, trabajando como
camarera en hoteles de diversos lugares y conociendo personas de todo tipo y
condición. Aunque no me asustara nada, era mucho más prudente de lo que a
primera vista parecía. Cuando llegaba a un nuevo lugar iba conociendo la ciudad poco a poco, de día, y sólo después de un tiempo empezaba a salir de noche
y a hacer amigos. Nunca ponía mi vida en peligro.

Antonio me llamó la atención desde el primer instante; era atractivo, simpático y sumamente educado. Tenía mi misma edad y siempre parecía estar muy

seguro de sí mismo, cosa que le envidiaba sanamente. Además era muy agudo y tenía una especial capacidad para decir exactamente lo justo en cada momento. Creo que es uno de los hombres más inteligentes que he conocido.

A diferencia de la mayoría de gente que me tildaba de valiente y decidida, a él no pareció causarle ninguna impresión especial la vida de nómada que llevaba a pesar de ser mujer; lo tomó como algo diferente, sí, pero natural. Una elección como otra cualquiera.

En los primeros encuentros polemizamos durante horas; teníamos opiniones encontradas con respecto a muchas cosas y era un placer desgranar argumentos para que él les encontrase los fallos. Nos reíamos mucho lanzándonos pullas el uno al otro.

Yo le veía demasiado encajado, preso de todas las convenciones sociales, y pensaba que de esa forma desperdiciaba muchos talentos que tenía. Trabajaba en la misma empresa desde hacía cinco años, siempre iba de traje y corbata y amaba todo lo que habitualmente se considera «correcto». Por su parte, supongo, me vería como un tiro al aire; solía decirme que yo era una persona inmadura y rebelde que se resistía a sentar la cabeza pero que, en el fondo, lo estaba deseando.

A los dos meses me fui a vivir con él a su piso, no sin aclararle que probablemente no aguantáramos mucho tiempo como pareja; que en cualquier momento me iba a entrar la claustrofobia, entonces haría las maletas e iría a la estación a tomar el primer tren que viera rumbo a quién sabe dónde. En lugar de preocuparle, tomó eso como un desafío.

A medida que pasaban los días me sentía más atraída, más enamorada y, al cabo de seis meses, la idea de viajar, se me había ido por completo de la cabeza.

Aunque no me atrevía a reconocerlo, él tenía razón: en el fondo necesitaba anclarme, ocuparme de una casa, de un compañero, tener un lugar.

Recuerdo cuánto disfrutaba preparándole comidas elaboradas, planchándole las camisas, haciendo cortinas, aprendiendo a bordar y realizando todas aquellas tareas que jamás me habían interesado. Por las noches, seguíamos charlando durante horas y horas, discutiendo sobre lo divino y lo humano. En esas conversaciones yo aprendía. En los ratos libres, me iba a su inmensa biblioteca y me pasaba tardes enteras leyendo hasta que él llegaba.

Gracias a su sueldo excelente y, debido al tipo de personas con las que teníamos que relacionarnos, no quería que trabajara como camarera en ningún lado. En un principio me resistí ya que jamás me ha gustado depender de nadie, pero *finalmente me convenció; como decía, yo podría mientras estudiar algo, prepararme mejor para que el día de mañana tuviera una profesión que me permitiera vivir más desahogadamente.*

A los dos años nació nuestra primera hija y para mí, que casi había descartado la posibilidad de tener una familia, fue lo mejor que me pudo haber sucedido, como un sueño que jamás me hubiera atrevido a soñar. Recuerdo que después del parto, cuando me desperté en la habitación, me cogió la mano y los dos nos miramos y las lágrimas se nos empezaron a caer. No dijimos una sola palabra. ¡Éramos tan felices!...

Con Lucía ya en casa, el clima empezó a tensarse porque teníamos opiniones diferentes acerca de cómo tratarla. Él, bastante rígido, pretendía que la dejara llorar; yo, por mi parte, en cuanto se quejaba salía corriendo a su habitación a ver qué le ocurría y a intentar tranquilizarla. Como el tiempo que me exigía la pequeña era tiempo que le quitaba a él, eso no le gustaba en absoluto pero en lugar de decirlo abiertamente, se escudaba en la educación, en lo que dicen los pediatras, en acusarme de ser excesivamente sobreprotectora. Yo estoy convencida de que, con un bebé de dos meses, no se puede ser sobreprotector jamás; cuanto más se le cuide, mejor se sentirá.

Su sueldo daba más que suficiente para haber contratado a una persona que se ocupara de la casa, pero no lo hicimos. Por una parte porque yo consideraba que mantener el orden, la limpieza y cuidar a la niña era mi deber. Él trabajaba duramente para mantenernos y en eso no lo ayudaba nadie. Además, a él le molestaba que alguien conviviera con nosotros, porque, según decía, eso quitaba intimidad.

Yo no tenía demasiada idea de cómo llevar una casa; me costaba muchísimo organizarme, atender a todo y, lo reconozco, estaba muy lejos de ser un ama de casa perfecta pero hacía lo que sabía, lo que podía; pero él ante eso se irritaba, perdía la paciencia, me decía que era un desastre como mujer y como madre.

Empezó a censurarme por no tener la comida a tiempo, por no haber planchado justamente la camisa que quería ponerse o porque no saltara de la cama a prepararle el desayuno en cuanto él me despertaba por la mañana. A pesar de sentirme agotada, le daba la razón y reconocía que estaba fallando, pero aceptar mi culpa no servía para nada porque seguía machacándome. Cada vez que le decía que sentía muchísimo lo que había hecho, me respondía: «no lo sientas; sencillamente, no lo vuelvas a hacer». ¡Como si fuera fácil!...

No era capaz de ayudarme en nada; me veía correr desesperada de un lado para otro, decía que lo mío era un problema de organización, pero no me enseñaba cómo hacer las cosas mejor. Todo era: «así no»; jamás: «¿por qué no intentas hacerlo de esta manera?»... Y cada día que pasaba, me iba sintiendo peor. No es que me interesara volver a mi vida anterior; ni siquiera la recordaba. Lo que quería era aprender a ser como las demás mujeres que tienen la casa impecable y, aun así, tienen tiempo de ir a la peluquería, maquillarse por las mañanas, irse a comprar modelitos, pasarse dos o tres horas en el parque con sus hijos... Yo no hacía nada de eso. Subiendo y bajando las escaleras todo el tiempo, planchando camisas para que en su armario no faltara justo la que se quería poner, atendiendo a la niña, preparando cenas para cuatro o seis personas más día sí y día no... Un horror.

A los dos años tuvimos otro hijo, un niño. Y si con una sola me costaba hacer las cosas, a partir de nacer Jorge fue muchísimo peor.

Él pretendía quedarse charlando por las noches pero yo me caía de sueño; hacía esfuerzos increíbles por mantener una conversación, pero apenas podía. Aun así, cuando hablábamos, utilizaba esos momentos para explicarme que tenía conceptos equivocadísimos con respecto a la amistad, para convencerme de que caía mal a la gente, que los amigos comunes me soportaban sólo por respeto a él. Me comparaba con otras mujeres que venían a casa, siempre impecables, comentando las mil cosas que habían hecho durante el día señalando que yo, en cambio, lo único que hacía era engordar, estar siempre desarreglada, no ir jamás a la peluquería, vestir fatal y cosas similares. Ellas, como le respondía, tenían ayuda en casa; yo, no. Y no es que no se pueda vivir sin alguien que te eche una mano sino que, cuando estás recibiendo gente constantemente y te ves obligada a dar una imagen de cara a la galería, no te da tiempo para todo.

Sus críticas no sólo se ceñían a dificultades domésticas o a mi relación con él; además de ser mala madre y mala esposa yo era una persona desagradable, poco atractiva, atropellada en mi manera de pensar, poco diplomática, demasiado ingenua, excesivamente generosa a veces y mezquina otras. En suma, yo no servía para nada. Yo, por supuesto, me lo creía y me mortificaba por ello; quería cambiar, ser deslumbrante, pero no lo conseguía. Lo que no me daba cuenta es que mi único fallo consistía en no tener 20 brazos ni contar con un día de 48 horas para ocuparme de la casa, los niños, de las visitas y de él, como lo hacía cuando los pequeños aún no habían nacido.

Lo que recuerdo de esa época es cansancio. La misma desesperación que se siente al no poder dormir, la sentía, además, al no poder pensar. No tenía un solo momento para mí, para leer, para quedarme un ratito sin hacer absolutamente nada.

Él, por su parte, jamás cambió un pañal, nunca calmó el llanto de los chicos ni, mucho menos, fregó un plato. Aún las veces en que he estado enferma y con fiebre, he sido yo quien lo hacía todo en casa, y lo único que he recibido por el esfuerzo han sido palabras de censura.

En ese clima fui perdiendo completamente el apetito sexual; por la noche, en la cama, yo no podía estar cariñosa con él después de haber estado todo el día soportando su malhumor, sus críticas y sus quejas, y eso sirvió para agregar un nuevo agravio a la lista interminable de cosas para las que yo no servía. A veces le daba el gusto pero normalmente me hacía la dormida, decía que me encontraba mal o cualquier otra cosa. Veía el fantasma de la separación acosándome día y noche; pensaba que en cualquier momento se iba a cansar de vivir conmigo y me iba a pedir el divorcio, llevándose los niños. Pero con el tiempo empecé a tener dudas en cuanto a que quisiera vivir con ellos porque también empezó a mostrarse exigente con ellos. Si gritaban o reían, se enfadaba conmigo porque no los hacía callar; decía que estaban histéricos. No podían llorar, por supuesto, y no podían negociar razones; lo que él decía se hacía y punto.

Hoy, lo que más me censuro es mi falta de fuerzas para hacerle frente y defenderlos de tanta injusticia. Creo que es algo que jamás me perdonaré.

Cuando él no estaba, la casa tenía una vida especial; solíamos jugar, reírnos, les ayudaba en los trabajos de la escuela y les enseñaba a cocinar, y cuando él llegaba por la noche todo se transformaba; era como si una nube espesa nos cubriera la casa apagando los colores y los sonidos. El ambiente se volvía triste, opaco, pesado.

Cierto día mi hijo me dijo: «Mamá, ¿por qué no podemos ser una familia feliz? ¡Yo quiero tener una familia feliz!». La pregunta me dejó perpleja y lo primero que atiné fue a decirle que ¡por supuesto éramos una familia feliz! Pero él, a pesar de su corta edad, tenía las cosas mucho más claras que yo. «No —me dijo—. No somos felices. Tú estás contenta a veces, pero casi siempre estás triste, y yo también».

Esa fue la primera luz que vi en muchos años. Él tenía razón: yo no era feliz y los niños tampoco. Había pasado muchos años sintiéndome culpable por todo, permitiendo que en mi propia familia se instalaran normas absurdas, admitiendo que mi marido nos tuviera como esclavos y me convenciera de que era una mala madre que no me había parado a reflexionar en lo que ellos estaban viviendo. Pero cuando un hijo te reclama simplemente ser feliz, aunque no tengas fuerzas, aunque no puedas con tu alma, sacas las energías de donde sea con tal de ofrecerle la vida que merece, la que siempre has soñado darle.

Me busqué un trabajo pese a sus amenazas. Tenía que conseguir una independencia económica, porque si nos terminábamos separando, yo creía que eso iba a influir positivamente en que me dieran a mí la custodia. Ese fue el primer paso. Se acabaron las cenas o, si invitaba a alguien, la comida era sencilla; ya no me pasaba horas y horas en la cocina. Tampoco tenía toda su colección de camisas planchada; hacía lo que podía. Y nada de quedarme hasta las tantas escuchando sus discursos: me levantaba muy temprano, tenía que dejar todo hecho y luego irme a trabajar.

Por supuesto él tomó todos estos cambios muy mal; su actitud se hizo más despótica y prepotente. Intentó convencerme de que era un desastre pero ya no podía; ahora yo tenía los ojos bien abiertos y volvía a ser la misma que antes de conocerle: fuerte, segura y decidida.

Una mañana había salido y, ya en la calle, recordé que había olvidado el ticket para retirar un traje del tinte de modo que volví a buscarlo. Como iba a ser cosa de un minuto, ni saludé; fui directa a la cocina con la idea de volver a salir inmediatamente. Oí que él estaba hablando por teléfono desde el salón y me llamó la atención su tono; no parecía hacerlo con alguien del trabajo sino, más bien, con una mujer. Comprendí que estaban discutiendo porque él decía que sí, que se separaría; que por supuesto la quería, que de no ser así no llevaría cuatro años con ella.

Esperé a que terminara de hablar y me presenté en el salón. Primero se quedó mudo, pálido; luego, empezó a acusarme de escuchar tras las puertas, de perseguirlo, de espiarlo. Recuerdo claramente que iba a explicarle que no, que todo había sido una casualidad, pero afortunadamente comprendí que eso era inútil; que yo no tenía que dar explicación ninguna y que, en todo caso, quien tendría que ofrecerlas era él.

En el momento le dije que una infidelidad era lo que jamás estaba dispuesta a soportar; que si había aguantado su mal carácter, sus críticas, sus malos modos era porque, en el fondo, él respetaba ese pacto que habíamos hecho de no incluir a terceros en nuestra relación. Que para mí eso tenía mucho más valor que cualquier otra cosa pero que, en vista de lo que sucedía, ya no tenía sentido seguir juntos.

Utilizó todos los argumentos posibles para convencerme de que siguiéramos juntos; incluso llegó a decirme que si tenía otra mujer, era porque yo no le daba cuanto necesitaba; que si un hombre tiene líos fuera, es siempre culpa de la mujer.

Afortunadamente me mantuve firme y, si bien la separación fue difícil ya que me amenazó con no dejarme volver a ver a los niños por ser mala madre, con dejarme en la calle sin un céntimo, con destrozarme la vida, finalmente accedió a firmar un documento en el cual sólo me pasaría pensión alimenticia durante unos pocos meses, hasta que yo consiguiera un trabajo. Creo que entendió claramente que no iba a vivir más a su costa y eso le tranquilizó.

Al año yo me mantenía sola y sólo aceptaba su ayuda para dar la mejor educación posible a los niños. Quiso que nos reconciliáramos pero me negué. Hoy pienso que si hubiera vuelto con él, en el fondo, mis hijos nunca me lo hubieran perdonado.

* * *

El maltrato psicológico adopta muchas formas que se combinan entre sí para crear en la víctima una sensación de malestar, una ansiedad que permita al abusador tener pleno dominio.

Los años de violencia emocional poco a poco van hundiendo a la víctima hasta hacerla caer en una depresión cada vez más severa. No tiene fuerzas suficientes para escapar de la situación porque debe emplear todos sus recursos y toda la energía que es capaz de generar en hacer las cosas perfectas y a gusto del agresor; a fin de reducir su violencia.

Sin embargo, a éste le da igual si ella se esfuerza o no en complacerle porque la razón del maltrato, pese a lo que la víctima crea lo contrario, no está en los fallos que pueda cometer sino en la necesidad del maltratador de verla completamente destruida y sin ninguna fuerza que oponerle.

Como el maltrato psicológico es paulatino, insidioso, destruye poco a poco la confianza de quien lo recibe y genera confusión, lo más probable es que la persona agredida no llegue a comprender que el origen del problema está en el agresor. Por el contrario, en la mayoría de los casos, las víctimas creen que todo lo que ocurre es por su culpa, por su incapacidad para hacer las cosas correctamente.

«Empezó a censurarme por no tener la comida a tiempo, por no haber planchado justamente la camisa que quería ponerse o porque no saltara de la cama a prepararle el desayuno en cuanto él me despertaba por la mañana. A pesar de sentirme agotada, le daba la razón y reconocía que estaba fallando, pero aceptar mi culpa no servía para nada porque seguía machacándome.»

Como las personas que establecen este tipo de relaciones en el papel de víctimas suelen ser exigentes consigo mismas, no pueden ver fácilmente defectos más censurables en el agresor ya que están intentando constantemente buscar su propia perfección. Por otra parte les resulta imposible dejar de sentirse culpables ya que los agresores las bombardean con críticas constantes, aunque sea por errores que normalmente no tienen importancia o acusándolas de las faltas que ellos mismos cometen. Estas críticas las obligan a mantenerse en guardia contra posibles fallos y a perder todas sus energías procurando una perfección inútil e imposible de alcanzar. El agotamiento que este trabajo supone las aleja de otros deseos y aspiraciones, les quita completamente las fuerzas para hacer tareas que les pudieran resultar más placenteras. Así, su vida se hunde cada vez más porque llega un momento en que las críticas no parten sólo de quien las maltrata sino, lo que es peor, de sí mismas.

EL SENTIMIENTO DE CULPA

Es necesario diferenciar la culpa en sí, del sentimiento de culpa.

Según una leyenda que tiene más de seis siglos, en los bosques de Sherwood había un ladrón que robaba para repartir botín entre los pobres. Se llamaba Robin Hood. Ante la ley del país, ese hombre desde luego era culpable, pero por lo que sabemos del personaje, difícilmente haya tenido el más mínimo sentimiento de culpa por lo que otros (no él, y eso es lo importante) calificaban de fechorías.

Para que exista culpa debe antes haber una ley, una norma, que el culpable haya quebrantado. El hecho de que un musulmán tenga cuatro esposas, por ejemplo, no lo convierte en culpable ante las leyes de su país, en cambio un occidental que tenga dos, será culpable de bigamia.

El sentimiento de culpa ha sido tratado exhaustivamente no sólo por las diversas religiones sino por la literatura universal, por filósofos y psicólogos, porque es uno de los que provoca mayores estragos en el alma humana. Quiebra la paz interior, desata emociones como la tristeza o el miedo y propicia un desequilibrio emocional capaz de empujar a quien lo experimente a realizar los actos más increíbles con tal de atenuar la culpabilidad. Como ejemplos de ello tenemos a Judas, que después de traicionar a Jesús se colgó de un árbol acabando así con su vida, o a Edipo de Tebas, el personaje trágico de Sófocles, que horrorizado al saber que había dado muerte a su padre y compartido lecho con su madre, se arrancó los ojos.

Sentir culpa es reprobarse uno mismo en nombre de toda la sociedad; es sentirse indigno, señalado, estigmatizado. Para llegar a este estado no es necesario recibir reproches de otros: nace al comprobar que las propias acciones no encajan en la escala de valores que se ha escogido. Al ser un sentimiento, es subjetivo.

Siguiendo con el ejemplo antes citado: un musulmán no se sentirá culpable ni aún cuando viviera en occidente ya que, según su propia escala de valores, no está haciendo nada incorrecto ni reprobable.

No todos tienen la misma sensibilidad para asumir sus propios errores, para sentirse incómodos ante las malas acciones que hayan podido cometer. Muchos asesinos han reconstruido sus crímenes, se han enfrentado a sus víctimas o a sus familiares, han constatado las dolorosas consecuencias de sus actos sin sentir por ello el más mínimo remordimiento, el más leve sentimiento de culpabilidad o, peor aún, asegurando que volverían a repetir su nefasta historia. Por el contrario, hay personas que tras atropellar a un perro que les salió en un cruce de la carretera, no pueden dormir durante semanas, se pasan mentalmente la película del momento una y otra vez con el objeto de discernir si hubieran podido evitarlo, a fin de encontrar elementos que les permitan atenuar la angustia que les produce la culpa.

La forma de expiar este sentimiento, de limpiar el alma, es recibir un castigo, pagar por el daño que se ha hecho aunque haya sido realizado de forma involuntaria. Cualquier persona que se sienta culpable hará todo lo posible por conseguir el perdón, por olvidar cuanto antes el incidente que le ha provocado su desasosiego interior. Por esa razón, todo aquel que haga sentir a otra persona culpable de cualquier cosa, que le fomente a través de la manipulación ese sentimiento doloroso, la podrá tener controlada y conseguirá que cumpla sus deseos, que se esfuerce en reparar.

Pepito Grillo, ¿amigo o enemigo?

La propensión a sentirse culpable no es la misma en todos los seres humanos. Como se ha dicho, hay quienes se sienten mal consigo mismos ante cualquier pequeño error que puedan cometer y otros que, por el contrario, ni se inmutan tras haber dañado seriamente a otros. Esto se debe a ciertas características psicológicas, a menudo fomentadas por la educación recibida. Cuanto más rígida haya sido ésta, más probabilidades habrá que la persona se sienta responsable de los desastres que puedan ocurrir en su entorno.

Cuando se presenta algún inconveniente, algún problema, quienes tienen tendencia a sentirse culpables inmediatamente temen haber sido ellos quienes lo han motivado. Para aliviar el sentimiento que experimentan, examinan una y otra vez los pasos que acaban de dar a fin de cerciorarse de que no son responsables de lo que ocurre. Son personas a las que les cuesta decir que no, negarse a cualquier cosa que les pidan, porque se obligan a ser buenas por encima de todo y la bondad la entienden como una generosidad extrema, utilizando como modelo las enseñanzas que recibieron en la infancia. Si les han dicho que hay que ayudar a un amigo, por ejemplo, son capaces de mantener económicamente a alguien que, a la vista de cualquier otro, no tiene ninguna intención de trabajar. Negarse a ello les haría sentir indignos, malos y egoístas.

Estas personas están más pendientes del bienestar de los demás que del propio y, cuando no actúan así, sienten una intensa perturbación que necesitan acallar.

Si a un niño siempre se le dice que hace las cosas mal, si se le sobreexige, internalizará esa exigencia y jamás estará conforme consigo mismo; tenderá a buscarse siempre los defectos en lugar de regocijarse con sus aciertos o virtudes. Indudablemente tendrá también un concepto pobre de sí mismo que arrastrará a lo largo de toda su vida y la única manera de salir de ello será haciendo conscientes los mecanismos que operan en su mente, realizando una revisión de su código ético que no ha sido alterado desde su infancia y reemplazándolo después por otro más adulto, más maduro y precisamente más acorde con la realidad.

Es muy fácil manipular a alguien que tenga tendencia a sentirse culpable: si alguien en su presencia se levanta de la silla, pone mala cara y sale dando un portazo, por ejemplo, lo primero que esa persona se preguntará es: «¿qué le he hecho?», «en qué me he equivocado», en lugar de pensar: «¿qué le ha ocurrido? ¿Ha enloquecido de repente?». Lógicamente, si encuentran algún elemento en su conducta que pudo perturbar a quien se acaba de ir, hará lo imposible por reparar esa supuesta falta; intentará halagar al ofendido, mostrarle su simpatía, hacerle favores para demostrarle que no es una mala persona. Procurará convencerle de que lo que haya hecho ha sido sin el propósito de provocar ningún un daño.

Es difícil darse cuenta si uno tiende a sentirse culpable en ocasiones en las que no lo es, pero cabe la sospecha de que así sea cuando la primera pregunta que surge ante cada cosa que a uno le apetezca hacer sea: «¿Se debe o no se debe?». Lo sano, la actitud adulta, en todo caso, sería interrogarse acerca del deseo de hacerlo analizando también si lo que se realice provocará un daño injusto a terceros.

Si no se revisan los preceptos aprendidos en la infancia, se corre el riesgo de responder con la culpa ante cada cosa que acontezca en el entorno. Un niño, por ejemplo, debe pedir permiso para casi todo lo que hace; para entrar, para salir, para quedarse despierto hasta más tarde, etc. Eso es lo que el niño «debe» hacer. Pero ¿por qué habría de pedir permiso, y a quién, una mujer de 30 años a la hora de salir a la calle o llegar tarde a su casa? Una cosa es llamar para que los demás no se inquieten por su demora y otra, muy diferente, es solicitar autorización para poderlo hacer.

A pesar de ello, se oye con mucha frecuencia frases que del tipo: «Mi marido (o mi mujer) no me deja hacer tal o cual cosa» a personas adultas. Lo que es peor es que, cuando las realizan impulsadas por un fuerte deseo, aunque con ello no hagan mal a nadie, no pueden evitar sentirse intensamente culpables.

Un manipulador emocional tomará muy en cuenta estas tendencias en su víctima para tenerla constantemente a su disposición. Empleará muchos métodos para hacerla sentir responsable por todo y, uno de los más efectivos será, sin duda, la crítica.

Eres un desastre

Señalar a otra persona los errores que comete no es, en sí mismo, algo negativo. Si la crítica se formula con buenas intenciones, sirve para que quien la reciba sea consciente de sus aspectos negativos, para darle la oportunidad de cambiar, de ser mejor, de actuar con mayor acierto.

Las críticas son útiles y sanas sólo si se cumplen estas cuatro condiciones:

- Tiene que haber una mínima confianza entre la persona que hace la crítica y la persona criticada.
- Debe hacerse en un contexto amable y distendido, ya que de este modo no habrá reacciones emocionales que enturbien la comprensión o distorsionen las intenciones de quien la hace.
- Debe expresar claramente qué aspectos específicos son los que convendría corregir y por qué.
- Jamás debe ser formulada como acusación o recriminación. No se trata de humillar al otro, de hacerle sentir sus propias limitaciones o defectos, sino de hacerle saber que ciertas actitudes suyas irritan, molestan o, que le resultan poco convenientes.

A diferencia de la crítica sana, la crítica negativa no se formula como acto amistoso para sugerir al otro un cambio positivo sino, por el contrario, tiene como objetivo humillar, desvalorizar, herir, motivando así un cambio psicológico negativo. A menudo se hace con un objetivo concreto: colocarse en un lugar de superioridad que permita someter a quien se critica.

«No era capaz de ayudarme en nada; me veía correr desesperada de un lado para otro, decía que lo mío era un problema de organización, pero no me enseñaba cómo hacer las cosas mejor. Todo era: "así no"; jamás "¿por qué no intentas hacerlo de esta manera?", y cada día que pasaba me iba sintiendo peor.»

A veces pueden hacerse en un contexto aparentemente amable, de forma que la víctima no sospeche de las verdaderas intenciones entrañando así un doble engaño: por una parte, lo que se expresa en ellas, aunque puede tener una parte de verdad para hacerlas más verosímiles, no es completamente cierto; por otra, al formularse de forma aparentemente amistosa, la persona criticada se convence de que el agresor quiere realmente ayudarle, mostrarle en qué cosas se equivoca, sin darse cuenta de que le está minando considerablemente la moral.

«Aun así, cuando hablábamos, utilizaba esos momentos para explicarme que tenía conceptos equivocadísimos con respecto a la amistad, para convencerme de que caía mal a la gente, que los amigos comunes me soportaban sólo por respeto a él.»

Cuanto más amable sea el clima que el manipulador cree a su alrededor, más hondo calará la crítica que esté haciendo y más sincera y desinteresada parecerá a la víctima.

Las críticas manipulativas tienen una serie de características que permiten distinguirlas fácilmente de las que se hacen con buenas intenciones:

- **No se ciñen a un aspecto preciso y concreto.** Si alguien que tenga una posición de autoridad o dominio con respecto a una mujer le dice «eres una mala madre», lo primero que hará ésta será buscar en su memoria qué actitudes negativas ha tenido hacia sus hijos. Con seguridad encontrará algunas de las que no se sentirá precisamente orgullosa: un día que les ha gritado porque estaba nerviosa, otra vez que no cumplió la promesa de llevarles al parque, alguna ocasión en que se quedó dormida haciéndoles llegar tarde al colegio, etc. Aunque en su momento estos errores puedan haberle hecho sentir culpable, seguramente los habrá olvidado, pero la observación los trae nuevamente al foco de su conciencia y, con ello, el sentimiento de haber hecho algo mal. Para aliviar esa sensación y para conseguir que su interlocutor no la juzgue demasiado duramente, intentará explicarse, justificarse: «*me he quedado dormida porque anoche me dolía la cabeza y no podía conciliar el sueño*», «*Tenía demasiado trabajo y no pude llevarles al parque*», etc. Con su justificación, lo único que logra es poner en claro cuál es el error real que ha cometido; hacerle saber al manipulador de qué falta concreta puede acusarla y, con ello, darle argumentos mucho más contundentes para que pueda herirla.

En este sentido, las frases del tipo: «*eres un desastre*», «*contigo no se puede convivir*», «*eres un mal padre*», «*eres una irresponsable*», son claramente manipulativas.

«*Las críticas no se ceñían a dificultades domésticas o a mi relación con él sino que, además de ser mala madre y mala esposa, yo era una persona desagradable, poco atractiva, atropellada en mi manera de pensar, poco diplomática, demasiado ingenua, excesivamente generosa a veces y mezquina otras. En suma, yo no servía para nada.*»

- **Dan a entender que el error puntual es una costumbre.** El manipulador emocional convierte cada error en un rasgo de carácter y da a entender que la persona a la que critica jamás actúa de la manera correcta sino cometiendo siempre el mismo fallo. Por lo general utiliza frases del tipo: «*Siempre tienes que estropearlo todo*», «*Nunca me haces caso*», «*Constantemente estás buscando irritarme*», «*Jamás pones nada en su sitio*». Gracias a ellas, los errores puntuales, que nadie está exento de cometer en algún momento, son rápidamente convertidos en fallos generales, personales y de conducta que, según da a entender, produce la víctima ineludiblemente. Es habitual que las críticas que comienzan con adverbios de tiempo (siempre, nunca) o de cantidad (todo, nada) sean manipulativas.
- **Utilizan el supuesto juicio de terceros.** Para reforzar la crítica, a menudo utilizan el nombre de terceros que, según insinúan, opinan lo mismo que él: «*Tu familia tiene razón cuando dice que eres insoportable*», «*Nadie te aguanta*». Lo más seguro es que ninguna de esas afirmaciones sea cierta.

Además, es muy propio de quienes manipulan de esta forma, negarse a aceptar cualquier tipo de disculpas. Con ello consiguen que en ningún momento la víctima pueda aliviar su carga; que se encuentre cada vez peor, más culpable, menos capaz y más frustrada.

«A pesar de sentirme agotada, le daba la razón y reconocía que estaba fallando, pero aceptar mi culpa no servía para nada porque seguía machacándome. Cada vez que le decía que sentía muchísimo lo que había hecho, me respondía: "no lo sientas; sencillamente, no lo vuelvas a hacer". ¡Como si fuera fácil!...»

La forma más fácil de constatar si las intenciones de quien hace una crítica son sanas o perversas es obligarle a definirla mejor, a especificar concretamente cuál es el error que se ha cometido. Esto no debe hacerse desde una actitud de altanería sino, más bien, como si pudiera tener razón: *«Es probable que sea un desastre, pero ¿concretamente en qué?»*, o bien: *«¿Crees de verdad que nadie me aguanta? ¿Qué te hace pensar eso? ¿Te lo ha dicho alguien?»*.

Si la intención no ha sido ayudar sino descalificar, el crítico verá que su juego no funciona y eso, posiblemente, hará que su nivel de agresión aumente, que muestre una mayor violencia. Al verse descubierto o sin armas, al no poder conseguir su objetivo (que es que su víctima se sienta mal y se justifique), lo que hará será irritarse y atacar por otras vías.

Amenaza de ruptura

Mi relación con Henry no tuvo un buen comienzo ni creo que vaya a tener un buen final. Le conocí en la empresa donde trabajo, una multinacional de productos médicos.

Hace cinco años le habían trasladado a mi ciudad, desde la sucursal de Boston, con el cargo de director financiero. Aunque estaba casado y sin hijos se vino solo porque su mujer estaba haciendo el doctorado en derecho y, de haberse trasladado, lo hubiera tenido que interrumpir. En caso de que él se adaptara y le fueran bien las cosas ella vendría una vez que lo hubiera terminado.

Cuando llegó a la oficina recuerdo que se comentó que era muy simpático y agradable; nos cayó bien a todos y, como es lógico, empezaron las bromas. Él parecía una especie de niño grande, sonriendo todo el tiempo y no enterándose demasiado de la fiesta, pero lo que más nos llamó la atención fue el trato de igual a igual que mantuvo desde un primer momento con todos los empleados. Dado el cargo que tenía eso era muy inusual.

Un martes, cuando aún no llevaba un mes aquí, coincidimos en el ascensor a la hora de salir. Como esa tarde tenía clase de alemán, llevaba un par de libros para hacer traducciones y al verlos, sonrió y me preguntó en alemán si hablaba esa lengua. Le contesté que sí pero que lamentablemente no tenía ocasión de practicarla a menudo. «Eso tiene solución –me dijo–; podríamos quedar un par de veces por semana para charlar. A mí me vendrá muy bien porque, salvo con mi madre, tampoco tengo ocasión de hablar con nadie. Ella vivió hasta los 20 años en Berlín y luego se vino a América, pero se tomó el trabajo de que sus hijos fueran bilingües.»

Quedamos en reunirnos miércoles y viernes a mediodía, después de comer, en esa hora muerta donde no hay tiempo para ir a ningún lado. ¿Qué mejor manera de aprovecharla?

Al principio me hacía muchas preguntas sobre la ciudad, la historia del país, las costumbres, y las comparaba con las de Boston, su tierra natal. Tácitamente evitábamos los temas personales y pienso que el hecho de tener alguien con quien hablar, aunque fuera con la excusa de practicar el alemán, le venía muy bien para integrarse.

A los tres meses, en diciembre, se fue a pasar las navidades a Estados Unidos y, cuando volvió, ya no era el mismo. Estaba apagado, deprimido, y al principio no comentó absolutamente nada de su viaje. En una de las charlas me dijo que no sabía si quedarse o volver a su país, cosa que me sorprendió ya que, hasta ese momento, se había sentido especialmente cómodo aquí, contento con la gente y muy bien en la empresa. Yo le pregunté en broma si tan mal le habíamos tratado, y él, con bastante dificultad, me contó que su mujer le había propuesto que se separaran. Al parecer, ella alegó que ya no estaba enamorada y que no era feliz en el matrimonio.

Desconcertado, me pidió mi opinión respecto a irse o no y le dije que, según mi parecer, lo mejor que podía hacer era respetar la decisión de su mujer y aprovechar la distancia para encajar la ruptura lo más rápidamente posible; que cuando alguien dice no estar enamorado, poco hay que hacer, pero también le aclaré que esa era una decisión muy personal, que no me atrevería a decir nada más al respecto. Ni conocía a su mujer ni sabía qué era lo que él sentía.

Durante un tiempo esperé a que en cualquier momento viniera a despedirse, pero no fue así; por lo visto resolvió que era mejor quedarse.

Con el correr del tiempo nos fuimos acercando más, conociéndonos mejor y ampliando nuestras horas de práctica de alemán a las tardes de sábado y domingo, ya que para él eran las más deprimentes porque no tenía nada que hacer y le daba muchas vueltas a la cabeza. A veces venía a comer a casa de mis padres y, aunque mi madre me decía que a mí él me gustaba, yo prefería verle sólo como un buen amigo. Sinceramente pienso que no me atrevía a desear algo más por miedo a no conseguirlo; él seguía hablándome de su mujer, recordándola y sufriendo por la separación y eso me frenaba bastante.

No sabría explicar claramente cómo, pero cierto día que estábamos en su casa, terminé en sus brazos. Todo fue muy natural, en absoluto premeditado, y lo que ocurrió entre nosotros esa tarde me hizo ver que mi madre tenía razón; estaba completamente enamorada de Henry. Él parecía contento y tranquilo, pero antes de marcharme me dijo que no quería comprometerse, que en el fondo aún esperaba que su mujer quisiera volver con él, que lo que acababa de suceder había sido un lamentable error. Me aseguró que no quería hacerme daño y que yo era importantísima en su vida. Todo esto me dejó muy confundida; como le dije, ya era bastante mayorcita como para aceptar las consecuencias de mis propios actos.

A pesar de todo lo que había dicho esa tarde, a partir de entonces la relación entre nosotros cambió. A menudo me quedaba a dormir en su casa aunque, más frecuentemente, él se quedaba en el piso donde yo vivía. Cuando estábamos solos o con mi familia, nos comportábamos como una pareja; sin embargo, dado que en la compañía eso se prestaría a murmuraciones y comentarios, durante bastante tiempo preferimos mantener la relación oculta. En las horas de oficina nos tratábamos como simples compañeros, aunque más de uno, observando las miradas y los gestos, podía imaginarse lo que ocurría.

En un principio esta norma me pareció prudente, pero cuando llevábamos seis meses durmiendo a diario en su casa o en la mía, esa situación empezó a exasperarme. No nos habíamos casado, pero éramos una pareja muy bien establecida y no veía la razón para que ocultáramos nuestro vínculo si con ello no hacíamos mal a nadie. Aun así, respetaba que Henry quisiera mantener lo nuestro fuera de la empresa.

Solía compararme con su mujer que, a sus ojos, era perfecta, y como yo quería mostrarme fuerte a sus ojos, ya que él estaba, al parecer, lleno de miedos, no protestaba al respecto, sino que intentaba distraerle, hacérsela olvidar, tomar estas comparaciones como algo lógico y sin ninguna malicia. Sin embargo con el tiempo su costumbre empezó a irritarme cada vez más y ahora, apenas lo soporto.

Cada tanto le daban lo que llamábamos «domingos melancólicos»; se quedaba toda la tarde tumbado en el sofá de su casa, porque cuando le ocurría esto no quería venir a la mía con cara de amargura pensando en Boston (es decir, en ella). Yo me sentaba a su lado, le hacía compañía pero para él era poco más que una estatua; ni una mirada, ni un gesto. Nada. Sólo él con su pena y sus recuerdos. En esas situaciones no podía marcharme a casa porque entonces decía que mejor lo dejáramos, que me hacía sufrir, que se sentía fatal por arruinar mi vida; sin embargo, era incapaz de hacer nada por salir de su melancolía. Esto, naturalmente, sólo le ocurría mientras estábamos a solas, ya que cuando había gente era el alma de la fiesta: simpático, divertido y buen conversador. Si contara a quienes le conocen que Henry es depresivo, seguro que no me creerían.

Al año y medio nos fuimos a vivir formalmente juntos; él dejó su apartamento y se vino al mío. Decidimos hacerlo así ya que en los últimos cuatro meses era él quien pasaba más tiempo en casa, ya que está mejor montada, y no tenía sentido pagar dos alquileres. No obstante decidimos mantener nuestra relación en secreto de cara a la empresa. Mejor dicho: él lo decidió; a mí me hubiera gustado poner la situación en claro, pero alegaba que ya había visto cómo otros compañeros en USA habían tenido problemas por cosas similares y que, una vez obtenido el divorcio nos casaríamos y con ello se terminarían todos los problemas. Eso me desconcertaba, me confundía, porque tan pronto hablaba de que en un futuro nos casaríamos como tan pronto decía que lo nuestro era provisional y hacía planes para cuando volviera a su país.

Salvo por sus raptos de humor negro, de depresión, en la convivencia no había mayores problemas. Una y otra vez me decía que él no servía para la vida de casado, que lo mejor que podía hacer era buscarme alguien más a mi medida, que me mereciera y con quien pudiera vivir feliz, tener hijos, formar una familia. Le sugerí que consultara a un psicólogo, que hiciera algo por mejorar su humor, por evitar esos estados de angustia que le asaltaban pero nunca quiso hacerme caso.

Otra cosa que me molestaba horrores es que, llevando tanto tiempo juntos, jamás le hubiera hablado de mí a su familia. En Estados Unidos seguían creyendo que él vivía solo, que no tenía ninguna relación estable y, en más de una ocasión, le sugerían que buscara una buena chica para rehacer su vida.

Cierto día llegó la carta de un abogado anunciándole que se había presentado una demanda de divorcio. Inmediatamente llamó por teléfono y así se enteró que su mujer había conocido a un hombre, que estaba muy enamorada y se quería volver a casar. La noticia le sentó fatal y sacarle de su ensimismamiento me costó Dios y ayuda, pero en el fondo me alegré ya que eso significaba que él era definitivamente libre, que ya no habría que ocultarse, que ya no le cabrían más esperanzas de volver con ella y por eso seguramente pondría más empeño en nuestro vínculo.

Lamentablemente me equivoqué: empezó a culparse por haberse quedado en lugar de volver a Boston, donde, según decía, estaba su lugar. Lo peor era que, indirectamente, me hacía a mí responsable; como si yo hubiera tenido algo que ver con que su mujer hubiera decidido dejarle, se hubiera vuelto a enamorar o quisiera casarse otra vez. En alguna ocasión me echó en cara el no haberle empujado a volver a Estados Unidos.

De esto han pasado cuatro años. En la empresa seguimos jugando a las escondidas y no pasan diez días sin que hable de irse, de terminar con la relación. Algunas veces dice que no soporta hacerme infeliz, otras, que extraña a los suyos o que no se adapta a este país. El caso es que hago lo imposible por verle bien pero jamás lo consigo.

Nuestra relación gira alrededor de sus dramas y yo me siento como vacía. Nunca un gesto amable, nunca una palabra de aliento cuando la que se siente mal soy yo, jamás un halago. Y si se me ocurre pedir aquellas cosas que necesito, ya sea algo tan simple como que me prepare un té porque estoy agotada, o dejar de ocultar nuestra relación porque me siento como si fuera delincuente, en esos momentos lo único que atina a decir es que lo que mejor es que nos separemos. Cuando algo no le gusta, le molesta o le incomoda... recurre a la inminente separación. Y eso me hace polvo porque siento la relación como prendida con alfileres, pronta a terminar en cualquier momento.

Llevo varios años viviendo con el fantasma de la ruptura a cuestas; con miedo a pedir lo que se supone que debiera recibir de mi pareja, porque ante ello su respuesta es: «esto se acabó». De hijos ni hablar. Cuando se va por navidades jamás me permite acompañarle; tampoco los domingos, cuando va a jugar al tenis. Sólo somos pareja ante la portera de mi casa y ante mi familia; ante el resto de la sociedad, apenas si somos amigos. Y estoy cansada. Le quiero, estoy enamorada de él, pero ya no puedo más. He perdido la alegría, me he vuelto como él: depresiva, amargada.

Hace más o menos un mes le dije que quería tener un hijo. Empezó como siempre: que él no estaba preparado, que disfrutáramos de la relación y punto, etc. Pero, por primera vez, no me dejé convencer; seguí insistiendo. Entonces, también por primera vez le vi enfadado; me acusó de no comprenderle, de ser egoísta, de todo lo que se le vino a la cabeza y, como punto final, me dijo que se marcharía al día siguiente. Me pilló tan harta en ese momento que estuve de acuerdo en ello y le aseguré que también creía que eso sería lo mejor.

Para mi sorpresa, han pasado 30 largos días y aún está aquí, sin dar siquiera muestras de querer moverse. Llega y se sienta a mirar la tele como un autómata, con expresión trágica. Pero ya no me engaña. Si quiere irse, que se vaya y si no cambia en poco tiempo, seré yo quien le pida que busque otro lugar donde vivir. Ahora que he tomado esa decisión, empiezo a sentirme bien, fuerte, como antes; ya no estoy todo el día nerviosa pensando que esto se termina. He dejado de tomar las pastillas porque quiero un hijo; si él no quiere hacer de padre, no es para mí ningún problema. Ya tengo 32 años y es hora.

Francamente, lamento enormemente no haberme dado cuenta de cómo era él a su debido tiempo; me hubiera ahorrado muchos disgustos y, tal vez, ahora podría contar con un compañero de verdad, con una familia.

* * *

Una persona que está segura de sí misma, que tiene conciencia de su fuerza y de su valor, difícilmente soporta una situación de malos tratos; o bien se defiende utilizando las armas legales que tiene a su alcance, o pone tierra por medio con el agresor. Si por motivos económicos tiene que esperar un tiempo, lo hará procurando por todos los medios no exponerse a las agresiones, pero con la idea de que el soportar, lejos de ser «para toda la vida», es una circunstancia temporal a la que va a poner fin en cuanto pueda.

Dentro de las seguridades que pueden desearse para sentir que la vida transcurre por los cauces correctos, se puede incluir la de saber que no hay nada que amenace la pareja, que no hay una ruptura al principio ya que, en caso de que ésta llegara a sobrevenir, exigiría meses de dolor para ser asimilada, así como la necesidad de reestructurar el futuro.

La manera en que algunas personas buscan controlar a otra con la que tienen una relación sentimental es crear inseguridad con respecto a la duración del vínculo. Lo consiguen haciéndolas vivir siempre bajo la amenaza de que, en un momento más o menos próximo, la relación llegará a su fin.

Una de cal, otra de arena

El intento de dominación mediante la amenaza de abandono a veces se produce desde los primeros días del cortejo. Éste se inicia con el típico flechazo al que sigue un gran despliegue de gestos afectivos como miradas intensas, galanteos, marcado interés en descubrirse el uno al otro, etc. Durante varios días, los encuentros son constantes; ambos pasan muchas horas al día charlando, contándose su vida y comprobando qué puntos tienen en común. Rompen la distancia física y se dan pequeños toques con las puntas de los dedos o se cogen de la mano. Puede decirse que muestran una marcada actitud de conquista o de enamoramiento.

Pero un buen día, uno de ellos toma una inexplicable distancia. No interrumpe los encuentros, pero se comporta fríamente. Deja de dar muestras de afecto, rehuye la mirada y evita el contacto físico por mínimo que sea. Y todo ello sin que haya nada evidente que lo justifique.

Como es natural, esta actitud desconcertará profundamente al otro miembro de la pareja que se esforzará en encontrarle algún sentido. No se podrá imaginar qué es lo que ha hecho para que el esquivo compañero no busque, como hasta hace unos días, el acercamiento, la intimidad. Si se lo llegara a preguntar, podría

135

recibir como respuesta que tiene miedo de volver a fracasar sentimentalmente, que no quiere hacerle daño, que las cosas van demasiado rápidas o demasiado en serio, que no está seguro de sus sentimientos o cualquier otra excusa. ¡Y eso si es que da alguna explicación! porque en estos casos lo habitual es no contestar, distraer la atención hacia otros problemas como el exceso de trabajo o las preocupaciones personales. Incluso podría negar que haya cambiado, diciendo que todo ello son puras imaginaciones de su compañera.

Este tipo de respuestas provocan un total desconcierto en la víctima; no sabe si seguir poniendo sus energías en esa relación que parecía marchar viento en popa, o retirarse dándola por finalizada. Pero como rara vez las ilusiones se abandonan a la primera dificultad, lo más probable es que intente tranquilizar a quien considera asustado y temeroso de ahondar más en el vínculo. Para ello le asegurará que, de momento, son sólo amigos; le dirá que tenga confianza, que no se preocupe por la posibilidad de hacerle daño y le rogará que le permita ayudarle.

Esa ayuda, por supuesto, consistirá en hacerle la vida fácil sin darse cuenta que el manipulador no está dispuesto a ser afectuoso ni a molestarse en lo más mínimo para que la pareja o el cortejo continúe. Así, el manipulador hará que víctima se muestre dispuesta a cargar con todo el peso de la relación y, si las cosas salen bien o salen mal, la culpa será exclusivamente de ella.

Si decide darle a su maltratador el tiempo suficiente para que pierda esos supuestos miedos que dice tener, es porque en los primeros días de encuentros ha visto que él es capaz de una gran ternura, de mostrarse apasionado y cariñoso, y explica su repentino cambio pensando que se debe a ciertos bloqueos que le impiden expresar habitualmente sus sentimientos.

El pensar así entraña un gran peligro porque equivale a relacionarse con la persona que podría ser una vez que supere sus miedos o problemas (si es que realmente los tiene y no es eso una excusa) en lugar de relacionarse con la persona tal y como es (fría, distante, egocéntrica y manipuladora).

La relación que se establece no es equitativa ya que uno muestra un claro deseo de continuar en tanto que el otro, tan pronto tiene actitudes que permiten pensar que le interesa el vínculo como presenta otras que anuncian una inminente retirada. La víctima de este comportamiento perverso vive en la inseguridad de poder ser abandonada en cualquier momento y, para evitarlo, hará esfuerzos y concesiones desmedidas a favor de la otra que, lejos de calmarlos, los alimentará para tener un dominio cada vez mayor de la situación.

¡A VER CÓMO TE LAS ARREGLAS!

En los últimos años la mujer se ha ido incorporando cada vez más al ámbito laboral y hoy ya son muchas las que no dependen económicamente del marido, que cuentan con su propio sueldo y que, llegado el caso, podrían vivir solas y mantener a sus hijos. Pero por ejemplo en España, según las estadísticas, sólo trabaja fuera de su hogar un 60% de las mujeres casadas; las demás han dedicado todo su tiempo al cuidado de la casa y de la familia durante años y no han tenido oportunidad de prepararse para lo que la sociedad hoy les ofrece.

Además de no tener un medio propio de subsistencia, les resulta casi imposible conseguir un trabajo dada su falta de conocimientos, del tiempo transcurrido fuera del mercado laboral y de la baja autoestima que presentan. Se preguntan qué podrían hacer, quién las querría contratar y la única respuesta que obtienen es el silencio.

En estos casos, la posibilidad de abandono por parte de sus maridos representa no sólo una amenaza para su equilibrio afectivo sino, también, para su supervivencia.

Quienes conviven con un maltratador y se hallan en estas condiciones deben aguantar insultos, violaciones maritales, humillaciones e incluso agresión física sin posibilidad alguna de defenderse, porque si bien responden a la agresión o intentan ponerle límites, se encuentran con otra hacia la cual sienten no tienen defensa: la amenaza de separación. ¿De qué vivirán si su marido las abandona? ¿Cómo sacarán adelante a sus hijos? ¿Quién pagará el alquiler y la comida?

Rara vez estos maltratadores tienen intención de abandonarlas, más bien, todo lo contrario. Aunque las amenazas de ruptura sean continuas y a lo largo de años, la experiencia demuestra que la violencia más cruel suele desatarse, precisamente, cuando es la víctima la que decide liberarse, ya sea mediante una separación o preparando el terreno para ello a través de la búsqueda de un empleo.

El abandono es utilizado como arma para tener más dominada a la pareja, ya se trate de hombre o mujer; para tenerla esclavizarla y a su servicio. En el caso de víctimas femeninas que cuentan con más de 45 años, el valor de esta amenaza se ha reforzado creándoles, durante años, la idea de que sin ellos no son nada, que no pueden salir solas adelante y que su lugar está en la casa y al servicio de la familia. Sin embargo la realidad demuestra, otra vez, todo lo contrario: la mayoría de las mujeres que han podido salir de ese encierro, que han logrado romper la dependencia emocional y separarse de su agresor, se han recuperado a sí mismas, han podido mantener a sus hijos y han comprendido que es posible tener una vida mejor.

Es importante señalar que actualmente los gobiernos de casi todos los países de occidente están dictando leyes que favorecen la inserción laboral de la mujer; ya sea dando subvenciones a empresas que contraten personal femenino, propiciando la formación de empresas a mujeres u ofreciendo ayudas a quienes contraten personal femenino mayor de 45 años. En otros, se ha asignado un sueldo al ama de casa.

Estas medidas de discriminación positiva tal vez no sean las más idóneas; hoy, por el hecho de ser mujer, en algunos países es posible conseguir un empleo más rápidamente ya que las empresas pueden gozar de ciertos beneficios si lo hacen. Esto indigna a gran parte del colectivo masculino ya que las creencias no han cambiado lo suficiente y la sociedad sigue esperando que sea el hombre quien mantenga económicamente a la familia. Pero todo cambio social, hasta que se estabiliza, propicia injusticias y problemas que sólo el tiempo y la educación de las futuras generaciones pueden solventar.

Otro problema es que de estas ventajas se benefician casi exclusivamente las mujeres que viven en las grandes urbes; las que se han criado en pequeños pueblos con pocas salidas laborales aún no gozan de este beneficio, y las que viven en medios rurales, normalmente, han trabajado toda su vida.

Un fantasma entre ambos

Las argucias que pueden emplearse a fin de crear inseguridad, que, en última instancia, sirven para tener dominado al compañero, son múltiples. Sin embargo, algunas situaciones se prestan más que otras para que la relación se establezca, desde los inicios, de forma no igualitaria. Entre estos casos se cuentan aquellos en los que uno de los miembros tiene otra pareja o bien acaba de sufrir una ruptura y aún se siente ligado a la persona que le ha abandonado. Esto no significa que todo el que inicie un vínculo sentimental tras un reciente divorcio lo haga con la intención de maltratar o abusar de su nueva pareja, pero sí es cierto que esta circunstancia puede propiciar el uso de la amenaza de abandono como método de coerción.

Hablar de las relaciones anteriores libremente con el compañero es síntoma de confianza, pero repetir una verdad que duele reiteradamente, hasta el hartazgo, ya no se puede tomar como señal de honestidad sino de agresión. Una cosa es mencionar detalles de la pareja anterior y otra, muy diferente, es tener presente a la ex las 24 horas del día y, mucho menos, establecer comparaciones:

«Solía compararme con su mujer que, a sus ojos, era perfecta. Como quería mostrarme fuerte a sus ojos, ya que él estaba, al parecer, lleno de miedos, no protestaba al respecto sino que intentaba distraerle, hacérsela olvidar. Sin embargo con el tiempo su costumbre empezó a irritarme cada vez más.

Estas comparaciones, sobre todo si son desfavorables y si se establecen sobre alguien que uno no conoce o que puede despertar celos, provocan muchísimo daño. Cuando se hacen en un marco emocional, lamentando la pérdida de una relación anterior, resultan ofensivas y no aportan nada positivo a la persona ni a la pareja; más bien todo lo contrario. Al hacerlo, es como si se dijera: *«estoy contigo pero, a quien quiero en realidad, es a mi antigua compañera».*

Este tipo de situaciones en la que un ex está siempre presente, al menos en recuerdo, rompen por completo la intimidad y son, también, una forma de maltrato; una agresión disfrazada de confianza. En muchos casos, como en el del testimonio, a la víctima le resulta muy difícil defenderse, ya que, si lo hace, puede recibir la acusación de ser poco comprensiva, poco amable, de no preocuparse por las dificultades del compañero, de falta de solidaridad.

Las muestras de dolor de Henry, siguiendo ese ejemplo, le permiten ocupar el lugar del sufriente y obligan a su pareja, que es quien siente su futuro amenazado, a convertirse en cuidadora, en una persona que le ayuda olvidándose de sí misma y del dolor y ansiedad que le causa la actitud de su pareja. Esta es, evidentemente, una manipulación emocional que le libera a él de cualquier compromiso a la vez que le provee una esclava.

Iniciar un vínculo afectivo con la amenaza de que, en cualquier momento, el otro cae en brazos de su novio o novia anterior, es algo que nadie debiera admitir ni tolerar. Es aceptar, desde los comienzos, una relación en la cual el otro siempre pondrá menos, se dejará querer pero estará demasiado ocupado en «resolver» las secuelas de su relación anterior (o presente, como sería el caso de un hombre casado). A nadie le conviene estar dispuesto a recibir «las migajas de un pastel» que, a todas luces, se está cocinando para otra persona.

Aunque con el tiempo es posible que la nueva pareja se convierta en alguien mucho más importante que la persona con la cual se ha roto, si esto no ocurre durante el primer año, está claro que nunca va a suceder. Seguir recordando después de ese tiempo a un ex ausente indica que se han establecido roles precisos, formas muy poco sanas de relación y que lo único que se puede esperar son sólo pequeños avances.

A veces, la supuesta depresión que ha producido el abandono anterior es utilizada para no comprometerse, para seguir tomando la relación como algo pasajero a fin de que la otra persona soporte, con paciencia y generosidad, cualquier injusticia con tal de que el vínculo continúe. Quienes ejercen este tipo de presiones suelen ser personas que sienten satisfacción al ver que alguien se desespera por conseguir su afecto, que les aman lo suficiente como para aguantar cualquier maltrato.

Algunos utilizan la amenaza de ruptura como termómetro para ver hasta qué punto su pareja se desespera, lo cual indicaría hasta qué punto les quiere, como si con ello la pusieran a prueba.

¿CUÁNDO EL DESEO DE RUPTURA ES MALTRATO?

A veces las parejas pasan por períodos en los cuales, uno u otro, no está lo suficientemente satisfecho o no está seguro de lo que siente por su compañero. Es probable que, entonces, plantee su deseo de separarse, de tomar distancia o de romper definitivamente y eso no tiene por qué constituir una agresión.

Pero hay que tener en cuenta dos factores:

- Si la amenaza de ruptura es un recurso frecuente, estamos ante la presencia de malos tratos. Es necesario saber que si a alguien no le compensa una relación, más tarde o más temprano terminará por romperla. Los ruegos, las promesas de cambio, el pedir perdón por culpas insignificantes o inexistentes, sólo darán a quien utiliza este tipo de manipulación la seguridad de que, amenazando, conseguirá todo cuanto quiere.
- Cuando a una persona que amenaza constantemente con separarse se le dice «adelante, estoy de acuerdo», lo que suele suceder es que no vuelva a utilizar la ruptura como medio de coerción.

La seguridad y la entrega del compañero nunca se logra mediante un constante sacrificio, gracias a una infinita comprensión de sus debilidades o de su imposibilidad de no expresar claramente sus sentimientos; se consigue siendo uno mismo, estando atento a otros deseos en lugar de centrarse en complacer a quien escatima toda muestra de afecto o de ternura.

Si algún día los animales se pusieran delante de los cazadores dispuestos a sacrificarse, a dejarse matar sin huir ni presentar ninguna dificultad, es seguro que este deporte no volvería a practicarse. Porque rara vez el ser humano valora lo que es fácil o lo que es «gratis», en términos de esfuerzo. Si la relación no le implica, no le exige nada, si obtener un trato de favor no le obliga a la más mínima reciprocidad, lo más seguro es que termine desvalorizando completamente a esa pareja que tan abnegada se muestra y termine buscándose a otra que le aporte más.

La utilización
de los hijos

En el octavo piso de mi edificio, es decir debajo del mío, vivía Marisa; una mujer pequeña, nerviosa, que siempre tenía una mirada entre asustada y cohibida. Cada vez que el ascensor se detenía en su planta, al abrir la puerta se apresuraba a pedirme perdón, confusa, haciendo entrar rápidamente a sus tres niños y sonriendo forzadamente al tiempo que decía: «Cabemos todos, ¿verdad?»

En cuanto empezábamos a descender, si yo iba con mi hija ella iniciaba un breve interrogatorio: «¿Qué tal el colegio? ¿Te dan mucho para estudiar? ¡Tienes cara de ser muy inteligente!» o algo más o menos parecido que se prolongaba hasta que llegábamos a la planta baja. Si uno de sus hijos se movía o tocaba los botones, cosa normal en los niños, interrumpía las preguntas inmediatamente y ponía cara de desesperación, de angustia, de no saber dónde meterse al mismo tiempo que le decía al pequeño que no hiciera esas cosas. No con violencia sino como alarmada, como si el ascensor estuviera a punto de caer al vacío.

A mí su comportamiento me llamaba mucho la atención, me daba la sensación de que no se sentía capaz de enfrentarse a ocho pisos en silencio y que temía que yo la reprendiese o regañara a sus hijos.

Cierto día que había bajado al parque la vi sentada en uno de los bancos y me puse a su lado. Al verme, su cara se iluminó con una sonrisa y nos pusimos a charlar de lo mucho que había encarecido la vida, del colegio de los niños y de algunos problemas de la comunidad de vecinos.

Al comentarme que no me veía mucho por el barrio, le conté que durante la semana trabajaba en el hospital; salía muy temprano de casa y volvía, más o me-

nos, a la hora en que todo el mundo estaba comiendo. «¡Suerte que tienes! —me dijo–, yo soy economista y he trabajado desde muy joven, pero cuando me casé, mi marido decidió que lo mejor era que me quedara en casa al cuidado de los niños ya que mi sueldo no hacía falta».

Le respondí, con cuidado, lo habitual en estos casos; es decir, que por una parte le envidiaba el poder estar con sus hijos todo el día pero también que entendía que, cuando se tiene una profesión que se ha elegido, no se trabaja tanto por el dinero como por el placer de ejercerla. Como tengo cierta tendencia a meterme donde no me llaman, le sugerí que convenciera a su marido y se buscara un empleo ya que eso sería, sin duda, beneficioso para ambos; que tal vez ya hubiera llegado el momento de hacerlo porque su hijo más pequeño tenía seis años y de ocho de la mañana a cinco de la tarde estaban todos en el colegio.

Me miró alarmada, como si le hubiera recomendado prender fuego a la casa de gobierno, y me dijo que no había manera. Ante eso, no insistí y como ya no sabía de qué hablar y se había hecho un silencio incómodo, me despedí, llamé a mi hija y volví a casa.

A partir de entonces la he visto muchas veces, sobre todo los sábados por la mañana que es el día que suelo hacer las compras para toda la semana. Y siempre igual: con los tres niños pegados a ella, cargada de bolsas del supermercado, nerviosa, corriendo de un lado para el otro como si estuviera a punto de perder el tren. ¡Vaya estrés que tiene la pobre Marisa! –pensé.

Con su marido me he cruzado menos veces que con ella; es un hombre que siempre va muy erguido, rubio, alto y delgado, pero, sobre todo, muy serio. Correctísimo, sí, pero nada sociable. Alguna que otra vez le he visto salir de casa vestido con ropa de equitación: botas, chaqueta, pantalones y casco en la mano.

Una noche, a las 11, tocaron el timbre. Mi marido fue a abrir la puerta y era Marisa que preguntaba por mí. Aunque la hizo pasar ella se quedó en la entrada, pegada a la puerta. Estaba pálida, desencajada y temblorosa. Le pregunté qué le ocurría y me dijo que el corazón le latía muy raro y, como había recordado que yo era enfermera, antes de irse al hospital miró si había luz en mi salón y decidió tocar el timbre; que por favor la disculpase, que no quería molestar pero que estaba muy asustada.

La convencí para que entrara y se sentara en el sofá al tiempo que hice señas a mi marido para que nos dejara solas y me dispuse a tomarle la tensión. Efectivamente, se le había disparado.

Preocupada le dije que, si se sentía más tranquila yendo al hospital, yo o mi marido podíamos quedarnos a cargo de los niños de forma que pudiera acompañarla su esposo. Al oírlo se echó a llorar. «Es que mi marido se ha ido llevándose a mis niños» –me dijo. Extrañada, le pregunté a qué hora volvía, pero ella repetía solamente: «se los ha llevado».

Le di un tranquilizante suave y, poco a poco fue calmándose; entonces le pedí que me explicara lo que había ocurrido.

«Desde hace mucho tiempo me viene amenazando con que un día me quita los niños; coge un avión y se los lleva fuera del país. Como él viaja mucho, tiene conexión con empresas extranjeras, así que siempre supe que, si lo hacía, yo no tendría modo de saber dónde estaban. Tanto es así que en cuanto mi hija, la mayor, tuvo cuatro años, me pasaba las tardes enseñándole el número de teléfono de casa, el país y la calle en que vivimos, diciéndole que si se perdía me podía localizar de esa manera.

Anoche le pedí dinero para la compra; él me da un poco todos los días y, francamente, tengo que hacer malabarismos porque nunca me alcanza. Cuando le dije que necesitaba más, me contestó que ni hablar, pero como quería darles algo a los chicos porque esta mañana iban de excursión con el colegio, me atreví a insistir. Como siempre, no dijo nada ni me dio el dinero, pero supe que le había molestado. Él es así, muy estricto para todo.

Cuando los niños salieron para ir al colegio, les di un poco de lo que tenía para la compra. No era mucho, pero para que se compraran cualquier cosa.

Al llegar su padre, le contaron que se habían divertido mucho y que habían comprado pipas y caramelos. Al oír eso, me echó una de sus miradas pero no dijo nada; sacó un billete del bolsillo y me pidió que trajera un poco de queso del supermercado.

Tardé diez minutos porque a esa hora el súper está siempre lleno. Cuando llegué, no estaban ni él ni los niños. Me extrañó, ya que nunca sale con ellos, pero supuse que como haría buen día, los habría llevado al parque o habría ido a comprarse algún libro antes de que cerraran. ¿Qué otra cosa podía pensar?

A las nueve y media empecé a inquietarme. Bajé para ver si estaban por ahí, le pregunté a los amigos de los niños si les habían visto en el parque, pero nada. Empecé a ponerme cada vez más nerviosa hasta que hace un rato fui al dormitorio para preparar las cosas para mañana y me encontré una nota sobre la cama. Se los ha llevado».

Rompió nuevamente a llorar, desesperada. Me preguntaba una y otra vez qué podía hacer y lo único que se me ocurría decirle es que, tarde o temprano, sus hijos la llamarían.

Cuando se tranquilizó un poco, la convencí de que lo mejor era que les esperara en su casa, que probablemente no fuera cierto sino que su marido sólo había querido darle un susto.

Finalmente subimos y me mostró la nota; le dije que esperáramos un par de horas y, si no aparecían, yo la acompañaba a la comisaría a poner la denuncia. También le pregunté si los niños tenían pasaporte y me dijo que no, al menos que ella supiera.

Yo no estaba segura de estar haciendo lo correcto, pero sí sabía que por la noche no suele haber muchos vuelos, de modo que pensé que lo mejor era esperar a que la pastilla le hiciera efecto, que se calmara un poco y acompañarla a denunciar los hechos.

Al sentir que ya no tenía nada que defender ni que perder, Marisa empezó a contarme aspectos de su matrimonio que me pusieron los pelos de punta; cosas que jamás le había dicho a nadie. No sólo era cuestión de haber soportado humillaciones sino, también, palizas.

En eso estábamos cuando oímos la llave en la puerta. Asustada, me hizo señas al tiempo que escondía la nota. Era, por supuesto, su marido que volvía con los tres niños.

Entró como si nada hubiera pasado pero los chicos, que parecían contentos, dijeron inmediatamente que habían ido a cenar a un restaurante. Lo que más me impresionó en ese momento fue el esfuerzo que tuvo que haber hecho esa mujer para no salir corriendo a abrazar a esos hijos que creía perdidos para siempre. Sí observé que, de tanto apretar los puños, tenía los nudillos completamente blancos.

Él empezó a pasar su mirada de mí a Marisa, como preguntando qué demonios hacía una vecina en su casa. Comprendiendo que mi presencia ahí iba a crearle un nuevo problema a la mujer, me apresuré a decirle que ella se había sentido mal y, sabiendo que yo era enfermera, había venido a pedirme un medicamento porque no creía que fuera necesario ir a urgencias.

Para que se anduviese con cuidado y no se le ocurriese hacerle nada, le expliqué que se le había disparado la tensión, que yo se la había tomado, y que si se sentía mal por la noche lo mejor que podía hacer era llevarla a un centro de urgencias inmediatamente. Que si eso sucedía podía llamarme para quedarme con sus hijos mientras la acompañaba al hospital o, si prefería, la llevaba yo a la clínica donde trabajaba. Me dio secamente las gracias y sólo preguntó si necesitaba darle algún medicamento.

A partir de ese episodio busqué la ocasión de hablar con Marisa pero siempre me rehuía. Por fin un domingo pude abordarla en el parque. Los niños estaban en los columpios de modo que podíamos charlar sin problemas.

Le pregunté qué tal iban las cosas, bajó la cabeza y no me contestó. Traté de hacerle ver que no tenía por qué aguantar esa vida, pero ella parecía no darse cuenta; daba la sensación de que ni siquiera me escuchaba. Cuando le mencioné dos o tres cosas que me había relatado preguntándole si eso le parecía normal, intentó minimizarlas echándose la culpa de haber exagerado por lo nerviosa que estaba aquel día.

Como vi que no había manera, decidí apelar a los niños. Le dije que si su padre los separaba de ella, nunca se lo iba a perdonar porque sabía que eso les haría muy desgraciados. Que los niños no eran tontos y se daban perfecta cuenta de lo que pasaba y que, si no estuviera ella misma tan mal, podría ver con claridad lo que sus hijos estaban sufriendo a causa de su marido. Que ellos también tenían derecho a tener una vida feliz, con una madre contenta, fuerte, que los pudiera proteger de verdad en lugar de tener una madre asustada, que no puede ni con su alma. Que eso no era justo para ellos; si ella quería soportar lo indecible, no tenía derecho a hacérselo soportar a sus hijos. Además, que los hijos de padres maltratadores aprenden que la forma de vínculo marital es el maltrato; que pensase en el ejemplo que estaba dando a sus hijas mujeres y el que estaba tomando el niño de su padre.

Todo eso la hizo reaccionar; por primera vez me preguntó qué podía hacer en su situación y, como respuesta, le di el teléfono de un centro de ayuda a mujeres maltratadas. Allí le asesorarían, le dirían cuál era la mejor manera de arreglar las cosas.

Durante un par de meses la vi algunas veces pero no cambiamos más de un saludo porque siempre me decía que tenía mucha prisa. Me imaginé que su marido la habría amenazado con cualquier barbaridad en caso de que la viera hablando conmigo. Luego, dejé de verla; a ella y a los niños.

Como al año, una tarde me llamó por teléfono. Al principio no la reconocí; su voz no tenía nada que ver con la de la Marisa que yo recordaba. Lo primero que me dijo fue que quería darme las gracias por haberle mostrado una salida. Luego me contó, brevemente, que se había separado. Después de una paliza había llamado al teléfono que yo le había dejado y allí la habían asesorado, le habían dado alojamiento y atención psicológica hasta que había podido conseguir un trabajo y pagarse un alquiler.

La noté tranquila, madura; era realmente otra persona.

Sólo lamenté que no me invitara a tomar un café ni me propusiera encontrarnos, pero lo comprendo. Tal vez pasen meses, años, hasta que Marisa pueda volver a sentirse segura, hasta que pueda separar del horror las pocas cosas buenas o amables que hubo en su pasado.

* * *

De todo el arsenal de amenazas que se pueden dirigir contra una persona, las más terribles y paralizantes son aquellas que tienen que ver con sus hijos. Y ese suele ser el último recurso que se utiliza en el maltrato, el que se pone en juego cuando la víctima amenaza con escaparse, con huir del maltratador, con separarse.

Hay parejas donde los malos tratos surgen a partir de un incremento de las agresiones mutuas, de un aumento paulatino de la violencia derivado de la incapacidad de establecer acuerdos que permitan la convivencia. En estos casos, tanto al padre como a la madre les duele intensamente verse privados de la presencia cotidiana de los hijos tras la separación, de ahí que luchen por su custodia a brazo partido.

Sin embargo no es esto lo que ocurre en todos los casos.

Donde más duele

La amenaza de distanciamiento con los hijos es un arma habitualmente utilizada por los maltratadores a fin de mantener a sus víctimas paralizadas, impotentes, cumpliendo día y noche su voluntad y aguantando todo tipo de vejaciones.

Si bien hay casos, sobre todo de personas residentes en el extranjero, en los cuales uno de los cónyuges escapa del hogar con los hijos sin dejar el menor rastro. A pesar de lo común que es esta amenaza en la mayoría de los casos no suele cumplirse sino que solamente es utilizada como un elemento más de tortura.

Lo que le da credibilidad suelen ser dos realidades: por una parte, la mujer que no trabaja depende económicamente del marido y éste, habitualmente, podría contar con los medios necesarios para poder llevar esa amenaza a cabo, sólo que pocos se atreverían a dejarlo todo: trabajo, amigos, familia y empezar una nueva vida con los niños en otra ciudad. Por otra parte, muchas mujeres tienen un gran desconocimiento de la ley.

Hasta hace pocas décadas, en muchos países se consideraba que si una mujer se marchaba de su casa por la razón que fuera, hacía abandono de hogar y perdía gran parte de sus derechos. Hoy, en la mayoría de los países occidentales se considera un derecho, tanto de la mujer como del hombre, el marcharse de la casa e interponer una demanda de separación. Eso no pesa a la hora de resolver la tenencia de los hijos, menos aún si el abandono del hogar se ha debido a los malos tratos.

Para que el cese de la convivencia conyugal no sea considerado una falta, es necesario que la mujer se presente ante las autoridades para declarar las razones por las que está abandonando el domicilio. En todo caso, lo más apropiado sería consultar antes de hacerlo con un abogado o con una asociación de protección a la mujer a fin de saber, exactamente, cuáles son los pasos que debe dar, pero, si no se ha hecho en cualquier comisaría o juzgado de guardia pueden informarle de ello.

Lo importante es que los jueces no otorgan la custodia de los hijos a la persona que tenga en su haber varias denuncias por agresión física, aunque su situación económica sea favorable, a menos que la otra persona haya cometido delitos graves o que se evidencie que con ella los niños corren peligro.

Trabajar para el amo

Tengo 37 años y, si bien no me gusta quejarme, pienso que mi vida no ha sido fácil. Tal vez haya muchos que estén en situaciones peores que las mías, pero creo que la mayoría de la gente que conocí no ha tenido tantas dificultades.

Los problemas empiezan, según yo lo veo, desde antes de mi nacimiento. Ahora se habla mucho de lo importante que es haber sido un hijo deseado o no y a veces me pregunto si las cosas hubieran sido diferentes en caso de que mi madre y mi padre me hubieran querido tener. Y no es que culpe a mi madre, no; creo que la pobre hizo lo que estaba en sus manos, lo que sabía, lo que podía, lo que la dejaron hacer.

Con diecisiete años se enamoró de un chico que había llegado a la ciudad para hacer un curso de posgrado de agronomía, de un estudiante de esos a los que mi abuela les alquilaba la habitación del fondo y que, por lo general, se quedaban un año y luego no se volvía a saber nada más de ellos. Al parecer era muy guapo, pero no puedo asegurarlo ya que no lo he visto ni siquiera en foto. Lo poco que sé de él es por tía Pilar, ya que mi madre siempre se ha negado a hablar del tema.

Mantuvieron su romance a escondidas durante un tiempo; él le había prometido que en cuanto terminara el curso se irían juntos y se casarían en su pueblo. Imagino que eso, para ella, fue mucho más de lo que hubiera podido soñar.

Pero antes de que las clases finalizaran quedó embarazada. Según mi tía Pilar, un buen día se dieron cuenta de que el chico se había ido, sin despedirse siquiera, sin dejar una nota, sin terminar sus estudios, sin decir nada. La familia se preguntó qué habría sucedido y entonces mi madre, destrozada, no tuvo más remedio que hablar de su estado.

Según parece, mi abuela llamó por teléfono a los padres del muchacho, pero todo fue inútil; le respondieron que el chico no tenía nada que ver en el asunto, que vaya a saber de quién era el niño y que si había vuelto a su casa era porque le necesitaban en el negocio de su padre. En suma: «no queremos saber nada y no vuelva usted a molestar». De modo que, por ese lado, no hubo nada que hacer.

Para todos, mi llegada a este mundo fue más bien una tragedia que una bendición. Aunque amenazaran con echarla de casa yo nací ahí, de modo que podría decirse que me crió mi abuela, una mujer a la que su prematura viudez le había obligado a sacar fuerzas de donde sea y eso la había convertido en una persona dura y dominante.

Me aceptó a regañadientes, como una responsabilidad más, como una boca que no le correspondía alimentar, pero sé que sin sus cuidados nunca hubiera podido sobrevivir dado que mi madre, desde un principio, se desentendió por completo; cayó en un estado depresivo o algo así y no quería ni siquiera alimentarme. Aunque el médico recomendó ingresarla por un tiempo, mi abuela se negó y al tiempo, mi madre se fue recuperando.

Poco después de que yo cumpliera los tres años conoció a un hombre que empezó a cortejarla. Era panadero de un pueblo vecino y hacía dos que su mujer había muerto dejándole a cargo de un hijo pequeño. No sé si mi madre se había enamorado de él o no, pero muy probablemente haya pensado que una oportunidad así no se le volvería a presentar en la vida, que no era fácil para una muchacha soltera, con un hijo, encontrar marido; sobre todo en aquel entonces.

Después de que se casaran nos fuimos las dos a vivir a su casa. Los primeros recuerdos de esa época son muy vagos porque yo era muy pequeña, pero imagino que para mi madre, alejarse de la rigidez y reproches de mi abuela fue lo mejor que pudo pasarle en la vida.

Mi hermanastro, que tenía un año más que yo, fue el primer niño con el que pude jugar y las imágenes que tengo de los primeros años en esa casa, sobre todo aquellas en las que está él, son placenteras, agradables y divertidas. Las fotos que mamá nos hacía las fueron fijando en mi memoria. Con ella nuestra relación había mejorado mucho; nunca ha sido muy cariñosa pero creo que en el fondo me quería.

Al año y medio nació nuestro hermano, Víctor. Aunque los dos mayores ya íbamos al colegio, no recuerdo el momento de su nacimiento ni el embarazo de mi madre. Tampoco he oído decir que me hubiera mostrado celosa. Sin embargo Sergio, el hijo de mi padrastro, fue quien recibió de muy mal grado la llegada del nuevo integrante de la familia; empezó a mostrarse rebelde, a rechazar a mi madre y a tener problemas en el colegio.

Los problemas comenzaron cuando yo tenía unos diez años. La relación de mi madre con ese hombre a quien consideraba mi padre, poco a poco se fue deteriorando. Según he podido reflexionar después, ella quería irse a vivir a otro lado; era como si el pueblo le quedara pequeño, como si no soportara que allí conocieran su historia porque le diera vergüenza, o como si quisiera hacer otras cosas. Estaba todo el día nerviosa, nos chillaba por cualquier cosa, discutían todo el tiempo y, en más de una ocasión y durante esas disputas, decía que se iría conmigo. La idea de separarme de mis hermanos me aterraba.

Con el tiempo empezaron los golpes; muchas noches mi madre venía a mi cama, como si se sintiera protegida a mi lado, y se quedaba ahí hasta el amanecer, llorando. En ocasiones, él entraba enfurecido y nos insultaba a las dos.

Yo no terminaba de entender por qué su actitud hacia mí había cambiando tanto, aunque hoy supongo que esa era una manera de lastimarla a ella. Me trataba a gritos, no podía jugar porque inmediatamente me obligaba a barrer, a fregar, a hacer cualquier cosa con tal de fastidiarme. Sus castigos eran desproporcionados e injustos; jamás podía quedar con mis amigas ni, mucho menos, traerlas a casa. Pero lo que más me dolía era que una y otra vez dijera que yo estaba ahí y comía en su mesa gracias a su generosidad. Así, día tras día, año tras año.

Al principio mi madre me defendía, pero con el tiempo, es como si hubiera ido perdiendo las fuerzas, como si se hubiera apagado poquito a poco. Lo único que me pedía era que no le contestase, que hiciera lo que él me ordenaba que no la defendiese cuando él la humillaba. A veces, me echaba la culpa del malhumor de su marido; decía que bastante había tenido que sufrir para que ahora, por mi causa, no pudiera tener una vida tranquila.

El clima que se vivía allí, que yo creí que no podía empeorar, se fue emponzoñando cada vez más. Un par de veces me pegó porque sí, alegando que yo no lo respetaba y que ahí se hacía lo que él decía. Debo agradecer a mis hermanos que me lo quitaran de encima.

Cuando tuve 18 años mi padrastro tuvo que permanecer ingresado en el hospital por un problema de estómago. Como no se podía cerrar el negocio, me ocupé con mis hermanos de atender la panadería y allí conocí a Pablo, un chico de mi misma edad. Venía por las mañanas, cuando mis hermanos estaban en el instituto, y con la excusa de comprar algún bollo se quedaba un par de horas charlando conmigo.

Empezamos a salir y, como él también tenía sus problemas, desde el primer momento nos sentimos totalmente identificados.

Cuando mis hermanos se enteraron me dijeron que Pablo no me convenía, que no parecía trigo limpio y que me anduviera con cuidado, pero sus comentarios no impidieron que me enamorara perdidamente de él. A ellos les daba mala espina que él hubiera dejado los estudios y que se pasara tantas horas al día sin hacer nada, pero yo no me dejé convencer y en cuanto él consiguió un empleo como albañil, en el cual le pagaban bastante bien, nos casamos.

Todo fue muy rápido. Supongo que mis padres no pusieron ningún problema porque, en el fondo, ambos debieron haber pensado que mi alejamiento de la casa vendría bien a toda la familia, que les ahorraría peleas y disgustos.

Yo estaba como en una nube y pensé que por muy mal que fueran las cosas mi vida de casada no sería tan difícil como la que ya tenía. Confiaba en que saldríamos adelante, que ahorrando nos podríamos comprar un piso, tener hijos, ser felices y, si nos daba la gana, irnos a una ciudad mayor. A mi entender no pedía demasiado; nunca he sido ambiciosa. Para mí, la felicidad era una casa modesta y un compañero que me quisiera con el que luchar para ir mejorando poco a poco.

No tardé mucho en comprobar que mis hermanos habían tenido razón; a los dos meses de la boda dejó su trabajo con la excusa de que le pagaban poco. Yo entonces trabajaba en un taller de costura y pensé que, provisionalmente, podíamos mantenernos con mi sueldo de modo que acepté su decisión sin problemas.

Pero los meses fueron pasando y él, en vez de salir por la mañana a buscar algo, se quedaba durmiendo hasta el mediodía. Yo llegaba de trabajar y, corriendo, preparaba la comida, apenas me daba tiempo para comer un bocado cuando tenía que volver al taller. Por mucho que le insistiera en que se levantara conmigo, que hiciera algo, siempre tenía una buena excusa: cuando no era un dolor, estaba esperando el resultado de una entrevista. Hoy me cuesta entender cómo es que yo podía creerle toda esa sarta de mentiras. Por otra parte, con el dinero era un desastre: solía poner mi sueldo en una caja y casi nunca llegábamos a fin de mes. Tal es así que, cuando me concedieron un aumento preferí no contarle nada para tener, al menos, un resto con el que responder a las deudas.

Por las noches se iba por ahí. Decía que estaba nervioso, que su falta de trabajo lo tenía ansioso y deprimido, que no podía dormir y que necesitaba caminar para ver si le entraba el sueño.

Cuando abrieron un gimnasio en la ciudad, se apuntó con la excusa de que, al no estar en las obras iba a perder su estado físico, con lo cual resultaría más difícil aún que le contratasen. De modo que ahí se nos fue más dinero y él empezó a dormir por las mañanas, levantar pesas por la tarde y salir por la noche.

No sé cómo no terminaba de darme cuenta de que era un vago; pienso que, a lo mejor, era porque yo estaba tan cansada que no tenía energías ni para pensar. Pasaba ocho o nueve horas en el taller y, por lo general, traía a casa cosas para hacer así sacaba un sobresueldo. Para mí no existían los fines de semana; me los pasaba cosiendo botones, haciendo dobladillos o rematando ojales, con la espalda hecha trizas.

Cada vez que le decía a Pablo que, por favor, buscara un trabajo, se ponía furioso y me acusaba de ser como todas las mujeres: interesada y egoísta. Luego se calmaba y me decía que si consiguiera algo realmente bueno yo no tendría necesidad de mover un solo dedo; que lo que él quería era portarse como un hombre y mantener a su mujer, como corresponde. Por mucho que le insistiera en que yo no quería nada extraordinario sino una simple colaboración... no lo entendía. Él, al menos yo lo creía así, tenía la intención de darme lo mejor y, como no podía, se bloqueaba y no hacía nada.

Engañarme a mí misma no me costaba demasiado: achacaba su actitud a un problema de madurez, a que aún no había terminado de crecer, a que era demasiado joven y sentía que necesitaba vivir. Con el tiempo, me decía, cambiará; todo es cuestión de paciencia.

En esa época se le ocurrió que teníamos que comprar un coche; de este modo, decía, podría recorrer sin problemas muchas obras, ofrecerse de capataz, ir a trabajar a otros pueblos de alrededor en los que pagaban mejor y, además, hacer algunos portes y con eso ganar más aún. No me gustaba mucho la idea, pero tanto insistió que finalmente accedí.

La primera semana, tal vez por el entusiasmo de conducir, empezó a levantarse temprano. Yo estaba feliz y me decía que, por fin, había empezado el cambio; sin embargo, ya a la siguiente las cosas volvieron a ser como siempre. Ahora, en lugar de irse a caminar, su medicina contra el insomnio era sentarse al volante e ir a otros pueblos que tenían más movimiento nocturno con lo cual, al gasto mensual de siempre se sumaba el de la gasolina.

A todo esto yo no me compraba ni un pañuelo y las veces que le dije que tenía que limitarse un poco con el dinero, se puso como loco respondiéndome que si lo que había no alcanzaba, buscara algo mejor o me pusiera las pilas.

Cuando estaba por cobrar la paga extraordinaria cometí la torpeza de decir que iba a emplearla en sacarme el carné de conducir y, ante eso, me echó la culpa de no trabajar porque, en el fondo, lo único que yo quería era tenerlo todo el día en casa para que no me fuera infiel; que cada vez que se le ocurría algo, invariablemente se lo saboteaba. Se quejó de que justo en ese momento, cuando tenía posibilidades, yo le cerraba las puertas. Me dijo que en un mes iban a empezar una construcción a 20 kilómetros, y que sin coche no iba a poder entrar en esa obra.

Para colmo, afirmó que había pensando en utilizar el dinero de la paga para pasar las navidades en un lugar bonito, vivir la luna de miel que nunca habíamos tenido y que yo, por supuesto, le estaba estropeando el plan. Como una tonta, cedí nuevamente a su capricho y nos fuimos a la playa.

Sobra decir que lo de la obra no era cierto. Yo llegaba a casa agotada y me lo encontraba tirado en el sofá, con el televisor a todo volumen, desaseado y sin haberse molestado, aunque fuera por vergüenza, en hacer la cama. No tenía la menor consideración hacia mí; exigía que le hiciera la comida de inmediato y constantemente se quejaba de que yo ganara poco. Su prepotencia, sus humillaciones, sus constantes infidelidades me destrozaban y, lo peor, iba perdiendo las esperanzas de que cambiase; me sentía totalmente desesperada. Sabía que si le pedía la separación me haría la vida imposible y también me daba miedo de que cometiera alguna barbaridad a la vez que me preguntaba qué iba a ser de él sin mi sustento.

No encontraba la forma de salir de esa situación: a casa de mi madre no podía volver y en una ciudad pequeña, donde todos se conocen, no había modo de esconderse, pero hasta tanto encontrara la solución, decidí no poner más el dinero en la caja sino dejarlo escondido en el cajón de la máquina de coser que usaba en el taller. Durante algunos días pude engañarle diciéndole que aún no había cobrado pero al cabo de la semana, me amenazó de manera que tuve que decirle la verdad. Después de pegarme, cosa que hasta ese momento no había hecho, me aseguró que si al día siguiente no volvía con el dinero, me mataba.

Las peleas y los golpes se hicieron más frecuentes; tenía que darle el sobre a fin de mes y no tenía manera de negarme, pero no podía ni quería permanecer callada ante semejante atropello.

Una mañana llegué al taller agotada, deshecha, después de toda una noche de insultos, descalificaciones y amenazas. Estaba tan desesperada que me fui al baño porque se me caían las lágrimas. En eso entró una compañera y, al verme así, me preguntó qué me pasaba. Es increíble, pero la sola idea de contarlo me daba miedo; era como si él estuviese escondido en algún lado y me pudiese oír.

Al fin, entre sollozos, fui relatando lo que me sucedía. Le expliqué que ya no podía más pero que no me quedaba más remedio que aguantar, aunque no supiera cómo iba a terminar todo eso.

Sin decirme nada, ella se puso en contacto con una amiga que vivía a 400 kilómetros y trabajaba también en un taller de costura. Le preguntó si había alguna posibilidad de conseguir trabajo allí y, al día siguiente, me vino con la sorpresa: a partir de principios de mes tenía trabajo en esa ciudad y, de momento, podía alojarme en casa de su amiga.

No dije nada a mi marido; seguí haciendo una vida normal, aguantando con menos paciencia que nunca y el día que cobré, en lugar de volver a casa me fui directamente a la estación para tomar el tren llevándome poco más que lo puesto.

Nunca he vuelto aunque, por navidades y cumpleaños hablo por teléfono con mis hermanos. Empezar de nuevo fue muy duro pero al cabo de un tiempo conocí al que hoy es mi marido. Pedí el divorcio y, finalmente, establecí una familia.

* * *

El maltrato económico es una de las múltiples formas que adopta la violencia doméstica y si bien en el relato que inicia el capítulo queda claro que el marido de la protagonista abusa de ella, no siempre es tan evidente.

En la medida en que uno de los integrantes de la pareja tiene un control absoluto sobre los bienes, sobre el dinero, su compañero queda irremediablemente a su merced.

Hay muchas personas que obligan a trabajar a sus parejas mientras ellas, no sólo no traen dinero a casa sino que tampoco realizan las tareas del hogar como limpiar, cocinar o atender a los niños. En ocasiones, incluso, las fuerzan a delinquir o prostituirse, a fin de darles la mejor vida posible.

TODO POR AMOR

Independientemente de que el instinto maternal exista como algo innato en la mujer, cosa que aún se sigue discutiendo, lo cierto es que a las niñas se las educa desarrollando las pautas de comportamiento que se atribuyen a ese instinto. Tanto en el hogar como en la escuela se las prepara para comprender a los demás, para hacerse cargo del mundo emocional, para la generosidad y la abnegación.

No es difícil que, con esas directrices inculcadas, la mujer entienda que debe darlo todo, que amor significa sacrificio, que tenga una asombrosa facilidad para detectar los deseos de otros, tal y como hará con sus hijos, y que ante ellos intente complacerles para prodigar así el afecto que esas personas le inspiran.

La debilidad emocional y moral es algo que conmueve a muchas mujeres; ven a cierto tipo de hombres como a niños y los tratan con la misma indulgencia y paciencia con que tratarían a sus pequeños. Preparadas desde la infancia para que el dolor ajeno les cause una molestia que les impida sentirse bien, se ven a menudo imposibilitadas de poner límites a los abusos más descarados.

Ven a su maltratador como alguien que aún no ha llegado al estado de adulto, como una persona que aún necesita aprender a dominar sus impulsos o sus deseos y confían que, con el tiempo, llegarán a conseguirlo.

«Engañarme a mí misma no me costaba demasiado: achacaba su actitud a un problema de madurez, a que aún no había terminado de crecer, a que era demasiado joven y sentía que necesitaba vivir. Con el tiempo, me decía, cambiará; todo es cuestión de paciencia.»

Pero la triste realidad es que al maltratador no les interesa aprender a dominarse sino, solamente, conseguir que su voluntad se cumpla; y si no lo logra mediante la seducción, el engaño o la trampa, no dudará en emplear la violencia física como método de coacción.

Aunque la educación tradicional vincula a la mujer al hogar y al cuidado de la familia y al hombre al trabajo externo para proveer de bienestar económico a los suyos, hay hombres que obligan también a trabajar a sus parejas. Primero, utilizando excusas y posteriormente, una vez que emocionalmente las han dominado, dejando claras sus intenciones.

INVERSIÓN DE ROLES

La recesión económica y el paro ha puesto a muchas mujeres en la necesidad de trabajar, de ser ellas quienes mantengan económicamente el hogar, y esta circunstancia ha favorecido la aparición de abusos, no siempre inconscientes, por parte de sus compañeros.

La mayoría de las trabajadoras cuyos maridos están en paro, son quienes también tienen la obligación de ocuparse de las tareas domésticas aunque sigan siendo ellos quienes controlan el dinero que estas mujeres ganan.

«Pero los meses fueron pasando y él, en vez de salir por la mañana a buscar algo, se quedaba durmiendo hasta el mediodía. Yo llegaba de trabajar y, corriendo, preparaba la comida y apenas me daba tiempo para comer un bocado cuando tenía que volver al taller.»

Es frecuente observar que ellas justifiquen que su pareja no haga nada por sentirse mal al no ser capaz de traer el dinero a casa. Pueden incluso experimentar culpas por tener éxito profesional, por llegar más alto que sus compañeros, y es bastante común que éstos, en lugar de mostrar orgullo, satisfacción o agradecimiento, se sientan humillados y adopten, por esto, actitudes agresivas.

Lo importante es comprender que ambos pueden y tienen el derecho a participar tanto en lo doméstico como en lo público; que así como la mujer hoy tiene el derecho a escoger el trabajo que quiera desempeñar, también es justo que el hombre participe en las tareas domésticas y que se le deje aprender a realizarlas sin censurarle constantemente, sin decirle a cada paso que todo lo hace mal, incluso en el caso de ser así.

Una actitud abierta y agradecida por parte de la mujer motivará mucho más a realizar aquellas tareas que tradicionalmente eran femeninas, que la crítica constante. Ésta, sin duda, repercutirá en beneficio de ambos y de los hijos.

Manipulación económica

Después de dos años de noviazgo, mantenido al principio a escondidas, me casé con el que hasta ese momento era mi jefe. Trabajábamos en una gran agencia de publicidad, yo como secretaria de dirección y él, a pesar de ser muy joven, como director de marketing.

Yo hubiera querido seguir con mi puesto, pero él, con bastante razón, me hizo ver que eso podría traer perjuicios para ambos; que después de la boda tendría que estrechar las relaciones con otros directivos acudiendo a cenas, fiestas o convenciones, lo cual crearía un clima poco recomendable en el resto del personal ya que no dejaría demasiado clara mi posición. Por esta razón acepté quedarme en casa y, en todo caso, estudiar alguna carrera que me interesase con el fin de ejercerla en un futuro.

Por otra parte, yo quería tener niños y siempre había oído decir que la mejor edad para enviarlos a la guardería es a partir de los tres años.

Al principio las cosas fueron muy bien; ambos nos habíamos casado enamorados, yo había cambiado favorablemente mi posición social y, con su ayuda, fui aprendiendo a moverme en ese mundo que, para mí, era algo completamente nuevo.

Nacieron mis dos hijos y me dediqué a ellos por completo. Aunque no tuviera que ir diariamente a una oficina, trabajaba muchísimo más que cuando era secretaria. La casa era enorme, no tenía ayuda de ningún tipo y frecuentemente dábamos cenas que yo preparaba, o asistíamos a reuniones con clientes o a eventos de la agencia. Yo no estaba acostumbrada a una vida social tan intensa y, a menudo, me sentía agotada, con una gran necesidad de intimidad con mi marido. Cuando se lo decía, él me acusaba de pretender interferir con su trabajo y a mí me daba la sensación de que no me entendía, que la agencia era para él mucho más importante que nosotros. Eso me hacía sentir un vacío interior que, en esa época, llenaba con mis hijos.

Cuando el menor de los dos entró en el colegio, me propuse trabajar porque necesitaba sentir que tenía mi propio dinero. No podría decir que me faltara lo esencial, pero estaba cansada de tener que renunciar a muchas cosas por no pedírselas.

De lo que él ganaba, una parte se destinaba a la casa y a los colegios de los niños, pero más de la mitad de su sueldo lo empleaba en comprarse todo lo que le apetecía. Como yo no tenía acceso a su cuenta tenía que arreglarme con lo que él me daba y las veces que por alguna razón no podía llegar a fin de mes, me acusaba de estar despilfarrando. Pero cuando hablé de buscar un empleo, me prohibió tajantemente que lo hiciera alegando que él necesitaba, para su trabajo, que yo estuviera permanentemente en casa.

Siempre había pensado que él era caprichoso y nunca se me había ocurrido acusarle de egoísta hasta que tuve un problema en las vértebras lumbares. Fui a un médico y me recomendó reposo, razón por la cual comprendí que tenía que contratar a alguien para que se ocupara de las tareas domésticas que yo no podía realizar. Cuando se lo dije, me explicó compungido que por asuntos fiscales y otra serie de problemas era imposible contratar a una persona porque no había dinero. Sin embargo, a los tres días apareció en casa con una moto nueva, carísima, que se acababa de comprar. Ante eso quedé confundida. Había asumido mi papel de ama de casa y la que estaba fallando, claramente, era yo; pero lo cierto es que no era por mi culpa.

Empezamos a distanciarnos cada vez más. Era como si yo viviese con un hombre de gran poder económico pero no fuera su mujer sino su asistenta. En casa seguía siendo la secretaria; la que no sabe, la que hace el trabajo menor, la que se ocupa de todo lo que a su jefe le molesta, la que procura que su vida sea agradable porque de ello depende su sueldo o su manutención. En resumidas cuentas, una especie de «ciudadana de segunda categoría». Y todo porque él traía dinero a casa hecho que, a menudo, me echaba en cara.

Las pocas decisiones importantes con respecto a la familia que yo intenté tomar inmediatamente fueron sofocadas. Él cambiaba el coche cada dos años; el mío tenía ya unos cuantos (lo había heredado de él, por supuesto), y ni hablar de comprar uno nuevo. En las reuniones, no sólo con gente de su trabajo sino *también con amigos, bastaba una de sus miradas para hacerme callar. Luego, cuando se iban, me hablaba de la vergüenza que le había hecho pasar al hacer algún comentario. Y eso jamás me había ocurrido con nadie. Con mi familia no tenía ninguna consideración; la suya, en cambio, según decía era maravillosa.*

Todo fue cambiando tan imperceptiblemente que, a los 20 años de casada, mi vida no tenía nada que ver con lo que había sido de soltera, ni mi carácter tampoco. Me había acostumbrado tanto a su prepotencia, a su despotismo, a ser tratada como un ser inferior que ni siquiera lo percibía. Pero mis hijos, sí. Y un día empezaron a hacerme preguntas, a plantearme por qué permitía el egoísmo de su padre. Desde que eran pequeños yo les había enseñado a respetarle y así lo hacían; yo pensaba que tenían un altísimo concepto de él, que había logrado mi propósito, pero no era así. Ellos me abrieron los ojos y eso me decidió a cambiar.

Lo primero fue apuntarme a la Universidad, sin decir nada. Me había ganado ese derecho trabajando muchísimo más que él día tras día. Fui juntando dinero, poco a poco, hasta que tuve lo suficiente para matricularme en Psicología, algo que siempre me había gustado. Cuando se lo comuniqué, montó en cólera. Me preguntó que quién me creía que era para hacer esas cosas a sus espaldas, para disponer del «dinero de la familia» en algo que no beneficiaba a nadie. Sin duda, meses antes esas palabras me hubieran hecho sentir sumamente culpable, pero las charlas con mis hijos me habían servido para ver como era con tal claridad que no estaba dispuesta a dejarme manipular.

Pasamos un período de discusiones continuas y cada vez que hablaba de la posibilidad de separarnos me amenazaba con matarme. Obviamente, si eso se concretaba, su altísimo nivel de vida se iba a acabar puesto que la mitad del patrimonio familiar era mío, de ahí que no quisiera saber nada del asunto.

Hizo todo cuanto pudo por sabotearme los estudios: desde asegurarme que a mi edad no podría trabajar, hasta llenar la casa de gente, día tras día, cada vez que se enteraba de la proximidad de un examen.

Estando en el tercer año de carrera, entré un día a su despacho porque necesitaba un rotulador de color para un trabajo. Abrí el cajón de su escritorio y allí, a la vista, había una serie de fotos en las que estaba él besándose con una jovencita. Jamás se me había podido ocurrir que me fuera infiel; tal vez por eso haya aguantado tantas cosas. Me decía que, al menos en ese aspecto, él era muy distinto a los maridos de muchas amigas que yo tenía.

Jamás me precipito a la hora de tomar una decisión. Mi primer impulso hubiera sido mostrarle lo que había encontrado y pedirle explicaciones, pero com-

prendí que eso iba a ser utilizado en mi contra. Me hubiera acusado de hurgar en sus cajones y del tema las fotos no se hubiera dicho nada más.

La certeza de que no era la primera vez que me había sido infiel era tan clara como que me lo negaría a muerte, me manipularía de tal forma que terminaría siendo yo la culpable de cualquier cosa; por eso, cuando le planteé seriamente la separación no le dije que era porque él había fallado sino, sencillamente, porque había dejado de quererle. Ante eso, no había argumento posible con el cual poderme convencer de que yo estaba equivocada.

Todo el proceso fue muy duro pero hoy me felicito de haberlo hecho. Debo agradecerlo a mis hijos ya que fueron ellos los que me ayudaron en todo momento. Hoy vivo con ellos y estoy a punto de terminar la carrera.

* * *

Como se ha dicho, el principal factor por el cual las mujeres se vieron durante siglos obligadas a convivir con maridos abusivos a quienes tenían que servir y obedecer era motivado por las creencias implantadas en la sociedad que, entre otras cosas, le impedían conseguir los recursos económicos necesarios para autoabastecerse. Cuando una muchacha se casaba pasaba de estar bajo la tutela del padre, que a la vez que la alimentaba y vestía también le imponía el modo de vida que debía llevar, a estar bajo la del marido, que hacía otro tanto.

Esto, en contra de lo que supone la mayoría de la gente, no siempre ha sido así; en los comienzos de la Edad Media muchas mujeres estudiaban y ejercían profesiones de la misma manera que los hombres: eran barberas, comadronas, médicos, escritoras, músicos, etc., y manejaban su propio dinero y, a menudo, fortunas. No todas tenían acceso a una educación, pero ese privilegio tampoco era de todos los hombres.

Debido a la disolución del régimen feudal se produjo una serie de cambios sociales, entre los cuales se pueden citar la implantación del matrimonio monogámico e indisoluble propuesto por la Iglesia y la negación de la entrada de la mujer en los gremios de las diferentes profesiones. Todo ello, junto con la exaltación de un modelo de mujer frágil, sumisa, débil y callada, determinó la creación de dos géneros bien diferenciados: el masculino dominante y el femenino dominado.

Hay autores que opinan que la gran caza de brujas que supuso la Inquisición no fue más que un intento por encerrar, escarmentar o asesinar a aquellas mujeres que osaban desafiar los modelos establecidos mostrándose autosuficientes, o que pretendían utilizar conocimientos a los que sólo los hombres podían tener acceso. Así, las que sabían practicar la medicina, por ejemplo, fueron acusadas de preparar pócimas y filtros amorosos, envenenar con artes maléficas sembrados y ganado, de ser brujas y constituir un grave peligro para la comunidad.

Como la historia la escriben los vencedores, poco y nada sabemos de aquellas mujeres que destacaron en su época en diferentes profesiones; lo cierto es que, por ejemplo en la literatura, el único espacio que se les permitió ocupar posteriormente fue el de aquellos géneros que encajaban con un modelo de mujer sensible y dedicada a la introspección de los sentimientos, es decir, el poético y epistolar, y respecto a la sanidad, sí pudieron ocuparse del cuidado de los enfermos pero no como médicos sino como auxiliares.

LA TRAMPA

El dinero es el elemento de control más importante de la sociedad porque es la forma de representación más clara del poder. Por eso, si la alimentación y cobijo de una persona dependen de los recursos de otra eso marcará su relación de dependencia y no será libre.

En el matrimonio tradicional el poder económico lo tiene el hombre: éste es quien lleva el dinero a casa y de él depende la manutención de la familia. Por eso, aunque a la hora de casarse casi todas las parejas tengan la idea de compartir, hay mujeres que no se sienten dueñas del dinero que ganan sus maridos. Aunque sepan que su trabajo en la casa y la atención de los hijos o de las personas mayores es una labor importante, se conforman recibiendo sólo vestido, techo y alimento; es decir, mucho menos de lo que ese trabajo, en realidad, vale. Sus jornadas no son de 40 horas semanales sino de disposición a tiempo completo. No tienen vacaciones ni fines de semana libres, no se jubilan y, la mayoría, no puede disponer de ahorros para gastarlos en lo que les apetezca. A la hora de hacer cuentas, posiblemente, deberían cobrar por su trabajo bastante más de lo que ganan su compañeros, aunque sólo sea por la cantidad de horas que tienen sus semanas laborales; sin embargo, las decisiones acerca del destino que se va a dar al sueldo que entra en la casa normalmente las toma el hombre.

Lejos de ver esta situación como injusta, hasta hace muy pocos años el colectivo femenino las tomaba como un hecho natural y, además, agradecían que el hombre se sacrificase tanto en bien de la familia. Era lógico que él, cansado de trabajar todo el día, llegara a casa y fuera servido por ella; y los mismos varones se han encargado de pintar un cuadro agobiante de lo que es el trabajo asalariado.

Pero si bien muchos tuvieron que padecer los rigores de una mina o de una fábrica a principios de siglo, estas tareas no se pueden comparar, ni por asomo, a las que desarrollan hoy casi todos los hombres en un medio urbano. Las actuales fábricas poco tienen que ver con las de entonces y un despacho con aire acondicionado en poco se puede comparar a un socavón.

En la medida en que las mujeres se integraron al medio laboral, comprendieron que trabajar fuera de casa no es algo tan terrible como se pensaba, y en la actualidad muchas de ellas cumple con las dos tareas: llevar dinero a casa, por un lado, y realizar todas las labores domésticas, por el otro.

EN UN PUÑO

Tiene por objeto la dominación a través del dinero. En la medida en que uno de los dos lo ejerza, el otro estará a su merced, imposibilitado de escapar.

Como en casi todas las formas de violencia doméstica, el maltrato económico está acompañado de otras formas de agresión, normalmente psicológicas. Si la persona maltratada se siente desvalorizada e incapaz, no se atreverá a salir al mundo, a buscarse un empleo, a tener la posibilidad de hacer lo que desee con su vida y continuará con su relación de sumisión y dependencia.

Muchas mujeres de más de cincuenta años, que después de haber soportado por parte de sus compañeros no sólo descalificaciones e insultos sino también palizas, hoy comprenden que no hay por qué aguantar ese tipo de cosas pero, a pesar de tener conciencia de ello, se ven imposibilitadas de abandonarles porque no tienen medios con los que subsistir.

Entre las muchas expresiones del maltrato económico, pueden citarse:

- Impedir que la pareja consiga o mantenga un empleo. Lo habitual es que el maltratador lo logre a través de una manipulación emocional (por ejemplo acusándola de querer conocer a otras personas o serle infiel, por lo que ésta desiste para demostrarle que está equivocado), o bien mediante amenazas.

«Cuando hablé de buscar un empleo, me prohibió tajantemente que lo hiciera alegando que él necesitaba, para su trabajo, que yo estuviera permanentemente en casa...»

El argumento de que un sueldo bajo no compensa o va en deterioro de la familia es uno de los más utilizados. Es común que si la mujer no se deja manipular e insista en conseguir un empleo a pesar de su oposición, el maltratador suba el nivel de agresión.

La creencia de que el trabajo de la compañera menoscaba la masculinidad del hombre está muy extendida y es aceptada por ambos sexos. El machismo, entre otras cosas, ha determinado que si el varón no es capaz de dar a su familia, en términos económicos, todo lo que ésta necesita, no es lo suficientemente viril. Esto es utilizado a menudo como excusa: *«la gente pensará que yo no te doy lo que te tengo que dar»*. Una forma indirecta de mantener a la mujer en casa es quejarse de que, gracias a las que trabajan, hoy los hombres están en paro y eso acarrea un sinfín de males sociales. Se hace responsable al colectivo femenino de los problemas económicos que, desde puestos políticos o de dirección empresarial, gestionan los hombres.

- Obligar a la pareja a entregar todo el dinero que gana y utilizar la cuenta de ésta para pagar los gastos generales mientras los ingresos de la otra persona son para gastos personales. A menudo es la mujer quien considera que su trabajo es *«para darse caprichos»* en tanto que el del hombre es para mantener a la familia; pero en la medida en que no se acepte que los papeles de proveedor y cuidadora no son estáticos y adjudicados por la naturaleza al hombre y la mujer respectivamente, muy poco se avanzará en la búsqueda de igualdad de oportunidades.
- No informar a la pareja sobre los ingresos de la familia o impedir que tenga acceso a los mismos.

«Como yo no tenía acceso a su cuenta tenía que arreglarme con lo que él me daba y las veces que por alguna razón no podía llegar a fin de mes, me acusaba de estar despilfarrando.»

El hecho de tener que pedir dinero y de no disponer de una firma en el banco para sacar cuanto se necesite es humillante; sobre todo para quienes antes de casarse han gozado de independencia económica. Es hacerle recordar, en todo momento, que el dinero es de uno y no de los dos. Si todo matrimonio parte de la idea de compartir, esta conducta atenta claramente contra ese principio.

- Incumplimiento de la cuota alimenticia. Tras la separación, muchos hombres se niegan a pasar a sus mujeres, que han trabajado al cuidado de la familia, la pensión de alimentos que ha establecido el juez, tanto para ellas como para sus hijos. Es, en muchísimos casos, una manera de seguir manteniendo el dominio sobre su esposa y constituye un claro maltrato.

- Defraudación o estafa a la sociedad conyugal. Hay personas que dejan en manos de su pareja la administración de sus ingresos, y son frecuentes en los juzgados demandas en contra de estos administradores que, desde esa posición, han despojado totalmente a sus parejas. Pero aunque haya muchos casos de ese tipo, no es ésa la estafa habitual; ésta consiste en traspasar los bienes de la sociedad conyugal a cuentas privadas o a nombre de terceros. En los matrimonios que se rigen por la ley de gananciales, a la hora de presentar una demanda de divorcio sale a la luz que el patrimonio de la pareja no existe, que está a nombre de diferentes sociedades en las cuales el otro miembro no participa o a nombre de personas que, a veces, ni siquiera conoce. Mediante esta argucia, muchas personas evitan el reparto de los gananciales, darle a su pareja la mitad de lo que se ha adquirido o ganado durante los años de convivencia matrimonial.

La borrachera del éxito

Los problemas con mi pareja, al menos que yo me diera cuenta, empezaron cuando él se fue de la empresa en la que había trabajado durante 14 años.

Desde hacía mucho tiempo tenía idea de independizarse pero eso resultaba difícil, ya que, para instalar un negocio por su cuenta necesitaba un capital que no tenía. Dio la casualidad de que un verano, en el pueblo, conoció a un hombre que acababa de ser despedido de la principal competidora de su compañía debido a una reducción de plantilla y, charlando acerca del tema, se le ocurrió explicarle una idea que tenía acerca del negocio. Como ese hombre contaba con el dinero que le habían dado como indemnización, después de varias conversaciones decidieron asociarse. Ambos tenían una buena cartera de clientes y pensaron que el negocio no podría fracasar.

Y así fue. Casi de inmediato empezaron a ganar muchísimo dinero, tanto que al año vendimos el piso que teníamos y nos fuimos a un chalet en un barrio mucho mejor.

El trabajo de ellos era absorbente; a menudo tenían que viajar y quedarse dos o tres días en otras provincias, pero mi marido se sentía satisfecho y orgulloso de sí mismo.

Hasta ese momento yo no me podía quejar; tenía sus cosas, como todo el mundo, pero en términos generales nos llevábamos bien. Era, eso sí, muy poco afectuoso y tenía la costumbre de criticarlo todo, pero yo trataba de complacerle y, salvo raras excepciones, no solíamos tener discusiones fuertes.

Pero a partir de entonces empezó a cambiar. No sé si es que se emborrachó con el éxito o que le tocó vivir la crisis de los 40, pero el caso es que comenzamos a tener frecuentes altercados.

Me acusaba de no estar a la altura de las circunstancias, de no entender que nuestra vida había cambiado y de que no quisiera comportarme como era debido. Yo seguía siendo la misma de siempre, con más ropa que ponerme, con una casa hermosa que me tenía entusiasmada y sin agobios económicos, pero hablaba con las mismas amigas, en la mesa ponía la misma comida que antes y me seguían interesando los temas de toda la vida.

Él no, él era otro. Empezó a distanciarse de sus amigos y, cosa extraña, a traer gente nueva o a querer que saliéramos todas las noches a cenar fuera con posibles clientes que, a mi modo de ver, nunca le comprarían nada. Si se hubiera tratado de ir a un restaurante y volver temprano, me hubiera parecido normal; pero lo que pretendía era ir a discotecas y terrazas hasta que daban las tres o las cuatro de la madrugada. Hacer eso de vez en cuando es divertido, pero convertirlo en algo cotidiano me parecía estúpido. Por otra parte nunca habíamos sido de salir demasiado, más bien habíamos llevado siempre una vida muy hogareña.

Al principio le acompañé, aunque a regañadientes, pero luego le dije que esas salidas me agotaban ya que al día siguiente estaba atontada y que, además, no me parecía una forma muy adecuada de vivir. Se lo tomó muy mal, me tildó de amargada y me dijo que no le apoyaba en su trabajo, que no sabía compartir su éxito y que no pensaba quedarse encerrado en casa todo el tiempo; que a él sí le gustaba salir y que si yo no le acompañaba... iba a ser mi problema. Intenté explicarle que no tenía 20 años, que asumiera su edad, que no podía hacer la misma vida que sus hijos y eso le sacó de quicio, a tal punto que me amenazó con pegarme.

Cuanto más tiempo pasaba, más sentía como si le estorbase, como si ya no tuviera nada que ver conmigo. Si antes había sido poco afectuoso, ahora era un témpano. Además, no dejaba de decirme que tenía que comprarme cremas para la cara, que me estaba llenando de arrugas o que tenía celulitis. Como nunca me ha preocupado envejecer, ese tema, más que enfadarme, me aburría.

Por su parte, él llevaba muy mal lo de la edad y aunque nunca había sido obsesivo con su forma de vestir, empezó a comprarse ropa, a veces demasiado deportiva o juvenil para mi gusto, a teñirse las canas y a querer estar a la última en todo. Le pregunté si había otra mujer en su vida y me respondió que no (más bien, sus palabras fueron: «no digas estupideces»), de modo que decidí armarme de paciencia y esperar a que se serenara.

Las cosas fueron de mal en peor. Empezó a descuidar su trabajo, a beber y a salir constantemente. Me trataba cada vez con más desprecio. Ya desesperada y sin saber qué hacer, le sugerí acompañarle por las noches pensando que, tal vez, pudiera sacarle del mundo en que se movía, pero él no quiso ni oír hablar de ello. Ante eso, lo único que se me ocurrió pensar fue que, por mucho que lo negara, tenía otra mujer. Cierto día sonó el teléfono a las tres de la mañana; era del hospital para avisarme que mi marido había sido ingresado a causa de un infarto. Cuando llegué, el médico me informó de que aún estaba en peligro y, para mi sorpresa, me preguntó cuánto tiempo llevaba consumiendo cocaína.

No he podido ayudarle y eso me pesa; no he sido capaz de sacarle de la situación en la que se metió. Al salir del hospital siguió haciendo la vida de siempre, pero, con dos hijos, tuve claro que lo mejor para todos era que nos separáramos y, a pesar de lo difícil que me lo puso, así lo hice. Él se fue a vivir con una chica de 20 años con la que llevaba saliendo dos y que, al poco tiempo, le dejó plantado.

* * *

Al llegar a cierta edad, muchos hombres y mujeres sienten que empiezan a envejecer, que la vida se les va y que tienen que hacer muchas cosas que, mientras fueron jóvenes, no pudieron realizar. Este fenómeno se conoce como «la crisis de los cuarenta», aunque puede sobrevenir más tarde o más temprano.

La mayoría de ellos pretende afirmar su amenazada virilidad saliendo con mujeres muchísimo más jóvenes. En lugar de afrontar el proceso de envejecimiento como algo natural, lo niegan y adoptan actitudes impropias de su edad: se visten y actúan como si tuvieran 20 años, tratan de ir a la moda, quieren comprobar que aún siguen siendo atractivos y se muestran seductores con muchachas que podrían ser sus hijas, etc.

Pero este tipo de conducta no sólo se observa en los hombres, también hay mujeres que sufren este proceso y que muestran actitudes análogas, aunque quienes han dedicado su vida a ser amas de casa no suelen comportarse así, sino, más bien, tienden a pasar por procesos depresivos.

La crisis matrimonial que acompaña este momento suele ser, en ocasiones, muy dura, sobre todo cuando uno de los dos tiene los pies sobre la tierra y se niega a comportarse como si fuera un adolescente. En esos casos, ante los ojos de su cónyuge, se convierte en un testigo claro y mudo de la edad real de ambos, en un desagradable espejo que dice a las claras que ya hace mucho tiempo que han dejado atrás la juventud.

«Intenté explicarle que no tenía 20 años, que asumiera su edad, que no podía hacer la misma vida que sus hijos y eso le sacó de quicio, a tal punto que me amenazó con pegarme.»

CAMINOS DIVERGENTES

Los medios de comunicación nos muestran muchos personajes públicos que, a partir de estas edades, terminan separándose de su compañero con el que han vivido más de 20 años, con el que han luchado codo con codo para salir adelante y lograr una situación más acomodada y contraen matrimonio con otra persona a la que llevan 20 ó 30 años. Es un comportamiento que actualmente se observa cada vez con mayor frecuencia.

Es común que esta crisis matrimonial, que no afecta a todos, llegue cuando la pareja viva el máximo bienestar económico: han terminado de pagar la hipoteca de la casa, han conseguido puestos de mayor responsabilidad y mejor remuneración en sus trabajos y, en general, les resulta posible permitirse algunos lujos que, en los primeros tiempos, estaban vedados.

Al llegar a esa edad también sienten la presión de tener que competir con profesionales más jóvenes y muy bien preparados, ya que, lamentablemente, la experiencia en el trabajo se valora cada vez menos y eso hace que personas que han pasado los 45 vivan bajo una gran tensión, tratando a menudo de dar mucho más de lo que sus organismos y su mente les permiten.

Llega un momento en que tienen cabida otras posibilidades, otros deseos y, ante la urgencia de vivir las asignaturas pendientes, no son pocos quienes se atreven a establecer relaciones paralelas. Cuando esto sucede, es cuando verdaderamente comienzan los conflictos.

Para una mujer que ha pasado toda su vida encerrada en casa, ocupándose de la familia y de los niños, no es fácil tener que competir con otra a la que ve muchos más atributos de los que ella tiene: no sólo es más joven, también está preparada, tiene una carrera, un trabajo, más tiempo disponible y nada que perder.

Ante ello, lo único que puede sentir es que su matrimonio está en peligro, que lo que vive es una grave humillación, una traición y, lo que es más grave, no encuentra fácilmente una salida.

El hombre que atraviesa esta segunda adolescencia, aunque se enamore profundamente de su nueva conquista no por ello quiere perder a su antigua com-

169

pañera. Se resiste a dejar a su novia, pero no quiere abandonar a una mujer que quiere, que le cuida, le plancha la ropa, le hace las comidas que más le gustan, es también madre de sus hijos y su principal refugio.

LA MENTIRA

Enamorarse no es, en absoluto, un maltrato y confundir los afectos porque se está pasando por una crisis, obviamente tampoco. Puede ser muy doloroso para el cónyuge enterarse de que hay otra persona en el corazón de su pareja, pero en ello no hay ninguna intención de ofender, humillar ni hacer daño. Más aún: muchos viven esta situación como una auténtica desgracia que termina produciéndoles úlceras, insomnio o cualquier otro trastorno que se pueda relacionar con la ansiedad.

Sin embargo, sí puede considerarse una grave falta de respeto el negar que hay otra relación en caso de que la pareja lo pregunte. Con esto, lo único que se consigue es volver loca a la persona que, por un lado, percibe la presencia de otra en su vida y, por otro, tiende a confiar en su compañero de siempre. Naturalmente estas dos posibilidades, esta duda, le confunde y le provoca daño.

«Le pregunté si había otra mujer en su vida y me respondió que no (más bien, sus palabras fueron: "no digas estupideces", de modo que decidí armarme de paciencia y esperar a que se serenara.»

Cuando la mujer ha sufrido años de sometimiento, de agresiones psicológicas, de dar todo a cambio de fidelidad o de una seguridad en la continuidad de la relación, lo más probable es que ante la inminente amenaza empiece a actuar de una forma mucho más exigente, que decida que por ello no está dispuesta a pasar.

La rabia que puede sentir ante la situación que tiene que vivir es inmensa y es probable que se muestre agresiva. Al verse reemplazada por una mujer más joven su amor propio queda destrozado. Verá a su marido ridículo, fuera de lugar y seguramente así se lo haga saber. Pero es difícil que con ello logre que él reflexione; lo más probable es que, a cambio, reciba respuestas agresivas o humillantes:

«... no dejaba de decirme que tenía que comprarme cremas para la cara, que me estaba llenando de arrugas o que tenía celulitis. Como nunca me ha preocupado envejecer, ese tema, más que enfadarme, me aburría».

Bajo estas circunstancias, muchas plantean la separación y esta decisión es la que a menudo marca el punto en el que la violencia se pone de manifiesto.

El marido quiere continuar viviendo en esa casa que es suya, como siempre, pero también tener en su amiga, en su amante, el extra que siente que le corresponde.

Y como su mujer insista en negarse a ello o en distanciarse, las agresiones serán cada vez más violentas. Por otra parte, la culpa que sienta por estar rompiendo un pacto, por hacer algo que en el matrimonio se ha convenido como prohibido, le llevará a atacar con tal de desembarazarse de ese molesto sentimiento; intentará pensar que toda la responsabilidad de lo que le sucede es de su esposa y actuará en consecuencia mostrándose hostil con ella.

La mejor opción ante una situación de este tipo es procurar que la persona que está viviendo la crisis acepte ayuda terapéutica que le permita entender que crecer también tiene sus ventajas, que la madurez trae otros beneficios y que sólo adaptándose a su edad real podrá ser feliz.

La agresión sutil

15 de octubre de 2014

Querida hermanita:

No sabes cuánto te echo de menos. A veces llego a casa y voy corriendo a tu habitación, olvidándome por completo de que te has ido. Cuento los días que faltan para la Navidad y ya siento pena de que sólo te puedas quedar una semana.

Pero bueno. No te escribo para quejarme sino para hablarte de Carlos. ¡No te imaginas lo feliz que soy! ¡ Es maravilloso!... Ya verás, cuando le conozcas te va a encantar, estoy segura.

A veces tengo miedo de hacerle daño porque me da la sensación de que está más enamorado de mí que yo de él. Me dice a cada rato que me quiere, que no se explica cómo ha tenido la suerte de encontrarme, que soy la mujer perfecta. Pobre, se ve que aún no me conoce demasiado... ¿no?

Dice que jamás ha sentido por nadie lo que siente por mí; me habla de hijos, ¡de envejecer juntos, imagínate!... Está como loco con la relación y eso que sólo llevamos tres meses. No te escribí antes porque todo mi tiempo libre se lo dediqué a él. Además, quería esperar a ver si la cosa seguía.

Si por él fuera ya me hubiera ido a vivir a su piso, pero prefiero esperar un poco porque, ya sabes, no quiero dar un disgusto en casa. Si las cosas continúan como hasta ahora, tal vez me decida a principios del año que viene. Por las dudas, voy preparando el terreno. ¿Qué te parece la idea? ¿Crees que es una locura?

Bueno, te dejo porque tengo que irme a trabajar. No seas vaga y contéstame pronto. ¿Qué tal el curso? ¿Y David?

Un beso.

Cecilia.

* * *

15 de marzo de 2015

Querida Montse:

Te he escrito muchas cartas que terminaron en la papelera. Carlos se ha ido por dos días a una convención y aquí estoy, sola y aburrida. Ayer hablé con mamá y me ha dicho que has sacado unas notas buenísimas. Así me gusta. ¡Lo tuyo sí que tiene mérito!...

Últimamente no he ido por casa; estoy como desganada, nerviosa, irritable. No sé si será alguna cuestión hormonal o qué, pero estoy a la que salto. Y lo peor es que a veces la tomo con Carlos, que tiene una paciencia increíble. Jamás discute ni levanta la voz, es muy tranquilo, pero en ocasiones me pone de los nervios. Ya sabes cómo es, prefiere no tomarse las cosas en serio y a veces sus bromitas son de lo más pesadas, y más cuando no estás de humor para chistes. ¡Y mira que se lo digo!... Primero le monto una bronca espantosa y luego me siento ridícula y avergonzada porque el pobre lo único que pretende es hacerme reír y que lo pasemos bien.

Creo que voy a pedir hora con la ginecóloga porque otra vez me está molestando el ovario; por eso pienso que, a lo mejor, mi estado de ánimo tiene que ver con el tema. Es como si tuviera un síndrome premenstrual permanente. No me aguanto ni yo. La ansiedad me carcome; empiezo una cosa y la dejo, no me concentro en nada...

Bueno, no te aburro más. Ya te contaré qué me ha dicho la ginecóloga y cómo sigo, aunque tal vez mejor haría en consultar a un psiquiatra.

Sólo quería darte un saludo y felicitarte por las notas.

Un beso grande

Cecilia.

* * *

20 de abril de 2017

Hola Montse:

Lo primero: ya he pedido el certificado en la Universidad pero, al parecer, el trámite es largo. En cuanto lo tenga, te lo mando.

Las cosas con Carlos siguen mal. Según él, la culpa es mía y creo que en el fondo tiene razón, pero no por lo que él dice; es mía porque fui una idiota al no darme cuenta de la clase de persona que es. Yo seré una histérica y todo lo que quieras, pero él no es ningún santo. ¡No me digas que a estas alturas no sabe lo que me molesta y lo que no!.. Llevamos tres años juntos y sigue con las mismas idioteces. A veces pienso que lo hace aposta para fastidiarme.

Fíjate: el otro día vinieron Ángel y Bea a cenar, y ya sabes cómo es ella, una cotilla. Yo había estado liadísima y la cocina estaba patas arriba, por eso antes de que llegaran le pedí que les entretuviera con una copa en el salón mientras terminaba de preparar la comida. ¿Y qué crees que hizo? ¡Pues los plantó en la cocina!... A la tonta esa le faltó mirar por debajo de los armarios para ver si estaba todo limpio. ¡Me puso de un malhumor!

Pero la cosa no terminó ahí: cuando estábamos en los postres, Ángel, que es un encanto y me parece que se dio cuenta de que estaba enfadada, empezó a preguntarme dónde conseguía las gardenias, cómo las trasplantaba y demás; el caso es que nos liamos a hablar de botánica, a contarnos en qué lugares podíamos conseguir lavanda silvestre, dónde orégano y esas cosas. En cuanto Carlos vio que estaba entusiasmada charlando, empezó a golpear con la cucharilla en la copa (sabe que eso me pone de los nervios) y a decirme, como si fuera una broma, «Cecilita, cielo, te has olvidado del café», «Mi amor, ¿no vas a traer el café?», «La cena estaba estupenda pero sin café... es como si no hubiera comido» e idioteces por el estilo.

La primera vez le dije que esperara un minuto que ya iba, pero como a la segunda no hice caso, otra vez con la cucharilla, insistiendo. Luego empezó a bromear con Bea contándole que yo estaba sorda, que me lo dijera ella a ver si la oía mejor. La otra, claro, le siguió el juego de manera que aunque intentara seguir mi conversación con Ángel, no podía. Y todo porque me veía tranquila, charlando de un tema que sabe que me apasiona.

Como vio que por ahí no iba a conseguir nada, trajo la última cámara que se compró y la plantó en la mesa, delante de Ángel. Aunque no fuera más que por educación, éste tuvo que hacerle caso, de manera que ¡adiós charla!...

Me levanté furiosa para ir a la cocina y al pasar por su lado, hizo lo de siempre: me cogió de la cintura para darme un beso delante de todos, para que vean qué buen maridito es. Me zafé y el muy cretino, con cara de sorpresa me preguntó si me pasaba algo. ¡Para matarlo!...

Tal vez te parezca que exagero, pero no es una vez ni dos: siempre es así. Cuando se fueron le dije que su actitud me parecía una falta de respeto y su respuesta, muy calma y educada, fue que si no sé recibir a la gente, no le eche la culpa a él; que no era él quien había dejado la cocina hecha un desastre y que si invito a alguien a cenar, lo lógico es que al terminar el postre traiga el café. En eso tengo que darle la razón.

No sé... a la hora de pensarlo o ponerlo por escrito veo que la equivocada soy yo, pero al mismo tiempo siento que hace todo cuanto puede para que me sienta mal.

Por favor, ni se te ocurra comentarme nada de esto cuando me escribas porque si se entera de que te he contado algo, me mata. No quiero que te preocupes porque no es para tanto; necesitaba desahogarme. Seguramente mañana estaré bien.

Bueno: en cuanto tenga el certificado te lo mando. Dales un beso a David y a Inesita. Otro para ti.

Cecilia.

* * *

14 de agosto de 2019

Querida hermana:

He ido ayer a ver a mamá y ya se encuentra bien; quédate tranquila porque todo no ha sido más que un susto. Me ha dado tu última carta y me alegra que estés bien.

Aún no he podido ir a la abogada, no encuentro momento para hacerlo sin que se dé cuenta. Por otra parte, no sé: me da miedo. Me ha amenazado con quitarme a la niña. Al parecer, el hecho de que esté en tratamiento antidepresivo es motivo suficiente para que le concedan la custodia. También me ha dicho que no le harte, que se está hartando y en cualquier momento se va de la ciudad llevándosela y que no la voy a ver más. Está loco.

Montsita, la única que me cree realmente eres tú. Le dije a mamá que quería separarme y me ha contestado que estoy loca, que Carlos me adora, que no tengo derecho a hacerle eso a la niña. La pobre sigue pensando que todo es capricho mío, que no sé lo que quiero. ¡Fíjate que hasta me ha preguntado si tenía otro hombre!

Quiero hacer las cosas bien, no precipitarme. Lo primero, la niña; que sufra lo menos posible. Sé que cuando estemos solas le va a a echar de menos, pero ya no puedo echarme atrás. La semana pasada estuvo a punto de pegarme y ahora sé que puede hacerlo en cualquier momento, todo es cuestión de tiempo.

Trataré de llamarte para tu cumpleaños y de hacerlo cuando él no esté. No podremos hablar mucho pero, algo es algo.

Bueno, hermanita. Aunque no puedas estar aquí, es como si te tuviera a mi lado.

A veces pienso cuánto tiempo hubiera tenido que aguantar si no fuera por la charla que tuvimos aquella tarde. El que hayas podido ver con tus propios ojos lo que te contaba es lo que me empuja a dar este paso. Yo no estoy loca; el loco, como has dicho tú, es él.

Ya no te doy más la lata; quiero ir ahora mismo a echar esta carta porque si no, la tendré que romper.

Dale un beso a David de mi parte y otro a la pequeña. ¿Qué tal en el cole? Un abrazo enorme para ti.

Cecilia.

* * *

Dentro de los múltiples aspectos que adopta la violencia psicológica, uno de las más crueles e incapacitantes es la violencia perversa. Esta forma de destrucción insidiosa y constante sume a la víctima en tal grado de confusión que no puede discernir si está siendo realmente atacada por el agresor o si la sensación de acoso que a menudo experimenta es producto de su propio desequilibrio mental.

A diferencia de otros tipos de violencia que se ejecutan casi siempre en la intimidad, en el acoso moral es bastante frecuente que el agresor busque la presencia de terceros, a los que convierte en testigos y cómplices inconscientes. Debido a la sutileza del maltrato, a la manera encubierta con que el perverso ataca, los espectadores tienen una imagen equivocada o confusa de lo que sucede pudiendo incluso pensar que es la víctima quien inicia la violencia. Él, por otra parte, alienta en ellos esta idea.

«Me levanté furiosa para ir a la cocina y al pasar por su lado, hizo lo de siempre: me cogió de la cintura para darme un beso delante de todos, para que vean qué buen maridito es. Me zafé y el muy cretino, con cara de sorpresa me preguntó si me pasaba algo. ¡Para matarlo!»

En el acoso moral no hay combate, gritos ni golpes por parte del maltratador. Se lleva a cabo de manera sutil, socavada, y no deja huellas físicas, pero las consecuencias psicológicas para la víctima suelen ser terribles. Es difícil de demostrar, ya que, además de no dejar evidencias, la persona agredida no es totalmente consciente de estar siendo maltratada y, por ello, le resulta imposible pedir ayuda, hacer denuncias o alejarse del agresor. En una gran cantidad de casos los psicólogos pueden sospechar que un paciente está siendo víctima de acoso cuando las depresiones o los estados de ansiedad se suceden o bien cuando presenta trastornos psicosomáticos recurrentes. Ante ello y con la adecuada evaluación, podrá vislumbrar la verdad y darle elementos al paciente para que pueda sobreponerse y apartarse del agresor.

Para escribir su libro *El acoso moral. El maltrato psicológico en la vida cotidiana,* la psiquiatra y terapeuta francesa Marie-France Hirigoyen se basó en unos cuantos casos que había tratado en su consulta; hombres y mujeres que habían llegado hasta ella con un gran deterioro psicológico después de haber pasado por el amargo trance de sufrir los efectos de la violencia perversa de un marido, un jefe, un familiar, de una mujer, etc. Aun pensando que éstos eran casos muy particulares, el interés por el tema le impulsó a hacer su libro y, al publicarlo, comprendió algo que no había sospechado en un principio: ese tipo de violencia es muchísimo más frecuente de lo que podría suponerse.

Es interesante el comentario que la Dra. Hirigoyen hace a una periodista:

«Cuando se publicó el libro me sorprendió recibir centenares de cartas diciendo "usted está contando mi historia", "éstas son exactamente las palabras que me dice" o "parece que me viera en mi despacho"».

Tal como se deduce de las palabras de esta terapeuta, la violencia perversa, a la que llama acoso moral, no se produce sólo en el ámbito de las relaciones amorosas sino en todos: familia, trabajo, estudios e instituciones. Cuando se ejerce en el entorno laboral, cosa muy frecuente, toma el nombre de *mobbing* y, según las últimas estadísticas, el 36% de las víctimas terminan perdiendo el trabajo y las secuelas psicológicas que padecen a menudo son para toda la vida.

En el acoso moral no se puede hablar de un sexo agresor y otro víctima; dado que el dominio se ejerce a través de una agresión que no requiere fuerza física, es llevado a cabo tanto por hombres como por mujeres.

LA INDEFENSIÓN APRENDIDA

Para comprender la paralización que sufren las personas maltratadas, es útil conocer el principio de indefensión aprendida elaborado por el psicólogo Martín E. P. Seligman.

En el año 1975 este investigador realizó con la ayuda de perros un interesante experimento. En una primera fase, tomó dos animales a los que provocó descargas eléctricas simultáneas. Para evitar la molestia, uno de ellos podía tocar con el hocico una palanca y, con ello, interrumpir la corriente. Cuando lo hacía, ambos perros dejaban de sentirla. Es decir, uno de ellos podía controlar la situación, pero el otro no.

La segunda fase la inició cuando el animal había aprendido a interrumpir el flujo eléctrico y a minimizar la molestia. Colocó a cada perro en una habitación separada en dos partes por una barrera y les envió descargas eléctricas que serían interrumpidas sólo por el animal que saltara la barrera.

Lo que Seligman observó fue que el perro que había podido controlar el experimento anterior acercando el hocico a la palanca, al sentir la electricidad en su cuerpo cruzó al otro lado de la habitación. El que no había tenido oportunidad de ejercer control alguno, en cambio, se dejó caer en el suelo dando muestras de incomodidad ante las descargas pero sin buscar una posible solución. La conclusión es que había aprendido que no había forma de evitar la molestia, de ahí que se mostrara indefenso.

A partir de estas experiencias se ha comprobado que también los seres humanos reaccionan de manera similar a los perros de Seligman: si no pueden hacer nada por cambiar una situación dolorosa y prolongada, es muy probable que terminen por abandonarse a su suerte, que adopten una postura de indefensión, que entren en un estado de depresión en el cual no hacen nada por cambiar su estado, ya que su experiencia les dice que eso es imposible de conseguir. De esta manera ahorran esfuerzos y energía.

Es lo que ocurre en muchos casos de malos tratos y, sobre todo, en la violencia perversa: el agresor no quiere una reconciliación, no le interesa que las cosas vayan mejor o que la convivencia sea armoniosa; su objetivo es destruir al otro, de ahí que emprenda sus ataques a la víctima no ante cosas molestas que ésta pueda hacer, sino cuando le da la gana, cuando la ve tranquila, ya que disfruta con su sufrimiento y su desesperación. Una vez que el agredido ha aprendido que, haga lo que haga, siempre recibirá la humillación, descalificación o cualquier otra acción dolorosa por parte del perverso, cae en depresión; deja de luchar o de intentar evitar las agresiones porque ha aprendido, como el perro de Seligman, a estar indefenso.

LA VIOLENCIA PERVERSA

A la hora de presenciar una discusión que acaba en pelea, muchas veces cabe preguntarse quién tiene la culpa, quién ha comenzado la agresión, cuál de ellos es el que ha desatado la violencia. Pero no siempre es posible determinarlo. Los ánimos se van caldeando poco a poco, el nivel de agresión sube paulatinamente y, así, llegan a los golpes.

En muchas situaciones en que aparecen los malos tratos, éstos surgen de la forma en que la pareja ha establecido su vínculo. En ellas cabría más hablar de causas y efectos, de roles asumidos, que de la culpa absoluta de uno de los miembros. A menudo las agresiones son mutuas y constantes, la permanente descalificación se para con un golpe o con un violento silencio que puede hacer más daño que una bofetada, la provocación impune con un empujón. Son dificultades que nacen de la lucha por el poder en la que participan ambos.

Sin embargo no es esto lo que ocurre en el caso de la violencia perversa; aquí sí hay un agresor y una víctima definidos que no llegan a esa situación por la dinámica de la relación sino porque uno de ellos, el agresor, tiene como objetivo destruir a su compañero para sentirse omnipotente.

Cualquier persona que sea víctima de una agresión directa, ya se trate de insultos, descalificaciones o golpes, sabe perfectamente que está siendo agredida. Aun cuando por efecto de una manipulación por parte del agresor, de su propia desvalorización o de sus creencias pueda llegar a pensar que merece ese castigo, lo cierto es que no le cabe la menor duda de que están ejerciendo alguna forma de violencia contra ella. Este conocimiento puede permitirle, al menos poco, formularse el deseo o el plan de huir de la persona que la maltrata, sueño que, lamentablemente, en la realidad no siempre se puede cumplir.

Lo perverso del acoso moral es que toda la agresión está disfrazada, camuflada de buena intención, de afecto, lo cual hace que sea mucho más difícil que la víctima piense siquiera en defenderse o en huir. La forma en que actúa el maltratador, alternando constantemente agresiones con seducción o afecto, impide comprender a la víctima lo que está sucediendo y, por tanto, escapar o responder.

Para crear esta indefensión la violencia emocional debe ser insidiosa, constante, cotidiana y ejercida a lo largo de un mínimo de tiempo. El agresor destruye psicológicamente a su víctima sin prisa pero sin pausa durante años, de forma subterránea y sutil. El golpe de gracia se lo da cuando ésta, mostrando una absoluta dependencia psicológica de él, enferma o es ingresada en un psiquiátrico. Entonces, la abandona.

Debido a que violencia perversa sólo puede iniciarse contando con la confianza de la víctima, lo primero que hace el agresor es seducirla.

En una primera fase el maltratador se muestra lo más atractivo posible. Por una parte, exhibe su mejor cara, sus cualidades más sobresalientes con el fin de despertar el interés. Por otra, utiliza el halago (al que es muy fácil volverse adicto), para reforzar la autoestima en la víctima. Aunque pudiera pensarse que esta actitud pudiera estropearle finalmente los planes, es necesario comprender que hay un propósito deliberado y perverso detrás de esta acción: lo que busca el maltratador es que la persona a la que agrede necesite su presencia para sentirse valiosa y fuerte. Al crearle esta dependencia psicológica, la víctima estará a su merced. Por otra parte, ¿cómo no confiar en alguien que muestra tanta admiración? ¿Acaso es posible esperar mentiras, engaños, traiciones y trampas de la persona que tanto nos quiere?...

En las relaciones amorosas, el carácter del vínculo facilita estos objetivos: la futura víctima quiere creer al perverso, ya que todo lo que él le ofrece le hace sentir bien consigo misma, le da fuerzas, le motiva y le produce felicidad.

«... A veces tengo miedo de hacerle daño porque me da la sensación de que está más enamorado de mí que yo de él...»

Es esencial que la víctima confíe porque el mecanismo maquiavélico de la violencia perversa se basa en hacer creer, a través de ciertos gestos, que hay afecto mientras que, alternativa o simultáneamente, se harán otros que demuestren desprecio, odio, asco, etc.

Para una persona enamorada y pendiente de los sentimientos de su pareja, este tratamiento es enloquecedor; como los mensajes que recibe son contradictorios o ambiguos, termina perdiendo la confianza en sí misma, desequilibrándose e irremediablemente hundiéndose en la desesperación.

Despertar determinadas emociones en los demás, sobre todo si son negativas, es relativamente más fácil que controlar las propias. Como ejemplo de lo vulnerables que somos a la manipulación emocional, basta citar ese tipo de bromas que consisten en contar una mentira para que el inocente se asuste o se enfade. Si le decimos a un amigo: «acabo de ver que a tu coche se lo llevaba la grúa», instantáneamente observaremos su reacción de enfado o de ansiedad porque con nuestra mentira habremos despertado en él una emoción molesta.

Así como esta broma tendrá más efecto si la víctima confía en quien la hace, cualquier manipulación es más fácil de llevar a cabo cuando la víctima ha atribuido previamente al agresor buenas intenciones hacia ella.

La destrucción insidiosa

Comienza de forma muy discreta: una broma de dudoso gusto, una cara de desagrado, unas palabras masculladas de manera que sugieran descalificación pero que den la posibilidad de decir que ha sido un equívoco; algo que provoque dolor pero que, al mismo tiempo, no comprometa al agresor, que le deje siempre una puerta abierta para hacer creer al agredido que su intención no ha sido lastimar, que jamás haría cosa semejante porque ¡cómo va a causar daño a quien tanto quiere!...

La víctima, que ansía creerle porque ha sido previamente seducida, acepta su error de interpretación, se disculpa, experimenta remordimientos por haber acusado injustamente a su agresor y se siente mal consigo misma; ridícula, susceptible y tonta, a la vez que elogia internamente la paciencia que con ella muestra el perverso.

«No sé si será alguna cuestión hormonal o qué, pero estoy a la que salto. Y lo peor es que a veces la tomo con Carlos, que tiene una paciencia increíble. Jamás discute ni levanta la voz, pero en ocasiones me pone de los nervios. Ya sabes cómo es, prefiere no tomarse las cosas en serio y a veces sus bromitas son de lo más pesadas, y más cuando no estás de humor para chistes. ¡Y mira que se lo digo!... Primero le monto una bronca espantosa y luego me siento ridícula y avergonzada porque el pobre lo único que pretendía era hacerme reír.»

A la protagonista de este testimonio ni siquiera se le cruza por la cabeza la posibilidad de que su marido esté haciendo todo lo que la desestabiliza con el deliberado propósito de destruirla. Desde un primer momento se echa la culpa a sí misma y, aunque diga que «*pareciera que lo hace adrede*», en el fondo opta por creer que es su error de percepción lo que le hace llegar a esa conclusión.

Como probablemente su marido, en más de una ocasión, se muestre herido o injustamente censurado, cualquier intento de indignación de la mujer se transformará rápidamente en culpa. Esto da al agresor poder sobre ella ya que, con tal de hacerse perdonar, hará cualquier cosa.

El agresor no acepta discusiones porque permitir un intercambio de palabras daría pie a que la confusión que vive la víctima pudiera aclararse. Esto, además, redunda en su favor, ya que siempre es la maltratada quien pierde los nervios.

A medida que el tiempo transcurre, el clima que se crea en la relación es cada vez más tenso y el equilibrio de la víctima, más precario.

«Las cosas con Carlos siguen mal. Según él, la culpa es mía y creo que en el fondo tiene razón, pero no por lo que él dice; es mía porque fui una idiota al no darme cuenta de la clase de persona que es. Yo seré una histérica, pero él no es ningún santo. ¡No me digas que a estas alturas no sabe lo que me molesta y lo que no...!»

Llega un momento en que la violencia se hace más explícita y eso le permite empezar a sospechar de la mala fe del agresor, pero aún así éste seguirá por mucho tiempo tratándola de forma ambigua, dándole mensajes falsos, seduciéndola y machacándola, desplegando una gran variedad de técnicas que incomoda considerablemente la convivencia del matrimonio.

LA COMPLICIDAD DE TERCEROS

Este tipo de maltrato a menudo opera con la complicidad, consciente o inconsciente, de terceras personas. En la situación que se describe en el testimonio, los invitados ignoran que la protagonista ha pedido expresamente a su marido que no les hiciera pasar a la cocina, como así también que el tintineo de las copas es un sonido que le resulta muy irritante. Pero éste, que sí lo sabe, utilizará estos elementos para ponerla nerviosa, para hacerle perder la compostura delante de los invitados que terminarán calificándola de histérica y a él de sufrido, paciente y buen marido.

En muchas ocasiones el perverso se mostrará preocupado por la salud mental de su esposa; dirá que últimamente la ve demasiado nerviosa e irritable, que no sabe qué le está ocurriendo, que padece insomnio o que se muestra demasiado impaciente con los niños. Para reforzar en los demás la creencia de que no está bien de la cabeza, la incitará a tener estallidos emocionales cuando haya público. Esto lo hará poniendo en juego diversas tácticas que tienen en común el utilizar, como en el caso del ejemplo, elementos que sólo él y la víctima conocen. Cuando ésta no pueda más y estalle, los demás no podrán comprender qué es lo que ha sucedido.

El perverso tiene siempre una especial habilidad para enfrentar a unos con otros, para crear rivalidades o celos; para despertar en quienes le rodean las más oscuras emociones, y éstas son habilidades que suelen centrarse en la destrucción de su víctima. Es capaz de hacer sugerencias aparentemente inocentes que siembren la desconfianza o el odio entre los restantes miembros de la familia. Esta capacidad a menudo es utilizada para poner a los hijos en contra de su cónyuge o, en ocasiones, para que se peleen entre sí.

La violencia perversa puede dar paso a la violencia física cuando la víctima por fin comprende en qué extraña relación está metida y decide poner fin a los abusos del maltratador. A partir de ese momento, al perverso ya no le valen indirectas ni disimulos; para él deja de tener sentido la sutileza porque su juego ha sido descubierto. Eso no hará que abandone su labor destructiva sino que empiece con la fase de agresiones directas y brutales en la que tienen cabida amenazas de todo tipo y palizas. Desde su sentimiento de omnipotencia herida hará cualquier cosa con tal de seguir teniendo sobre la víctima ese dominio que empieza a escapársele de las manos.

«La semana pasada estuvo a punto de pegarme y ahora sé que puede hacerlo en cualquier momento; todo es cuestión de tiempo.»

La protagonista del testimonio tiene toda la razón al decir que el empleo de la violencia física es sólo cuestión de tiempo. También que su marido, que la considera no una persona sino un objeto de su propiedad, difícilmente permita que se aleje, que le abandone y hará lo que sea con tal de impedirlo.

Pero a partir de esa conciencia de la situación, de haberse dado cuenta de que no está loca ni es la que ha provocado los conflictos en la pareja, ella podrá tomar decisiones y buscar la manera de escapar de él.

CÓMO RECONOCER LA VIOLENCIA PERVERSA

Las formas que adopta este maltrato son múltiples y resulta imposible enumerarlas o reconocerlas a todas. Dependen, en gran medida, de los puntos débiles de la víctima.

Es importante insistir que la violencia perversa es una destrucción insidiosa y constante, que no da tregua a la víctima y que se prolonga a lo largo del tiempo. Una agresión aislada no puede calificarse de tal y no dejará las mismas secuelas, pero el ejercicio continuado de este tipo de violencia paraliza primero a quien lo sufre y, posteriormente, le provoca un desequilibrio psicológico que, en ocasiones, lleva al suicidio.

Reconocer la violencia perversa no es nada fácil; por un lado, el maltratador suele ser una persona particularmente seductora, con gran capacidad de convicción, con un encanto especial y un actor consumado. Su misma frialdad a la hora de manipular las diferentes situaciones le facilitan el control de sus propias emociones, con lo cual es difícil que pierda los nervios y se ponga en evidencia, tanto ante la víctima como ante terceros. Esto sólo ocurre una vez que ha sido descubierto, aunque negará vehementemente todas aquellas cosas de las que se le pudiera acusar.

Toda persona que pase años de depresión, que en presencia de su cónyuge se sienta especialmente ansiosa, temerosa o enfadada, que tuviera la sensación de que algo no va bien pero se sintiera incapaz de ver qué es lo que sucede, tal vez debería plantearse la posibilidad de estar siendo objeto de una agresión de este tipo.

Entre las conductas propias del perverso moral pueden citarse:

- Utiliza defectos, temores o cualquier tema que resulte doloroso a la víctima para humillarla. Lo más probable es que primero lo haga en privado, como broma, pero seguramente luego ejerza esta conducta en público para que la burla sea generalizada. De esta manera, si la víctima reacciona ante la agresión, podrá acusarla delante de los demás de carecer de sentido del humor, de histérica o de ser demasiado susceptible.
- Sus críticas jamás son concretas sino manipulativas: «*No sirves para nada*», «*Si sigues así tendremos que separarnos*», «*Los niños no son felices por tu culpa*», etc. No suele aceptar las disculpas; más bien insiste en que no sirve pedir perdón, que antes de hacer las cosas hay que pensarlas.

- Si la víctima promete no volver a hacer una cosa, por tonta que ésta sea, y la hace, el abusador no la acusa de ser inconsecuente o de no cumplir con su palabra sino de ser mentirosa.

- Insultan o hacen descalificaciones en voz lo suficientemente baja para que la víctima oiga lo suficiente como para entenderlo pero no con absoluta claridad. Cuando le pide explicaciones, le asegura que ha entendido mal, que no han dicho tal cosa.

- Al principio no hacen ataques directos, no levantan la voz ni entran en polémica.

- No aceptan disculpas, más bien se muestran dolidos u ofendidos. De este modo niegan a la víctima la posibilidad de reparar lo que acepta que ha sido su error, a la vez que provocan en ella mucha ansiedad ante la idea de que la relación pueda terminarse.

- Su objetivo directo es poner nerviosa a la persona a la que maltrata. Se siente satisfecho cuando la ve estallar, perder los nervios. Eso le da una intensa sensación de poder.

- Arman situaciones en las cuales la víctima aparece como responsable. Si, por ejemplo, es aprensiva, poco antes de la hora en que han quedado en encontrarse con unos amigos le dice que ha observado que su hijo tiene mala cara). Ante ello, lo más probable es que ella se niegue a salir. Más tarde le echará en cara el ser hipocondríaca, le demostrará que el niño está perfectamente y que él sólo dijo que le veía mala cara pensando en el cansancio del pequeño o alguna ambigüedad parecida.

- Las respuestas que dan a menudo están fuera de contexto a fin de confundir. El maltratador puede decir, frente a una comida que ha hecho su mujer, que está salada. Por su tono, ella sabrá que esto le disgusta; lo vivirá como un reproche. Pero si otro comensal le pregunta abiertamente: «¿*No te gusta? ¡A mí me parece que está estupendo!*», el perverso corregirá inmediatamente: «*Yo no he dicho que no me guste, he dicho que tenía mucha sal porque hay gente a la que le gusta la comida más bien sosa*». En el caso de que esa persona no saliera en su defensa, que no le obligara a declarar que la comida le gusta, la víctima quedaría con la idea de que ha hecho las cosas mal y de que ha sido puesta en evidencia ante todos los invitados.

- No deja pensar, tiende a enredarse en teorías complicadas, a mezclar unos temas con otros de manera que a su víctima le resulte muy difícil hilar un discurso coherente, sobre todo a la hora de dejar en claro quién es responsable de algún problema. El caso es confundirla. Los mensajes contradictorios son comunes, se refiere indirectamente a la realidad, a veces a través de ejemplos mal basados gracias a los cuales parece tener la razón. El perverso es, en este sentido, muy hábil.

- Utiliza la duda constantemente, no se compromete en nada. Esto le sirve para que, llegado el caso, pueda contradecirse sin problemas o echar la culpa a otros por haber entendido mal.

- Suele provocar los celos de la víctima y no necesariamente siendo infiel sino, más bien, dando pistas falsas que apunten en este sentido. También puede elogiar abiertamente a personas que compitan activamente con la víctima dándoles la razón aunque no la tuvieran en lugar de apoyar claramente a su pareja. Coquetea con otras personas, se muestra marcadamente amable y simpático con los demás, dándoles un tratamiento agradable que niega a quien maltrata. Con estos juegos le demuestra desprecio, la humilla y también la confunde ya que cuando las personas a las que halagó no están presentes, habla muy mal de ellas.

- Puede hacer cumplidos a la víctima delante de terceros, pero utilizando un tono y unas palabras en las que sólo ella, que le conoce, puede detectar amenaza.

- Es habitual que se maneje con sobreentendidos, que no diga claramente qué es lo que quiere o lo que le gusta para poder así acusar a su víctima de no dárselo o de hacer lo contrario.

- Para sentirse superior, puede utilizar un lenguaje técnico y complicado con el fin de que su pareja no comprenda y tenga que pedir posteriores explicaciones.

- Cuando logra que la persona a la que maltrata se sienta particularmente ansiosa o tensa, baja notablemente el tono de su voz en las charlas con el fin de que tenga que hacer grandes esfuerzos para oír y comprender qué dice. Bajo ese estado de tensión y ansiedad, la víctima se siente agotada y si ya le resulta difícil concentrarse, le cuesta aún más cuando tiene que prestar suma atención para poder oír lo que su acosador le dice. A mayor agotamiento, mayor tensión, menor comprensión y mayor miedo. Se establece un círculo vicioso en el que su angustia y nerviosismo se disparan. Con este estado emocional incontrolable es muy probable que, en cualquier momento, estalle en un ataque de llanto o de gritos.

- Justifica siempre lo que hace, utilizando para ello mentiras: «*si te hago daño es por tu bien*», «*creí que era eso lo que querías*».

- Obliga a la víctima a disimular ante los demás. Es frecuente que ésta, al recibir sus agresiones encubiertas, haga ver que lo toma como broma para no crear un clima de tensión que involucre a todos los presentes. Es decir, el maltratador, en cierta manera, termina convirtiéndola en cómplice de su propia destrucción.

- Ataca a los hijos como agresión indirecta a la mujer y culpa invariablemente a ésta de una supuesta mala educación de los pequeños.

EL PERFIL DEL PERVERSO MORAL

Aunque muchas de las actitudes señaladas en el punto anterior están presentes en otras formas de maltrato, no todo agresor puede ser calificado de perverso moral. Los insultos y descalificaciones, por ejemplo, pueden ser utilizadas por un individuo extremadamente celoso y el coqueteo con personas ajenas a la pareja, por alguien que, además de maltratador, sea un seductor. En cuanto a las amenazas, son propias de las personas violentas y recurren a ellas casi todos los que utilizan la violencia contra sus parejas, ya sean hombres o mujeres.

Las razones que llevan a una persona a maltratar a otra pueden ser muchas: algunos, por la educación sexista que han recibido, están convencidos de que la mujer debe obedecer, servir al hombre, y reaccionan violentamente cuando ésta intenta hacer valer sus derechos o cuando se niega a cumplir sus deseos. Otros, enfermos de celos, ven infidelidades donde no las hay y montan en cólera cada vez que tienen la menor sospecha. El objetivo de estos dos tipos de maltratadores no es el hacer daño, destruir, sino conseguir mediante agresiones obediencia (en el primer caso) o fidelidad y seguridad (en el segundo).

Pero el perverso moral no utiliza su violencia para conseguir otros objetivos sino que la ejerce con el único propósito de destruir a su víctima. Su perfil es muy claro: se trata de un perverso narcisista que se considera a sí mismo especial, superior a los demás, con unas enormes ansias de dominio que le permitan disfrazar la inseguridad que siente. Tiene fuertes fantasías de éxito y poder y necesita llamar la atención, obtener una exagerada consideración y respeto de quienes le rodean. Busca ser admirado o, como poco, temido. Se quiere sólo a sí mismo y es incapaz de sentir afecto hacia los demás.

Se considera omnipotente y a su víctima la ve como un objeto que está ahí para satisfacer sus caprichos. Y no porque sea mujer, como podría ser el caso de un marido machista, sino porque todos cuantos le rodean, independientemente de su sexo, son considerados inferiores por el narcisista.

Como no puede «castigar» a toda la humanidad, dirige su agresión a quien tiene más cerca, lo convierte en su víctima y lleva a cabo su labor destructiva para sentirse omnipotente.

Cualquier acción de la víctima que le pudiera molestar, por pequeña que fuere, será tomada como falta de respeto y merecedora de un castigo cruel. Sin embargo, no sólo agrede cuando se siente interiormente irritado sino constantemente, aunque no haya motivo alguno, porque experimenta placer y poder haciendo sufrir y viendo la desesperación de la víctima por congraciarse con él.

A menudo la pareja sólo le interesa en el aspecto sexual; el resto del tiempo, su sola presencia le produce rechazo.

Considerando que para la mujer es muy importante el clima de complicidad, de ternura, de afecto a la hora de tener relaciones sexuales, se comprende que en muchos casos la víctima evite el contacto íntimo con el agresor ya que la confusión, ansiedad y depresión que él le provoca disminuyen su apetito sexual. Para conseguir que ella acceda a tener relaciones que no desea, el perverso amenaza con abandonarla o le hace sentir que, como mujer, no sabe satisfacerle. Así, a todas las humillaciones recibidas se suma una más: el abuso sexual.

Aunque el maltratador quiere obtener poder a cualquier precio, las actitudes de sumisión por parte de la persona a la cual maltrata no aplacan su violencia sino que, por el contrario, le motivan a seguirla ejerciendo. Cuanto más sometida se muestre la víctima, cuanto más se deje humillar, más despreciable y digna de agresión la encontrará el maltratador.

En el fondo, este individuo es muy inseguro; es habitual que sienta que los demás rivalizan con él y no tiene límites a la hora de hacer trampas del tipo que sea con tal de salir airoso en cualquier confrontación.

La envidia y los celos le corroen; no soporta que alguien tenga un protagonismo mayor. Requiere para sí mismo toda la atención y le molesta particularmente que la víctima tenga una ética firme, que no se vea obligada a recurrir a los golpes bajos que él utiliza para sentirse bien o para estar en paz consigo misma. Por eso la odia intensamente e intenta, por todos los medios, corromperla o destruirla.

Al perverso moral no se le escapa su propia maldad; la conoce y por ello envidia a las personas consecuentes, con ideales, bondadosas, generosas y con capacidad afectiva. En el fondo se siente muy inferior a ellas y por eso quiere destruirlas.

Los perversos narcisistas no tienen cura por sí mismos; saben y aceptan que no pueden dejar de agredir, por lo que la única manera de evitar el maltrato por su parte es tomar distancia lo antes posible sabiendo que, una vez que se ha caído en sus redes, la destrucción psicológica se pone en marcha y hace totalmente difícil tener una noción clara de lo que sucede.

A veces, la presencia de un juez o de la autoridad logra aplacarlos, y no porque hayan experimentado un cambio ni porque se sientan arrepentidos, sino por miedo al castigo. En cuanto éste deje de ser una amenaza, volverán a su conducta habitual, mostrando inclusive un mayor ensañamiento.

LA VÍCTIMA DEL ACOSO MORAL

Un domador se siente más poderoso si logra dominar a un tigre que si somete a un conejo. De la misma manera, los perversos morales no suelen elegir como víctimas a personas débiles de carácter y sumisas por naturaleza sino a personas fuertes, seguras de sí mismas, generosas, inteligentes y con firmes convicciones éticas que son con las que puede desarrollar ampliamente su juego perverso.

La víctima cae en la trampa no porque sea masoquista sino porque no comprende lo que está ocurriendo. En un principio, a ella ni siquiera se le ocurre pensar que el maltratador quiera hacerle daño deliberadamente; no concibe que una persona pueda sentir placer destrozando a otra. Por esta razón, cada vez que el maltratador la agrede sin motivo, intenta entender su acción, encontrarle una lógica. Con ayuda del perverso llega a la conclusión de que todo ha sido un malentendido. Como este tratamiento es constante, cotidiano, es muy posible que llegue a pensar que el problema es suyo.

«No sé si será alguna cuestión hormonal o qué, pero estoy a la que salto.»

Esa convicción, a la vez que aumenta su ansiedad la paraliza. Por otra parte, las amenazas o agresiones seguidas de actitudes seductoras que tiene el perverso hacia ella, la confunden cada vez más. Se echa culpas a sí misma por irritarse, por reaccionar violentamente cuando él la provoca, por no poder controlarse, por hacer las cosas mal. Vive bajo una constante sensación de frustración, angustia, confusión y ansiedad.

Si en algún momento, sea por sí misma o porque alguien la ayude, descubre el juego y acepta que su pareja la acosa deliberadamente, siente un enorme alivio ya que, por fin, todas las piezas del puzzle encajan. Aun así es difícil que su infierno haya terminado.

Probablemente no pueda marcharse ni acusarle abiertamente porque, al considerarle un enfermo, su ética le impida hacerlo. Como resulta poco menos que imposible disponer de pruebas concretas del maltrato, al menos hasta que éste incluya golpes o una agresión más abierta, se siente injusta cada vez que piensa que la culpa es del maltratador. No debe olvidarse que las personas que tienen una ética bien constituida son también autocríticas, aceptan sus errores e intentan subsanarlos. Estas características son aprovechadas por el maltratador para echar invariablemente la culpa a la víctima y paralizar, de este modo, cualquier respuesta coherente por su parte.

EL PERVERSO Y LOS HIJOS

El perverso narcisista, además de buscar el respeto incondicional de todos cuantos le rodean, necesita además ser protagonista. Es competitivo y no soporta que nadie sea mejor que él en ningún terreno y esto, por supuesto, no excluye a los hijos.

Los padres normales se sienten orgullosos cuando sus hijos los superan; viven sus éxitos como si fueran propios, les alientan a seguir adelante, les ayudan en todo lo que pueden y les hacen saber que están muy contentos con sus actuaciones. Sin embargo, los perversos narcisistas suelen darles a sus hijos un tratamiento similar al que dan a sus cónyuges; como no pueden soportar que éstos les superen, les bloquean, les culpabilizan y, bajo la excusa de estar educándolos correctamente, les destrozan psicológicamente. Descargan la rabia y envidia que sienten ante las posibilidades o talentos de los pequeños haciendo que su cónyuge les aplique castigos injustos «por su bien».

Son muy hábiles a la hora de manipularles, de ponerles en contra del otro progenitor («Yo te dejaría ir, pero sabes que tu madre, que está muy nerviosa, se preocupa y lo pasa mal»).

Es habitual que utilicen, en tono de broma, frases como «nunca serás tan bueno como yo en esto», o bien «a tu edad, yo ya podía hacer eso y mucho más». Con ellas consiguen que sus hijos se desvaloricen a sí mismos y mitifiquen la figura del maltratador.

Como disfrutan viendo a unas personas enemistadas con otras, consiguen crear entre los miembros de la familia un clima de hostilidad permanente. Por otra parte, culpan a sus cónyuges de la mala educación de los niños para que se muestren más rígidos con ellos. De esta manera, los niños observan que uno de los padres es amable y complaciente en tanto que el otro, es duro y exigente.

También es común que propongan a los niños planes con los que, según les hace creer, el cónyuge no estará de acuerdo, con el fin de fomentar en ellos una imagen propia agradable y una desagradable hacia el otro progenitor.

En ocasiones maltratan a los niños para agredir indirectamente a su madre. Ésta, debido al agotamiento que le produce su convivencia con el maltratador, se ve imposibilitada de defenderlos y, normalmente, exige paciencia a los pequeños en lugar de hacer frente al perverso.

Pero es ante la separación cuando ponen de manifiesto su arsenal de agresiones. Sin pensar en el efecto que pueda causar en los niños tener una mala imagen de su madre, les mienten y cuentan embustes para que éstos la rechacen. Además, el chantaje utilizando a los pequeños es de lo más habitual.

Aunque por razones prácticas en muchos ejemplos haya hablado de perverso narcisista, hay que tener en cuenta que esta desviación no es propia de los hombres sino que se da en ambos sexos. La mujer narcisista utilizará con su marido y sus hijos los mismos métodos que el hombre. Ambos son igualmente maltratadores fríos y destructivos.

Cómo salir del infierno

A menudo, como se ha dicho, el acoso moral es detectado por personal sanitario, especialmente por psicólogos y psiquiatras, cuando la víctima cae recurrentemente en estados depresivos, ansiosos o presenta dolencias psicosomáticas propias del estrés (cardiopatías, trastornos gastrointestinales, dificultades respiratorias, mareos frecuentes, temblores, aparición de calvas, etc.). En estos casos, sobre todo cuando la víctima sigue un tratamiento psicológico que permite al terapeuta observar lo que está ocurriendo, el acoso moral se pone de manifiesto y se pueden tomar medidas. Lamentablemente, la tipificación de este tipo de maltrato es muy reciente y no todos los médicos sospechan de su presencia a la hora de ver los síntomas en sus pacientes.

La víctima puede sufrir este tipo de maltrato durante años, sin darse cuenta de que son las sutiles agresiones del perverso las causantes de su desequilibrio, de su ansiedad o de los posibles trastornos psicosomáticos que padece; y como el daño psicológico sufrido puede dejarle secuelas de por vida, siempre es recomendable que consulte a un profesional y siga un tratamiento a fin de recuperar su perdida estabilidad.

La Dra. Mari-France Irigoyen hace algunas recomendaciones destinadas a que las víctimas tomen conciencia de la situación en que viven y puedan reaccionar:

- Si existe la sospecha de estar siendo acosada moralmente, lo mejor es alejarse cuanto antes del supuesto maltratador. Si el maltrato se prolonga en el tiempo, lo más probable es que el deterioro psicológico impida a la víctima alejarse de su verdugo.
- Mientras no ponga distancia con el maltratador, la víctima deberá tener cuidado a la hora de establecer cualquier cambio ya que, seguramente, éste será motivo de nuevas agresiones, probablemente más violentas.
- No criticarle. Como la agresión desplegada por el perverso, además de un sentimiento de culpa y desvalorización provoca en la víctima reacciones de furia, es probable que ésta caiga en la tentación de criticarle cuando él cometa errores fácilmente demostrables. Pero el maltratador, lejos de aceptarlos o reconocerlos, tomará las críticas como agresiones; sentirá que un ser inferior le falta el respeto y responderá con violencia a fin de castigarle, de ponerle en su lugar. También es probable que busque la forma de culpabilizar de ellos a la víctima utilizando para ello su habilidad para manipular las emociones ajenas.
- No mostrarse moralmente intransigente. Toda persona adulta, a menos que padezca un severo desequilibrio mental que incluya delirios y otras manifestaciones psicóticas, sabe distinguir perfectamente entre el bien y el mal; conoce las normas éticas que rigen la sociedad e intenta cumplir sus deseos sin quebrantarlas.
  El perverso, sin embargo, se complace en saltarse estas leyes ya que considera que la sociedad no tiene ningún derecho a prohibirle que haga lo que le apetece ni a censurarle por ello. Pero lejos de ser un rebelde que lucha abiertamente y se opone a las normas a viva voz, es un terrorista tramposo que exige a los demás el cumplimiento de unas directrices que para él no cuentan.
  De este modo, intenta que las personas con las que tiene una relación íntima o intereses comunes, sean tan poco éticas como él.
  Si el perverso se droga, estafa o roba, por ejemplo, pretenderá que su pareja sea su cómplice en esos delitos, ya que, de no hacerlo, se colocaría en un escalón que él, en el fondo, estimaría superior. Eso es algo que jamás estaría dispuesto a permitir.

- Y, lo más importante: tomar nota por escrito del maltrato recibido. Apuntar detalladamente en qué ha consistido, el día y la hora a la que se produjo. El hacerlo tiene dos fines: por un lado, que la víctima tome plenamente conciencia de que el maltrato existe, que es insidioso y repetido, que no es motivado por ella ni, mucho menos, producto de su imaginación. Por otro, estas notas servirán en caso de que haya un juicio. Los perversos morales, con su frialdad y su lógica, son capaces de convencer a un abogado, a un juez, de que la víctima es quien agrede, de que son ellos los que sufren maltrato.

- Buscar ayuda en alguna persona amiga que pueda ejercer una contención, que sirva de anclaje para poder mantener firme la creencia de que las agresiones sufridas son reales. Como el maltratador utilizará todas las armas de seducción que tenga a su alcance, la víctima pensará a veces que el maltrato existe pero, otras, creerá que es producto de su imaginación. Una tercera persona puede ayudarle a tomar conciencia del maltrato que se está sufriendo, sobre todo si es un terapeuta, ya que, por sus conocimientos, su palabra puede ser más creíble y difícil de desvirtuar por el maltratador.

- La víctima debe tener en cuenta que, en el momento en que haga saber al perverso que conoce su juego, éste se volverá mucho más violento, llegando inclusive al maltrato físico. Por ello deberá comportarse con mucha cautela. Partiendo de la idea de que este tipo de maltratadores no cambian, que no puede esperarse de ellos una mejoría en la situación, lo esencial es tomar la decisión de alejarse cuanto antes, sin darle pistas acerca de ello.

A veces, las personas ajenas a la pareja (amigos, familiares) pueden ver con mayor facilidad los manejos del maltratador. En estos casos, deben saber que la víctima no siempre aceptará sus consejos u opiniones. Como se siente con frecuencia seducida por el perverso, es probable que si se habla en su contra la víctima se lo cuente, en cuyo caso el agresor le haría prometer que se distanciará de la persona que pretende ayudarla. Por este motivo es importante que la ayuda se brinde con el máximo cuidado. Una buena medida es recomendarle un tratamiento para superar su estrés, su ansiedad o su depresión y dejar en manos del terapeuta, más experimentado, el abrirle a los ojos.

También es probable que la víctima llegue a la conclusión de que está siendo maltratada pero su familia crea más en las versiones que ofrece el perverso. En este sentido, es útil también tomar nota de todas y cada una de las agresiones recibidas.

La violación conyugal

Por lo menos desde que tengo uso de razón, que yo recuerde, mi familia y mis maestros siempre se han quejado de mi rebeldía. No es que fuera especialmente traviesa ni que faltara el respeto a los demás; lo que siempre me ha molestado es la mentira, la farsa y la hipocresía. Cada vez que he tenido oportunidad de desenmascararlas lo he hecho, para gran disgusto de los adultos que, al parecer, se empeñaban en tomarme por tonta, en engañarme, en cometer injusticias, en decirme: «esto no se debe hacer» sin que se les cayera la cara de vergüenza cuando ellos mismos lo hacían luego delante de mí.

Mi padre trabajaba en la jefatura de policía y en casa era el amo y señor. Mis hermanos, ambos mayores que yo, los señoritos. Las mujeres, incluida mi madre, las esclavas que ellos tenían a su servicio. La familia en la que había nacido no podía ser más machista.

Ellos no sólo no ayudaban en nada sino que, además, exigían con prepotencia todo cuanto se les antojaba. Verles tratar con malos modos a mi madre, sobre todo a mis hermanos, me ponía enferma. Pero ella nunca se quejaba, no decía nada y hacía todo lo que le pedían. En las charlas que alguna vez hemos tenido intenté decirle que no lo permitiera, pero ella me respondía que no había manera, que ya no tenía fuerzas para seguir luchando.

Como yo era la única que hacía frente a semejante injusticia, sobre mí recaían todos los castigos. A mi padre no podía decirle nada porque era un hombre acostumbrado a la violencia y tenía la mano siempre lista para el bofetón; pero antes de irme de casa, ya había acostumbrado a mis hermanos a que jamás les haría una cama ni les plancharía una camisa. Eso, en más de una ocasión, me ha valido que no me pasaran los recados telefónicos, que me revisaran los cajones rompiéndome cosas o que intentaran hacerme castigar; pero habitualmente por cada una que ellos me hacían, yo les hacía otra.

A los 20 años me enamoré perdidamente de Alberto, un compañero de la Facultad. Era la primera persona por la que me sentía realmente comprendida, aceptada y querida. Por él estaba dispuesta a ir hasta el fin del mundo.

A pesar de la forma en que me habían educado y de que entonces las mujeres no teníamos esa libertad sexual que hoy se ve como algo normal, tal vez por mi rebeldía siempre había tenido claro que yo no me iba a casar virgen porque a eso no le encontraba ningún sentido. Por esa razón accedí a tener relaciones con el que era mi novio a los pocos meses de conocerle.

El resultado de esos encuentros fue un embarazo que, como era de esperar, mi familia tomó muy mal. Recuerdo que lo primero que se dijo era que de mí no se podía esperar otra cosa. Sin embargo, lo que me dejó de piedra fue que Alberto me preguntara, desconfiado, si estaba seguro de que era suyo. Me interrogó al respecto varias veces, cosa que, en su momento, me puso furiosa.

El que nos obligaran a casarnos no fue para mí, en ese momento, ningún castigo sino, más bien, una bendición. Estaba harta del clima que se vivía en casa y me hacía muchísima ilusión tener la propia. En cuanto al niño, aunque me asustara un poco la idea de ser madre cuando jamás me lo había planteado, estaba contenta y confiada.

Alberto no se tomó las cosas de la misma forma; para él, la boda fue una crucifixión. Pensaba que no estaba preparado para sostener una familia, que la situación le destrozaba los planes que había hecho para su futuro y que, en el fondo, no sabía si lo que sentía por mí era realmente amor.

Hoy pienso que, de no haber estado tan enamorada, me hubiera negado en redondo a casarme por la fuerza; que hubiera hecho cualquier cosa con tal de sacar a mi hijo adelante con o sin la ayuda de mi familia o de su padre. Pero le quería tanto y era tal mi seguridad de que podría hacerle feliz, que ni siquiera me lo pude plantear.

Antes de que naciera Antonio las cosas ya estaban lo suficientemente mal como para que yo me pasara el día llorando. Hacía los mayores esfuerzos por complacerle, por verle contento, pero nada le satisfacía y en el único momento en que se mostraba amable en cierta forma era en la cama; de modo que muchas veces accedí a tener relaciones sexuales con él, no porque me apetecieran sino porque era la única forma de que suavizara un poco su actitud. Durante el día, a menudo ni me dirigía la palabra o se quejaba por todo; y estoy segura que, de no haber sido por el terror que le inspiraba mi padre, se hubiera marchado de casa a los dos meses.

Así, mi embarazo fue una época triste o, más bien, desesperante. Deshacer el matrimonio era imposible y la convivencia se hacía cada día más difícil. Yo intentaba consolarme pensando que cuando naciera el niño las cosas iban a cambiar, que al verle, al tenerle en sus brazos, se iba a sentir orgulloso y feliz. ¿Qué otra cosa podía pensar a mis 21 años?

Antonio nació y, tal vez por el desamor que sentía, me volqué en él totalmente. Era un niño hermoso y sano que me hacía sentir necesaria y útil. Su padre, por el contrario, lo rechazó desde el primer instante en que lo vio: se negó a cogerlo en brazos y pronto me di cuenta que, lo mejor, era no insistir.

La relación se fue deteriorando aún más; yo trataba de comprenderle, de tenerle la mayor paciencia del mundo, pero me lo ponía muy difícil. Sus gestos despectivos y sus insultos me hacían daño; sin embargo, siempre trataba de ponerme en su lugar y pensar que no se puede disfrutar de una unión ni de nada cuando no eres tú quien ha decidido la vida que estás llevando.

Me acusaba a mí misma de haber sido egoísta por aceptar la imposición de la familia e intentaba que la convivencia fuera lo más agradable posible y me desesperaba al ver que la relación se desmoronaba día tras día. Yo era la culpable de su desgracia y eso me lo hacía sentir a cada instante, pero lo que más me destrozaba era que no le hiciera el menor caso a su hijo.

Empezó a llegar tarde, lo que acarreó fuertes discusiones. Al principio, cuando los ánimos se calmaban, se mostraba un poco más afectuoso e intentaba que termináramos en la cama. Yo trataba de explicarle que a mí las broncas, lejos de excitarme, me quitaban las ganas por completo y eso motivaba sus malas caras, que no se dignara dirigirme la palabra o, peor aún, que gritara al pequeño en cuanto rompiera a llorar, de modo que, aún sin desearlo, a veces le complacía.

La idea de separarme fue tomando cuerpo, pero quería hacer las cosas bien ya que tenía claro que a mi casa no podía volver. Me puse en marcha para buscar un trabajo, cosa que no era fácil en mi situación, y para conseguir una guardería para Antonio.

Cuando le conté a mi marido lo que había decidido y le dije que consideraba que nuestro matrimonio estaba disuelto, que hiciera la vida que quisiera y que yo me iría en cuanto me fuera posible, no me dijo absolutamente nada.

Al día siguiente de la charla, compré el periódico y, después de marcar unas cuantas ofertas de empleo, dejé al niño con una amiga y me fui a hacer entrevistas. Cuando llegué por la tarde, Alberto ya estaba en casa. Me preguntó dónde *había estado, y cuando se lo dije no me creyó; empezó a gritarme diciéndome que tenía otro hombre, que a él nadie le ponía los cuernos, que yo era su mujer y cosas por el estilo. Tranquila, le expliqué que estaba totalmente equivocado y cuando fui al dormitorio para cambiarme, me siguió. Allí, de un empujón me tiró sobre la cama diciéndome que era una ramera, que vaya dios a saber con quién había estado, y, sinceramente, no recuerdo qué barbaridades más. Sólo sé que luché por apartarlo de mí pero, cuando me cogió por los pelos y me amenazó con el puño cerrado, pensé que lo mejor era quedarme quieta y que hiciera lo que le viniera en gana. En esos momentos centré todo mi esfuerzo en decirme a mí misma que yo no estaba ahí. Sé perfectamente que si no hubiera nacido mi hijo las cosas hubieran sido muy diferentes: jamás me hubiera dejado avasallar de esa manera. Pero dada la situación, lo único que pensaba era que el niño sólo me tenía a mí y no podía arriesgarme a que ese animal me diera un mal golpe dejándole huérfano, en manos de un padre que no lo quería o de unos abuelos a los que no les importaba.*

Hasta que pude encontrar un trabajo, una guardería y alquilar un cuarto en una pensión, tuve que soportar varias veces escenas de este tipo, momentos que aún hoy recuerdo con una mezcla de asco y horror: pero al fin pude marcharme de esa casa.

Nunca supe nada más de él. Al principio le llamé un par de veces para ver si quería encontrarse con el niño, pero se negó. Cuando mi hijo tenía cinco años conocí a un hombre, que es mi actual compañero. Pese a que me lo ha pedido muchas veces, jamás he querido casarme con él.

* * *

Una de las formas de violencia más cruel que se observa en muchas relaciones de pareja es el abuso sexual. La psicóloga Graciela Ferreira, autora del estudio *La mujer maltratada*, dice que la violación conyugal es: «uno de los hechos de la escala de abuso sexual que más denigra a la mujer, llevándola a vivir en un estado permanente de humillación ante la evocación de imágenes y sensaciones de su forzamiento».

Para muchas mujeres, el complacer sexualmente a sus parejas es una obligación que deben cumplir. Las personas que trabajan con mujeres maltratadas han observado que la denuncia de violación marital es prácticamente inexistente; por lo general, la mujer llega a los centros de ayuda no por haber sido violada sino por haber recibido golpes y a lo largo de las entrevistas sí manifiestan haber mantenido, a veces a lo largo de años, relaciones sexuales forzadas.

Como sostiene la psicóloga Christiane Lelièvre: «Ninguna mujer va a denunciar abiertamente que su marido la violó. Por pudor, por pena o porque está segura de que se reirán de ella».

Pero en la violación marital no siempre concurren los golpes o las palizas; muchas mujeres acceden, sin desearlas, a tener relaciones sexuales con sus maridos como forma de frenar otro tipo de agresiones, bajo amenazas o porque están siendo chantajeadas de algún modo.

«Hacía los mayores esfuerzos por complacerle, por verle contento, pero nada le satisfacía y en el único momento en que se mostraba amable en cierta forma, era en la cama; de modo que muchas veces accedí a tener relaciones sexuales con él, no porque me apetecieran sino porque era la única forma en que suavizara un poco su actitud.»

En ocasiones, la mujer sí acepta y de buen grado la intimidad sexual, pero en el desarrollo del intercambio su marido, novio o compañero sentimental la obliga a realizar prácticas que a ella no le resultan placenteras. Esto, obviamente, también debe ser considerado como un abuso, sin importar lo comunes o socialmente aceptadas que sean dichas prácticas.

Aunque las ideas con respecto a la mujer y el sexo han cambiado radicalmente en la última mitad del siglo XX, aún hay personas que piensan que el placer sexual es algo que sólo experimentan los hombres. De este modo, las relaciones íntimas dentro de la pareja o del matrimonio son vistas como un derecho al disfrute por parte del varón y una obligación de complacerle por parte de la mujer. Esta creencia que entronca con el más rancio machismo, se basa en la idea de que el hombre es un ser superior y la mujer un mero objeto sexual, y es la que hace posible que muchos se sientan con todo el derecho a exigir a sus mujeres o a sus compañeras sentimentales los favores sexuales que les apetezcan, sin tener en consideración qué, cuándo y cómo les apetece a ellas.

Hoy ya no tiene sentido la clásica «prueba de amor» que los más avispados solían pedir a nuestras abuelas; al aceptarse que una mujer adulta puede hacer lo que desee con su cuerpo y su sexualidad, el varón no necesita recurrir a este chantaje para poder acostarse con ella. Sin embargo, no son pocos los casos en los que tanto el hombre como la mujer siguen creyendo que la convivencia o el matrimonio permite al varón hacer un uso sexual (cosa que es bastante diferente a compartir una experiencia) de la mujer que tienen a su lado.

Un problema cultural

Estamos en un momento en que gran parte de las conversaciones y tertulias públicas o privadas giran en torno a la igualdad de sexos, que se está luchando por hacer posible la igualdad de derechos. Pero hay muchas posturas encontradas acerca de las diferencias que existen entre el sexo femenino y el masculino; y los expertos se han abocado a establecer si ciertos comportamientos típicos de unos o de otras son naturales, congénitos o, por el contrario, producto de la diferente educación impartida a niños y niñas.

De lo que no cabe duda es que la educación sexual que se da a cada uno de los sexos, cuando la hay, es diferente; y esa es, precisamente, una de las fuentes del problema.

La psicóloga Christiane Lelièvre, dice al respecto: «Al hombre se le enseña por lo general una sexualidad basada exclusivamente en la genitalidad, es decir en lo referente a enfermedades o planificación familiar... pero casi nunca se educa la afectividad».

Muchos adultos, en un intento de ayudar a los jóvenes y no tan jóvenes, aconsejan mimar, acariciar, tratar bien a la mujer con el fin de que ésta «ceda» o se excite. En realidad, con esas palabras lo que hacen es algo muy similar a darles instrucciones para hacer funcionar una máquina: «Tocas el botón verde, luego el rojo, bajas la palanca y obtienes el premio». Para ellos resulta normal y, actuando a menudo de buena fe, se comportan como si las mujeres fueran objetos de uso y no seres humanos con sus miedos, deseos, afectos y toda una amplia gama de emociones y sentimientos entre los cuales se incluyen todos los relacionados con la intimidad sexual.

Pocos son realmente conscientes de este comportamiento. Quieren a sus mujeres, se preocupan por su salud y su bienestar, les brindan atenciones cuando ellas lo necesitan pero, a la hora de tener una encuentro íntimo, en el mejor caso cumplen con los ritos necesarios para excitar a sus compañeras (un trámite que para ellos es una pérdida de tiempo) y luego se sorprenden cuando alguien les dice que en la relación falta algo.

Si esto es así para muchos que estando enamorados no entienden que las cosas pueden ser de otro modo, fácil es imaginarse cómo vivirán las experiencias sexuales con sus cónyuges quienes consideran a las mujeres como seres inferiores que están a su servicio.

DE MUTUO ACUERDO

Aunque las agresiones sexuales pueden provocarlas tanto los hombres como las mujeres, en la gran mayoría de casos son ejercidas por los primeros.

Para no incurrir en ninguna de las formas de maltrato ligadas a la sexualidad, hay ciertas normas dictadas por el sentido común que es necesario tener en consideración. Debido a los patrones culturales de la sociedad patriarcal, estas normas no son, a veces, comprendidas claramente.

- Las relaciones sexuales deben ser siempre de mutuo consentimiento. Las aproximaciones físicas como los besos y las caricias, aun cuando no hubiera penetración, también pueden significar acoso y violencia.
- La persona que inicia el avance sexual es quien debe asegurarse de que está siendo aceptado por su pareja. A veces no se dicen palabras pero sí gestos. Los forcejeos, en este sentido, no deben interpretarse como juego a menos que haya otros elementos que así lo indicaran (risas, bromas, etc.).
- Que alguien consienta en tener una relación sexual no significa que acepte todas y cada una de las formas que ésta tome.
- El hecho de haber mantenido relaciones con anterioridad, sea con esa persona o con otras, no obliga a nadie a realizarlas en contra de su voluntad.
- La forma de vestir en un determinado momento podría interpretarse como actitud seductora, pero ello no significa que se pueda obligar a alguien a tener un intercambio sexual.
- Las dos personas deben tener plena conciencia de lo que están haciendo. Hay quien utiliza el alcohol como medio de manipular a otra persona para impedir su resistencia. Esto, lógicamente es también una forma de violación, de maltrato.

EL SEXO NO EMPIEZA EN LA CAMA

Toda mujer tiene derecho a sentir placer en sus relaciones sexuales, a disfrutar tanto como su compañero, a elegir el momento en el que está dispuesta a tener un encuentro sexual y con quién. Está claro que esto no es lo que se produce cuando las relaciones son forzadas, cuando no hay pleno consentimiento de su parte o cuando, para conseguir su aceptación, el hombre recurre a la fuerza física, a la intimidación, a la coacción o a la amenaza, sean explícitos o no.

«... cuando los ánimos se calmaban, se mostraba un poco más afectuoso e intentaba que termináramos en la cama. Yo trataba de explicarle que a mí las broncas, lejos de excitarme, me quitaban las ganas por completo. Eso motivaba sus malas caras, que no se dignara a dirigirme la palabra o, peor aún, que gritara al pequeño en cuanto rompiera a llorar; de modo que, aún sin desearlo, a veces le complacía.»

Si cuando una persona se muestra irascible o violenta recibe, como respuesta, la aceptación de un intercambio sexual, puede llegar a entender que la violencia excita a su compañera, que en el fondo a ella le gusta ser tratada con dureza. De ahí que no sea en absoluto recomendable utilizar el sexo como método para aplacar su irritabilidad.

Cuando una pareja no mantiene durante el día una relación amable, armoniosa, en la que el afecto y los cuidados sean prodigados por ambos, es difícil que quien lleve en ella la peor parte, es decir la persona dominada, sienta deseos sexuales hacia quien la somete. Muchas mujeres se sienten culpables por haber perdido su apetito sexual cuando lo que ocurre es que el deseo ha desaparecido porque no se dan otros ingredientes que lo suscitan.

Quienes se encuentran en esta situación no deberían sentirse obligadas a responder activamente a los requerimientos de su compañero ni aceptar que éste les eche la culpa de las desavenencias que se produzcan al respecto. Mucho menos aceptar que su obligación es satisfacerles.

El abuso sexual no sólo implica la utilización de la fuerza para conseguir el propósito; son muchos los métodos que se emplean a fin de lograr que otra persona acceda a hacer aquello que no desea:

- **Fuerza física:** consiste en restringir los movimientos y la capacidad de defensa de la víctima a fin de obligarla a prácticas sexuales que no quiere consentir.
- **Amenazas:** se amenaza a la víctima con hacer algún tipo de acto que le resulte doloroso en caso de que no consienta tener las relaciones sexuales re-

queridas. Lo más habitual es que se le diga que la relación, en ese caso, se va a terminar.

- **Intimidación:** consiste en utilizar la presencia física, aun cuando no haya un contacto, a fin de amedrentar y atemorizar a la víctima. Hacerle sentir que, en caso de quererle, el maltratador podría violarla y que eso puede ocurrir en cualquier momento.
- **Coacción:** es una estrategia de presión psicológica destinada a que la víctima consienta. Si bien es cierto que en la seducción se utilizan diversas formas de presión psicológica, a diferencia de la coacción ésta no produce temor ni sobresalto en la víctima; como mucho, simplemente desagrado. La coacción suele desarrollarse, sobre todo, cuando maltratador y víctima están solos.

Las actitudes mencionadas no sólo impiden que en el momento la mujer disfrute del encuentro sino que, a causa de la humillación que entrañan y de la falta de autoestima que provocan, dejan en ella secuelas importantes.

Entre éstas, en primer plano cabría citar la falta de apetito sexual y la imposibilidad de tener posteriores relaciones satisfactorias y placenteras.

A menudo estos actos entrañan amenazas y agresiones físicas que sumen a la víctima en un gran estado de ansiedad ya que, si convive con el agresor, la situación puede fácilmente repetirse.

UNA LEY DEFICIENTE

Actualmente, muchos países que cuentan con leyes destinadas a la penalización de la violencia familiar excluyen de esta calificación la violación marital a pesar de que ésta, fuera del matrimonio, sí esté tipificada como delito. Esto deja en un estado de indefensión a muchas mujeres que, durante años y después de haber perdido su apetito sexual por haber sido forzadas desde el primer momento, se ven obligadas a tener relaciones íntimas con sus maridos.

Como cada país tiene su propia legislación vigente al respecto, antes de emprender cualquier acción conviene saber si el abuso sexual ocurrido dentro del matrimonio es o no aceptado como delito.

En aquellos países en los que esta acción no esté legislada, se puede alegar maltrato psicológico o poner una denuncia penal. Normalmente esto conlleva que el tratamiento que se siga en todo el proceso no sea el mismo que aquel que discurre en los casos de malos tratos. Esto trae como consecuencia que no se impongan con la debida celeridad medidas importantes como son el alejamiento del agresor del domicilio conyugal o una especial protección a la víctima.

Las medidas jurídicas que las diferentes sociedades puedan tomar frente a este tema son importantísimas, pero no suficientes. Si no se da una educación diferente, si no se erradica la idea de que el marido tiene el derecho de usar a su mujer como objeto sexual y que ésta debe responder a esos requerimientos por el mero hecho de ser su esposa, por muchas leyes que se hagan al respecto no habremos adelantado absolutamente nada; en todo caso, lo único que conseguiremos será abrir un abismo entre ambos sexos donde la desconfianza, el temor a la denuncia y un permanente estado defensivo hagan imposible la solidaridad, el compañerismo y el afecto necesario para mantener una relación de pareja sana en la que ambos sean felices.

Otros partícipes de la violencia

Creo que por ser la mayor de cinco hermanos, he sido tal vez demasiado madura para mi edad. En casa mi padre era empleado del ferrocarril y mi madre trabajaba como modista, de modo que gran parte de las tareas domésticas y de la educación de los menores me tocó a mí. Supongo que es por esa razón que siempre me gustaron los chicos mayores; a los de mi edad los encontraba infantiles, inmaduros y supongo que ellos me veían a mí como una chica aburrida que se toma la vida demasiado en serio.

Cuando tenía 24 años conocí a Sebastián, un hombre de 42 años, soltero, de muy buen ver. Él había tenido una novia que le había dejado para casarse con su mejor amigo, y después de esa experiencia había salido con otras chicas pero sin llegar a formalizar jamás nada importante.

Lo vi por primera vez cuando vino a mi consulta; se había hecho un esguince en el tobillo y el médico le había recomendado que hiciera rehabilitación con el fin de fortalecer toda la zona, de modo que un amigo común al que yo había atendido le dio mi teléfono.

Mientras le hacía hacer los ejercicios y masajes, charlábamos, y pronto descubrimos que nos unía una misma afición, la música, y que ambos teníamos la frustración de no haber estudiado jamás ningún instrumento.

Dio la casualidad de que en el bar donde a veces bajaba a tomarme un café habían puesto un cartelito en el que se invitaba a participar en un coro a todo el que quisiera, tuviera o no conocimientos de música. Yo sabía que, al menos, no desafinaba, de modo que llamé por teléfono, fui, me hicieron una prueba y me aceptaron.

A los dos días Sebastián vino a la sesión y le comenté mi descubrimiento diciéndole que por qué no se apuntaba, que dos veces por semana no era tanto y que, seguramente, iba a resultar interesante. Incluso añadí que, como quedaba al lado, podía cambiarle el turno en la consulta para última hora de la tarde de modo que desde ahí pudiéramos ir juntos. Al principio me dijo que no, que estaba muy ocupado, pero a la siguiente sesión vino decidido a pasar por la prueba de voz para ver si lo aceptaban.

Él terminó su rehabilitación pero nos seguíamos viendo martes y jueves en el coro. A veces, me llamaba antes por teléfono y, si no tenía ningún paciente, me pasaba a buscar y nos íbamos a merendar antes de ir a cantar.

Me contó que era hijo único, que vivía con sus padres y que era relojero. Tenía un pequeño negocio familiar.

Me fui enamorando de su sencillez, de su seriedad y de su romanticismo. Le gustaba mucho leer y era todo un caballero, de esos que ya no quedan, hasta tal punto que su declaración amorosa fue absolutamente formal.

A los cuatro meses de estar en el coro, el director decidió dar una especie de recital para amigos y familiares, decía que era muy importante que perdiéramos el miedo a cantar con público y, la verdad, fue una experiencia que me gustó mucho. Ese día conocí a sus padres: él, más bien retraído y callado; su madre, bastante más joven, muy bien arreglada y desenvuelta. Una de esas mujeres activas que irradian energía. Sin embargo, no sé por qué, hubo algo en ella que no me terminó de convencer, que me sonó totalmente a falso.

Fijamos la fecha de boda para abril, cuando se cumplía un año de nuestra relación. Desgraciadamente, su padre cayó enfermo en noviembre y en febrero murió. Como su madre iba a tener que superar la ausencia de las dos personas más importantes de su vida, me propuso que en lugar de alquilar un piso nos fuéramos a vivir con ella. Yo tenía muchísima ilusión en montar mi casa y, además, comenzar la vida en común habiendo una tercera persona con nosotros me pareció un riesgo innecesario, por eso le dije que lo más conveniente era posponer el casamiento cuatro meses. Al oírlo, se emocionó; sabía la ilusión que me hacía la boda e interpretó mi gesto como un acto de generosidad. Eso reforzó aún más el vínculo.

Por fin nos casamos; una ceremonia sencilla a la que sólo asistieron unas 20 personas, pero para mí fue más que suficiente.

Al principio la convivencia fue buena; seguíamos yendo al coro, íbamos a conciertos, a mí me gustaba ocuparme de las tareas domésticas y pasábamos mu-

chas horas charlando, conociéndonos. Después, casi siempre, cuando llegaba, mi marido estaba frío, como enfadado, y si le preguntaba qué le ocurría me decía que estaba cansado; nada más. No quería insistir pero el tema me preocupaba ya que nunca le había visto así. Con el tiempo creí comprender la causa: de lunes a jueves, al salir del trabajo iba a casa de su madre; como los sábados y domingos ella comía con nosotros, los viernes no la visitaba. Observé que los viernes jamás venía de malhumor sino todo lo contrario.

En ese momento se me ocurrió que ella le echaba de menos y que hubiera preferido que su hijo no se casara, más cuando aún no se había repuesto de la pérdida de su marido; sin embargo, cuando estaba con nosotros los fines de semana, yo la veía bien, no la encontraba ni triste ni deprimida. Siempre le preguntaba qué le apetecía comer, si quería prepararlo ella o prefería que lo hiciera yo porque consideraba que tratándola como mujer mayor, experimentada, la haría sentir mejor. Aunque yo sabía desenvolverme perfectamente con la cocina y con la limpieza, ni se me ocurría ofenderme ni, mucho menos, competir con la pobre mujer. Sin embargo siempre le veía hacia mí una actitud que rayaba la hostilidad.

A los dos años nació Sergio. Para mí fue como un milagro y para su padre, un motivo de orgullo. Pasaba horas mirando al pequeño, me ayudaba a cambiarle los pañales, a bañarle, le sacaba de paseo con el cochecito mientras yo me ocupaba de la casa... el marido perfecto.

Cuando el niño tenía tres meses, caí enferma con un cólico nefrítico y mi suegra se ofreció para venir a pasar unos días a casa con el fin de ayudarme hasta que me recuperase. Ahí empezó mi infierno.

Lo primero que hizo, aprovechando que yo estaba en cama, fue cambiar completamente la disposición de los muebles del salón. Se lo permití porque pensé que si me quejaba iba a haber problemas. Siguió con la cocina y luego con el cuarto de Sergio. Todo ello me sentaba muy mal pero, después de todo era su madre y no quería tener enfrentamientos con Sebastián a causa de ella. Percibí que ella, de algún modo, me estaba desafiando.

Cuando pude rehacer mi vida normal, pensé que ella volvería a su casa, pero nada más lejos de sus intenciones; alegando que me podría dar otro cólico y que en esas circunstancias no podría atender al pequeño, decidió quedarse y convenció a Sebastián de que era mejor así. Yo le insistí a él que podría apañármelas sola, pero llegó un momento en que él me preguntó, ya de malos modos, si me molestaba su madre, de manera que pensé que lo más prudente era no seguir con el tema.

Hasta que mi suegra llegó, siempre habíamos cocinado entre los dos. Nos divertíamos haciendo comidas mientras charlábamos en la cocina, inventábamos platos nuevos, jugábamos a no darnos los secretos del «toque» de una salsa o el sabor de una ensalada, pero con su presencia eso se acabó. Quien cocinaba era exclusivamente ella y las pocas veces que me impuse porque me apetecía amasar o comer algo en particular, sus críticas fueron tan hirientes que tuve que morderme la lengua para no contestarla.

Como decidió que su hijo trabajaba demasiado como para venir luego a casa y tener que ayudarme, Sebastián, para no disgustarla, dejó de ocuparse del niño y de todo lo demás. Por las noches se quedaba con su madre que solía quejarse de insomnio, y después de que ella se acostara venía a la cama. Cuando hacíamos un plan para ir solos al cine o a cenar, la primera que se apuntaba era ella. Otras, era mi suegra quien, a último momento, decidía «invitarnos» a un restaurante porque sentía que necesitaba tomar aire, sabiendo que a las nueve y media de la noche yo no tenía manera de conseguir a una canguro para que se quedara con el niño. Con ello conseguía salir con su hijo y dejarme sola en casa. Cuando volvían, Sebastián solía estar tenso; me decía que tenía que tener más paciencia con ella, que era una persona mayor, que nos estaba ayudando en todo lo que podía y que, como poco, le debía un respeto. Que la pobre sentía que me molestaba y eso la mortificaba mucho. Las primeras veces estas recriminaciones me tomaron por sorpresa ya que jamás me había quejado del comportamiento de mi suegra pero, con el tiempo, me di cuenta de que ella estaba haciendo una labor fina, soterrada y sutil para enfrentarnos.

Cada día me encontraba más deprimida; yo había sido educada en el respeto a las personas mayores y siempre les había tenido paciencia y afecto, pero a mi suegra apenas podía soportarla. Veía su manejo, su empeño en competir constantemente conmigo, la manera en que le llenaba la cabeza a mi marido y todo eso me desesperaba. Pero no estaba dispuesta a darle el gusto de pelearme con su hijo por su culpa; aguantaba sus injustas recriminaciones apretando los dientes e intentaba convencerle de que las cosas estaban bien entre nosotras.

En el cumpleaños de Sergio, decidí hacer una pequeña fiesta en casa. Sería el sábado y para ello había invitado a mis padres y hermanos. Quería ser yo quien arreglara la casa y preparara los alimentos. Ya el jueves mi suegra empezó con su teatro: decía que se sentía mal, que creía que le había subido la tensión arterial, que se mareaba, que la cabeza le dolía muchísimo y necesitaba meterse en la cama. El viernes dijo estar peor, pero no aceptaba que el médico viniera a ver qué tenía. Sebastián, preocupado, me insinuó por la mañana la posibilidad de cancelar la celebración, pero yo opté por no darme por enterada.

Por la noche, cuando volvió de trabajar fue al cuarto de su madre y, al salir, me dijo sin vueltas que dejara el cumpleaños del niño para la siguiente semana. Eso me puso furiosa; me negué en redondo y le dije que él no se daba cuenta de los manejos de su madre, que cuando él se iba me hacía la vida imposible y que cuando estaba presente se mostraba encantadora. Su reacción fue horrible; me insultó, me acusó de estar compitiendo con una pobre mujer y me dijo que en lugar de hacer tanta fiestecita mejor sería que me ocupara de mi hijo como corresponde; que ya sabía que no le hacía el menor caso y que si no fuera por su madre, el pobre niño ni siquiera comería. Eso terminó de indignarme. Podía acusarme de lo que quisiera, pero de no ocuparme del niño, no.

Por supuesto, cancelé la fiesta y ese mismo sábado mi suegra se levantó porque, según dijo, se sentía muchísimo mejor.

A partir de ese momento, por la rabia que me dio lo que me habían hecho, me dispuse a retomar el control de mi casa y eso desencadenó una guerra abierta. Por parte de mi suegra ya no eran manipulaciones sino agresiones directas: me decía que su hijo iba a terminar abandonándome, que yo jamás le había gustado como nuera, que Sergio estaría muchísimo mejor con su padre y ella solos y cosas por el estilo. Yo ni siquiera le respondía. A su hijo le contaba mentiras en mi presencia, y cuando yo decía que eso no era verdad, él me acusaba de estar mintiendo, de no soportar a su madre, de estar harto de mí. Yo trataba de que todo pasara por un malentendido y así se calmaba un poco la tensión.

A todo esto él no me hacía caso en ningún sentido; alguna vez que preparé temprano la comida, ella se metió luego en la cocina preparando otra cosa y su hijo, en lugar de decirle que no hiciera eso, comía el plato que ella le había preparado rechazando el mío.

Perdí la paciencia y las discusiones con Sebastián fueron subiendo de tono. Ya no hablábamos, ni reíamos, ni íbamos al coro. Todo lo maravilloso que habíamos tenido en nuestra relación se había acabado. Me decía que yo debía hacerle caso a su madre. Pretendía que fuera una especie de mujer al servicio de la dueña de casa, que era ella, aunque no lo dijera con esas palabras.

La última maldad que se le ocurrió fue empezar a decirle que yo la dejaba sola todas las tardes, que me iba por ahí, cosa que ciertamente hacía a menudo *con tal de no aguantarla, y que al volver me encerraba en mi cuarto. Me preguntó por ello y sencillamente le dije que sí, que lo hacía porque sentía que mi presencia la incomodaba.*

Al poco tiempo me dijo que su madre se había enterado por una vecina de que yo me veía con otro hombre y eso fue la gota que colmó el vaso. No pude contenerme y le dije todo lo que pensaba de ella.

Su reacción fue tirarme al suelo de un bofetón. Anonadada, me quedé quieta y él, al ver lo que acababa de hacer, se abrazó a mí llorando y pidiéndome perdón. Esa fue la primera vez que pude hablar seriamente con Sebastián sobre mi suegra.

Me prometió que iba a mandarla a su casa, que todo se iba a arreglar. Yo sabía que él era un hombre bueno, sencillo, muy racional y que, tal vez por eso, no se daba cuenta de lo manipulado que estaba, de modo que era mi responsabilidad ayudarle, construir con él y para mi hijo una familia sana, agradable y feliz.

Durante los días siguientes las cosas fueron mucho mejor entre nosotros. No esperaba a que su madre se acostase sino que venía al dormitorio y nos quedábamos abrazados mirando la tele, o charlábamos como hacía un año que ya no hacíamos.

Ese clima cambió rápidamente y una noche, después de hablar con ella, vino furioso al dormitorio. Ya no era un vecino que me había visto con otro sino su propia madre. La discusión terminó de la misma manera: a golpes y, luego, con lágrimas de arrepentimiento. Esa situación volvió a repetirse.

Un día me di cuenta de que, hasta ese momento, me había sentido orgullosa de no competir con mi suegra, de no darle el gusto; pero estaba equivocada, ya que si no me había separado antes de Sebastián era porque no quería que ella se saliese con la suya.

Cuando pienso en él me da pena y me pregunto si, en caso de morir su madre, sería capaz de venir a buscarme. No sé qué haría; le he querido muchísimo y sé que podríamos haber sido inmensamente felices de no haber sido por ella, pero también me digo que después de todo lo ocurrido la cosa no funcionaría.

* * *

El maltrato psicológico puede ser ejercido por más de una persona aunque siempre haya quien lleve la voz cantante. A pesar de ser un delito es muy difícil de juzgar, ya que el daño real que se ocasiona a otra persona no deja evidencias físicas, por un lado y, por el otro, no siempre sigue el curso de una agresión estándar. A veces, apunta a la subjetividad de la víctima.

Tomemos como ejemplo a una persona aprehensiva con las enfermedades, hipocondríaca, que cada vez que se encuentra con una amiga ésta le relata «casualmente» todos y cada uno de los síntomas de las enfermedades graves que conoce alegando estar preocupada por los parientes que las padecen. Es evidente que, a menos que no conozca la hipocondría de su amiga o que sea inusualmente despistada o tonta, lo que estará haciendo será mortificarla conscientemente. Aunque hablar de síntomas no constituya, en sí, ningún delito, en este caso sí es posible hablar de maltrato en el momento que se tenga en cuenta la subjetividad de la víctima.

PARTÍCIPES Y RESPONSABLES

Cuando se habla de violencia doméstica tiende a entenderse que los partícipes de la misma son los dos miembros de la pareja, uno como víctima y otro como agresor, así como que la responsabilidad jurídica de los actos recae sobre la persona que ejerce directamente la violencia. Sin embargo, es frecuente que sean más personas quienes participan, de un modo u otro, en este tipo de situaciones.

Tomando el testimonio como ejemplo, se observa que es la madre quien, además de ejercer un maltrato emocional sobre su nuera y sobre su hijo, instiga a éste para que se muestre cada vez más violento con su mujer utilizando múltiples modos de chantaje psicológico. Desde luego no es ella la responsable ante la ley de las palizas que el marido pudiera propinar a su cónyuge, pero sí es la causa por la cual él la agrede, ya sea por medio de humillaciones, insultos o golpes.

Si una mujer agredida acude a su familia pidiendo ayuda y ésta le dice que debe aguantar, que eso le pasa por ser respondona, que si se separa causará un grave daño a sus hijos, ¿no son también ellos, acaso, responsables de lo que a ella le ocurra? Con esto no se quiere decir que sean culpables, ya que la culpa y el peso de la ley caerá sobre el maltratador directo, pero sí que participan, en la violencia, que no son meros espectadores sino personas que, con su omisión, propician la continuidad del maltrato.

En el *I Seminario Internacional sobre Terapia Familiar y de Parejas en Casos de Violencia* celebrado en Carmona, Sevilla, en el año 1999, el Dr. Reynaldo Perrone, psiquiatra y terapeuta familiar, dice:

«La terapia sistémica familiar considera no sólo como actor de la violencia al agresor, sino también al agredido, a las familias de ambos, a los hijos, a la familia extensa, los sistemas sociales, el sistema judicial, etc. Todos participan en la red como factores de mantenimiento, de predisposición o precipitación del problema».

Esto puede resultar sorprendente, pero queda perfectamente claro con otra de sus afirmaciones:

«... el acto violento es un acto violento y la ley debe cumplirse. Por tanto, hablar de actores no es lo mismo que hablar de responsabilidad jurídica o que hablar de participación en la violencia. He aquí la primera diferencia: todos los que participan en la violencia no tienen la misma responsabilidad jurídica».

NADIE ME QUITARÁ LO QUE ES MÍO

Cualquier situación de malos tratos en la pareja, sobre todo hasta el momento en que los golpes y palizas hacen que la víctima se quite la venda de los ojos, suele ser sumamente compleja, ya que los factores psicológicos de los miembros que intervienen a la hora de desencadenar y, sobre todo, de perpetuar la situación, son muchos y muy diversos.

En las últimas frases del testimonio que inicia este capítulo, la protagonista explica que al fin comprende que si no se ha separado antes es porque no estaba dispuesta a que nadie le arrebatara su legítimo derecho como esposa. Eso equivale a decir que si aguantó gran parte de la violencia a que fue sometida no fue por amor sino porque había aceptado la competencia establecida por su suegra y estaba decidida a ganarla.

Esto es lo que, muy a menudo, sucede en aquellos casos en los cuales la persona que maltrata tiene otros vínculos fuertes o es infiel a la víctima. Si la pareja se ha establecido sobre una base de fidelidad y la exclusividad es importante para la persona maltratada, ésta a veces se centra en esa idea, se obsesiona con su necesidad de saber la verdad, y la gravedad que pueda tener para ella la violencia pasa a un segundo plano o se difumina ante la desesperación que le produce la supuesta infidelidad. Entra en competencia con la otra y le resulta

211

mucho más importante quedarse con el trofeo, impedir que le quiten el lugar que ocupa en el corazón de su pareja, que poner fin a una vida desgraciada.

A esto se suma la imperiosa necesidad de convencerse de la culpabilidad de la otra persona no en lo que respecta a las agresiones, sino a lo relacionado con la ruptura de un pacto (el de fidelidad), que es aquello por lo cual no está dispuesta a pasar. Si descubre que su pareja le está siendo infiel, es muy posible que decida separarse, pero hasta no tener la certeza, como ha centrado ahí todo el conflicto, tendrá miedo de ser injusta y continuará viviendo con el agresor.

El ambiente que se crea en estos casos es mucho más tenso porque la persona traicionada al sentir que le asiste el derecho a que el convenio sea respetado a ultranza, se vuelve mucho más exigente

El agresor, por su parte, se manifiesta con más violencia porque no tolera que se le exijan cuentas, que se ponga en entredicho lo que él pueda hacer.

Eludir una competencia con otra mujer, ya se trate de una suegra, una hermana, una hija o una amante, no suele ser fácil y menos cuando es la otra parte la que inicia y continúa la lucha, la que no cesa en el empeño de quitar a la víctima el lugar que legítimamente ocupa, como en el caso de este testimonio.

Para la persona que desea ocupar el lugar de la víctima, por ejemplo en el caso de una amante, las cosas son mucho más fáciles: como no tiene nada que perder ni que defender, puede mostrarse más amable, simpática y contenta; si las cosas le salen bien, habrá vencido a una oponente, habrá logrado conquistar un sitio más importante que el que tiene y, si la relación con ella se rompe, su vida no tendrá un cambio tan rotundo como el que puede sufrir la de la esposa. Para ésta, que tiene que defender un lugar que puede perder, las cosas son bastante más duras; la ansiedad y miedo que le provocan una ruptura, el que su marido le abandone por otra mujer, le sacan de quicio, la sumen en un estado de miedo y ansiedad permanentes que, muy probablemente, ayuden a desencadenar nuevas peleas y más malos tratos.

Esta situación, claro está, será aprovechada por el maltratador para agredir a una o ambas mujeres.

El maltrato mutuo

Ahora ya puedes dormir tranquilo. Te has dado el gusto de taparme la boca a golpes, pero ya saben tus hijos el tipo de hombre que eres. ¿Qué te piensas: que te quieren, que te consideran un buen padre? Si te tienen algún respeto es gracias a mí, porque yo se lo he inculcado y no porque tú te lo hayas ganado.

Ya te lo he dicho en tu propia cara: no vales nada, ni como hombre, ni como padre, ni como marido ni como nada ¡Bien que te dolió que te dijera que hacía mucho tiempo que había dejado de quererte!... ¡Eso no te lo esperabas!, ¿eh? Tú, siempre tan sabio, tan inteligente, tan arrogante... ¡Por eso me pegaste! ¡Porque no lo pudiste aguantar!... ¡Porque te duele en tu orgullo, te baja del pedestal donde yo, como una tonta, te he subido!

¿Acaso creías que te admiraba? Eres lo suficientemente ingenuo como para no darte cuenta de que si te alababa era porque me convenía, porque así me dejabas en paz. Tú te piensas que yo estaba loca de amor por ti, pero de lo que no te das cuenta es que soy muchísimo más lista que todo eso, que, como decía mi madre: «a los hombres hay que seguirles la corriente y luego hacer lo que uno quiere». ¡Juego a ser tonta!, que es muy diferente.

No niego que cuando me casé me sintiera enamorada; de no ser así, no lo hubiera hecho. Pero pienso que, más bien, me engañaba; que sí quería tener una familia, hijos, mi casa, y eso, creo, fue lo que me deslumbró, no tu persona. Lo poco que me había gustado de ti se me vino abajo en menos de un año.

Jamás te podrías imaginar la cantidad de veces que te he visto hacer el ridículo. Llenarte la boca hablando de tu trabajo como si eso fuera lo importante. ¿Qué creías, que con eso me ibas a impresionar? ¿Contándome batallitas con tu jefe o cómo conseguías un nuevo cargo? Si no fuera por mis recomendaciones, aún estarías en el último escalón; que eso no se te olvide.

Soy bastante más inteligente que tú, de eso no caben dudas. Basta con ver que cada vez que discutimos te doy treinta vueltas. Eso sí, cuando vas quedándote sin argumentos, empiezas con el: «basta, Paula, basta». Ni basta ni nada; yo no me callo porque lo que digo es verdad y si no te gusta, te la aguantas. Pero claro, para hacerme callar tienes la mano bien larga... Un par de golpes y se acabó la discusión, ¿no? Y luego vienes pidiendo perdón y prometiendo no volverlo a hacer. ¿De qué me sirve eso?

Tú pensarás, seguramente, que soy tonta, que estoy débil e indefensa, que con un guantazo me haces callar, pero te aseguro que si no tuviera hijos no me ibas a cerrar la boca tan fácilmente.

Ahora te he dejado bien planchadito el traje para mañana, te he ordenado el despacho, he puesto sobre el maletín tus pastillas para la tensión no sea cosa que te las olvides y he ido a tranquilizar a los chicos que estaban asustados.

Como sé que no te vas a despertar, iré ya mismo al ambulatorio a que me vean el cardenal y, de ahí, a ponerte la denuncia. Como soy yo quien se ocupa del buzón, no llegarás a verla. Y con ésta ya van tres. Si piensas que se va a vender esta casa, a repartir los bienes o que yo tendré que ponerme a trabajar... vas de cráneo. Mi abogada tiene todo lo que necesita para exprimirte bien. Me vas a pagar todo lo que me has hecho y con creces. Y entonces verás quién es débil, quién es idiota, quién no sabe cómo moverse en este mundo.

Si en algún momento has pensado que después de 17 años me ibas a dejar tirada como una colilla, que ibas a cambiarme cómodamente por otra mujer y que yo lo iba a aceptar sumisamente, es que eres mucho más tonto de lo que me había imaginado. Tú te irás con ella, sí, pero te aseguro que nunca volverás a ser feliz.

Esto, como otras cartas que te escribí, te lo daré algún día, cuando tenga el divorcio ya firmado. Entonces te darás cuenta de lo que vale un peine.

* * *

Como se ha insistido muchas veces a lo largo de este libro, la violencia no es patrimonio de ninguno de los dos sexos; tanto el hombre como la mujer son capaces de ejercerla y si gran parte de la sociedad tiende a adjudicársela al varón, es porque fueron, precisamente, los grupos feministas quienes empezaron a preocuparse seriamente por este problema.

La Dra. Erin Pizzey, creadora del primer hogar de mujeres maltratadas, dice:

«Tenemos miles de estudios internacionales sobre la violencia masculina, pero existen muy pocos sobre las causas o las formas de la violencia femenina. Al parecer, un manto de silencio cubre las enormes cifras de la violencia ejercida por mujeres».

Y lo cierto es que, cuando aparecen los golpes, dados habitualmente por el varón, hubo antes muchos años de malos tratos psicológicos, a veces ejercidos por éste, otros por la mujer y, lo más frecuente, utilizados por ambos. Centrarse en la violencia masculina negando, con el silencio, la femenina, es tan absurdo como imaginar que todas las que dicen ser víctimas de malos tratos son absolutamente inocentes, que han sufrido calladamente las agresiones de sus compañeros sin dar jamás respuesta a sus actos. Según estima la Dra. Pizzey, 62 de las primeras 100 mujeres recogidas en su albergue eran tanto o más violentas que los compañeros de los que huían «y a cuyo lado acababan volviendo una y otra vez debido a su adicción al dolor y a la violencia».

Pero esta es una realidad que los colectivos feministas se niegan a aceptar, y bajo la influencia de estos grupos, los medios de comunicación no exponen de la misma manera las muertes de hombres a manos de sus mujeres como los casos sucedidos a la inversa. La mayoría de las veces, éstos son acallados y ese vacío de información induce a creer que sólo las mujeres son asesinadas cuando no es en absoluto así.

LA REINA DEL HOGAR

La vida hogareña rara vez discurre alrededor del hombre como figura central. Normalmente es la mujer quien ocupa en la casa el puesto más elevado, sobre todo en ausencia del cabeza de familia. Cuando éste está presente, a menudo es su mano derecha, la persona que hace cumplir a los hijos las órdenes que él imparte.

En algunos casos, el hombre se desentiende de todo lo doméstico dejando a ella el control y poder absolutos y actuando sólo después de que la mujer ha sentenciado: «¡Ya verás cuando venga tu padre!». En este caso, de cara a los hijos, el varón se convierte en el instrumento ejecutor de los castigos, en la figura que dice NO, en la persona a la cual ella apela para que haga un uso de una fuerza y autoridad que, como mujer, aparenta no poseer. Eluden la violencia dejándosela a sus compañeros y, cuando éstos llegan a casa, adoptan el papel de sufridoras. Ante ellos se quejan de sus hijos, de lo mal que se sienten y contribuyen a crear un clima emocional tenso en el que se erigen como víctimas absolutas.

Hipotéticamente, si el marido intenta comportarse como un compañero comprensivo y amable y decide castigar a los niños con irse a la cama y sin cenar para que aprendan a respetar a su madre, por ejemplo, será ella quien entre en el dormitorio de los pequeños, a hurtadillas, con un plato de comida mientras, en tono conspirador les advierte que «*no deben hacer enfadar a su padre*». Si el hombre, harto de oírla, da un bofetón a los niños, ella podrá acusarle ante sus hijos de desalmado, pero hay que ser miope para no ver que esa mano, la que pega, está clara y fríamente dirigida por ella.

De este modo, a través de una violencia sorda, de manipulaciones psicológicas, consiguen ostentar el poder a través de muchos años. Son grandes generadoras de culpas, no sólo a sus maridos sino también a sus hijos. Suelen ser mujeres que llevan muy alto su estandarte de víctimas, que lo hacen de modo tan convincente y sutil que a la familia no le caben dudas de que es a ellas a quienes les ha tocado el papel más difícil.

Este tipo de mujer no muestra empatía por los problemas ajenos aunque se mueve mucho para que su abnegación sea patente para todos. Siempre está tan centrada en sí misma que se apropia del drama de cualquiera de los miembros y lo hace propio: es ella quien más parece sufrir cuando hay un alcohólico en casa, un enfermo, un hijo a punto de separarse, etc. Y esto es manipulación y violencia.

Trabaja incansablemente para tener un absoluto dominio sobre el entorno familiar. Aunque el hombre ostente el poder económico y tome la mayoría de las decisiones pertinentes del grupo, es ella quien, callada y sutilmente, dirige sus actos. Normalmente no le interesa trabajar fuera de casa porque ése es su ámbito; los límites de su reinado son las paredes de su hogar.

Su marido no está en todo el día y, cuando llega, lo que menos le interesa es enfrentarse a nuevos problemas, de modo que no compite con ella por el dominio en el terreno doméstico o en la educación de los hijos, sino que, normalmente, deja en sus manos estas tareas y no siempre por simple comodidad, sino, más bien, porque lo que le han enseñado es que las mujeres las realizan con más eficacia.

Con los años verá que sus hijos tienen una imagen totalmente distorsionada de él, que ella ha instilado día a día en sus mentes la idea de que su padre es un ser egoísta, maligno, rígido, en tanto que ella siempre se ha mostrado cariñosa, amorosa y comprensiva.

EL TIGRE MUESTRA LAS GARRAS

Según la Dra. Pizzey, una de las pocas mujeres que se ha atrevido a hablar sobre la violencia femenina, la capacidad de mostrar comportamientos altamente violentos, en una mujer que busca el control emocional a través de la manipulación, puede permanecer en estado de latencia durante muchos años y sólo ponerse abiertamente de manifiesto ante determinadas condiciones. Una de las situaciones que con mayor probabilidad la empuje a hacer uso de todo su arsenal es la amenaza de separación.

Mientras la familia se mantenga unida, aun cuando esta unión sea conflictiva y desgraciada, seguirá ostentando el dominio dentro del grupo. La ruptura matrimonial significa para ella una reducción de su poder, de ahí que sea éste el momento en el que puede llegar a hacer uso de toda su violencia.

Los objetivos no son los mismos para todas, pero entre los más comunes se incluyen los siguientes:

- **Reunificación de la familia.** Lograr que el marido desista de separarse para así no vivir la pérdida de poder que supone su alejamiento.
- **Conseguir un absoluto control sobre los hijos.** Lograr que el juez le otorgue la custodia de manera que, posteriormente, pueda apartarles completamente de su padre o, mejor aún, manipularles psicológicamente para que sean ellos quienes no quieran verle.
- **Destruir psicológicamente a su marido haciéndole sentir culpable.** Para ello, es común que amenacen con suicidarse, que insistan que si ellos las abandonan son capaces de cualquier cosa. Otra de las formas empleadas consiste en llevarles al límite de modo que pierdan el control y utilicen contra ellas algún tipo de violencia física. Una vez que el marido se ha ido de la casa, y sobre todo si ha establecido una nueva relación, es frecuente que le llamen a cualquier hora diciendo que están a punto de «cometer una estupidez» o con amenazas más directas.
- **Hundir económicamente a su cónyuge.** Cuando la separación se ha producido, se niegan a trabajar y buscan todos los medios para obtener el

máximo beneficio económico, recurriendo para ello a cualquier tipo de estrategia.

A veces, lo que desencadena la máxima violencia es un agravio concreto, como en caso del testimonio que inicia este capítulo. El hecho de que el marido, a quien se pensaba totalmente controlado, inicie una relación con otra persona y quiera divorciarse, es excusa suficiente para realizar cualquier tipo de actos agresivos o violentos.

Una mujer celosa, en un ataque puede revisar los bolsillos de su pareja buscando, más que pruebas que lo incriminen, la ausencia de éstas para sentirse más tranquila. Sabe que lo que hace está mal pero obra compulsivamente bajo una intensa ansiedad y mientras revisa, se siente culpable de ello pero no puede evitarlo. Por el contrario, la mujer que percibe que su dominio sobre el resto de la familia corre peligro, puede hacer lo mismo pero sin sentir por ello el menor cargo de conciencia y con la intención de conseguir elementos que le permitan destruir a su compañero. Como está convencida de que si la familia existe es gracias a ella, que el mérito del éxito de su marido es propio ya que para eso le ha ido indicando paso a paso lo que tenía que hacer en cada momento (por ejemplo, cambiar o permanecer en el trabajo), que es el pilar de ese grupo, siente una gran omnipotencia y se ve a sí misma más allá del bien y del mal, con derecho a hacer lo que necesite con tal de lograr los objetivos que se ha propuesto.

La desesperación que cualquier persona pueda sentir frente a una inminente ruptura, puede ser un resorte que le empuje a hacer actos de los que más tarde se arrepienta, pero entre uno y otro tendrá períodos de reflexión en los cuales se mostrará preocupada por el sufrimiento de los hijos e incluso de la pareja.

Por el contrario, el tipo de mujer que se describe en este capítulo sólo tiene, como se ha dicho, ojos para sí misma; es ella quien tiene razón, son sus dictados los que se deben seguir y es, siempre, la única víctima de la situación.

EL ARTE DE LA PROVOCACIÓN

Las secuelas y marcas de un bofetón pueden tardar en desaparecer un mes, dos o cuatro; sin embargo, el oír de labios de la persona con la cual se han compartido muchos años, a la cual se quiere aunque no se esté enamorado, palabras del tipo: *«nunca te he querido»*, *«me he casado contigo para salir de casa de mis padres»*, *«siempre te consideré un fracasado»*, no se borran de la cabeza con tanta facilidad. Lo más probable es que asalten la conciencia una y otra vez reproduciendo el mismo dolor que la primera vez que fueron oídas.

Esto, por supuesto, no exime de culpa a quien haya provocado el más mínimo daño físico a su cónyuge, pero en ocasiones hace el hecho más comprensible.

Las mujeres dominantes y manipuladoras saben perfectamente hasta dónde es capaz de llegar su compañero si les provocan lo suficiente y, en muchísimas ocasiones, lo hacen para que, finalmente, las hagan callar utilizando su fuerza física.

«Eso sí, cuando vas quedándote sin argumentos, empiezas con el "basta, Paula, basta". Ni basta ni nada; yo no me callo porque lo que digo es verdad y si no te gusta, te la aguantas. Pero claro, para hacerme callar tienes la mano bien larga... Un par de golpes y se acabó la discusión, ¿no?»

Es evidente que la protagonista de este relato sabe perfectamente que las discusiones terminarán a golpes pero, aún así, ella saca beneficio ello: la culpa que genera en su marido, el poder mostrarlo como un monstruo a sus hijos, hacerle sentir profundamente avergonzado por haberla pegado y, sobre todo, el juntar elementos que, más adelante, le permitirán conseguir ante el juez una separación en mejores condiciones.

«Como sé que no te vas a despertar, iré ya mismo al ambulatorio a que me vean el cardenal y, de ahí, a ponerte la denuncia.»

Es difícil que el marido alegue que ella le provocó y, si lo hace, podrá obtener como respuesta que eso no es excusa para pegar. Y como ocurre con los perversos narcisistas, demostrar que la violencia es originada por la mujer es muy difícil ya que todo el tratamiento que se ha dado al tema de los malos tratos parte de la premisa de que los agresores son siempre ellos y las víctimas ellas.

Desde luego, no hay que exculpar a los hombres que, manipulados por ellas, utilizan la violencia física para callarlas; no se trata de eximirles de su culpa sino de comprender los mecanismos que se han puesto en juego en esas situaciones.

Lo más probable es que, con otro tipo de pareja, jamás hubieran llegado al extremo de pegarles así como también es muy probable que estas mujeres, con otros hombres sí hubieran llegado a las mismas situaciones porque son ellas quienes generan la violencia.

Eso se ha puesto de manifiesto en muchos programas de televisión a los que acuden víctimas de malos tratos. Normalmente, las mujeres que han convivido con un hombre abusivo, que gracias a él han perdido su autoestima, que han recibido palizas y que han hecho lo imposible por salir de ese infierno, suelen tener una actitud muy clara al contar su drama sin histrionismo, sin sentirse por ello heroínas. Las violentas, que también han recibido ayuda por haber sido físicamente maltratadas, tienen una conducta completamente diferente: su actitud es desafiante, orgullosa y, a menudo, si han sido amenazadas de muerte son las que aparecen en la pantalla diciendo: «*no me mata porque no tiene coraje suficiente*», provocando con ello al supuesto agresor, desafiándole a que lo haga. Esa no es, en absoluto, la actitud de una víctima inocente, sino, más bien, la de una persona tan adicta a la violencia como el mismo maltratador.

Aún queda muchísimo camino por recorrer a la hora de comprender que la violencia en el seno de la familia no se puede apoyar en premisas tan simplistas como una sociedad patriarcal o el machismo.

Actualmente, quienes propugnan un trato igualitario son los que, paradójicamente, durante los juicios interpretan los ataques verbales y los insultos de la mujer como intentos desesperados de una madre por proteger a sus hijos, en tanto que ven a los del hombre como muestras de la típica violencia masculina.

La mujer de este testimonio ha sufrido malos tratos, de eso no cabe duda; pero a diferencia de las que ilustran otros capítulos de este libro, está muy lejos de ser una víctima inocente aunque la sociedad así la califique, aunque pase a engrosar la abultada lista de mujeres que sufren violencia a causa de sus maridos.

Es necesario tener, ante este tema, una actitud imparcial y justa, darse cuenta de que una gran parte de la verdad aún permanece oculta. Que debemos decir basta a todo tipo de maltrato, independientemente de quien lo sufra, sea físico o emocional, ya que sólo así podremos ayudar efectivamente a nuestros hijos.

El maltrato físico

Conocí a mi marido en el banco donde trabajábamos. Yo tenía en ese momento pareja, pero las cosas iban muy mal; llevaba con Pedro cinco años y nos queríamos mucho, pero pasábamos el día discutiendo y creo que ya no había entusiasmo ni emoción por parte de ninguno de los dos. Supongo que, si seguíamos, era porque no nos imaginábamos la vida en solitario, por no hacernos daño, por miedo a asumir la decisión de romper y por no dar un disgusto a las familias, nada más.

Recuerdo que Gabriel llegó en primavera. Como la sucursal es muy pequeña y acababa de abrirse, trabajábamos en ella sólo tres personas. El ambiente era estupendo; teníamos tiempo hasta para charlar.

A menudo él venía a mi despacho o iba yo al suyo y nos quedábamos conversando durante 10 ó 15 minutos. Así me enteré de que vivía solo, que se había separado y que, como su mujer se había quedado en otra ciudad, a 800 kilómetros, echaba muchísimo de menos a sus dos hijos pequeños.

Cuando empezó a invitarme a salir fuera del horario laboral, en un principio me negué. Por un lado, no quería serle infiel a Pedro y, por otro, sabía que a mi familia le iba a disgustar mucho que yo me liara con un hombre divorciado y, además, con hijos. A pesar de ello tuve que aceptar ante mí misma que me sentía muy atraída por él.

Mi relación de cinco años terminó cuando Pedro conoció a la que hoy es su mujer. Desde un primer momento me habló de ella, fue sincero conmigo, así que no tengo nada que reprocharle; más bien, todo lo contrario. Y como estaba sola y me sentía mal, empecé a hacerle un poco más de caso a Gabriel. Me engañaba a mí misma diciéndome que por salir unas cuantas veces no pasaba nada, que no tenía por qué contar a mi familia lo que pudiera haber porque, si surgía algo, se terminaría pronto.

Al mes, estaba completamente enamorada; era muy cariñoso, simpático, inteligente, buena persona... ¿qué más podía pedir? Vivía torturado por no tener consigo a sus hijos y un día, me vino con una noticia que me dejó helada: había estado hablando con su mujer y le había propuesto una reconciliación. Según él, era la única manera de poder separarse luego formalmente y quedarse con los niños.

En ese momento tuve la sensatez de dar por finalizada nuestra relación, a la vez que pedí al banco un traslado. Fue horrible. Como en casa no sabían nada, pensaron que estaba mal por mi ruptura con Pedro y el pobre tuvo que aguantar sermones de su madre, a la que la mía llamaba cada tanto, y cargar con una culpa que no tenía. La verdad, no me alcanzan las palabras para agradecerle lo que hizo.

Por la otra chica que seguía trabajando con Gabriel me enteré de que, efectivamente, su mujer había vuelto a vivir con él. Según me contaba, él estaba destrozado, pero como ella es una romántica incurable. Yo le creía poco y nada; más bien me esforzaba en no hacerle caso y en procurar, por todos los medios, quitármelo de la cabeza.

Al cabo de seis meses me llamó y lo primero que le dije fue que no tenía nada que hablar con él, que me dejara en paz, pero me respondió que sólo quería decirme que había firmado la separación de su mujer, que ésta vivía en otra casa y que habían decidido que los niños se quedaran con él. Que en ningún momento me había engañado y que me estaba esperando para casarnos.

Él no había hecho boda por la iglesia, de modo que eso era posible. Me aclaró que los trámites de divorcio llevarían unos seis meses al cabo de los cuales podríamos arreglar convenientemente nuestra situación. Terminó invitándome a cenar esa noche a su casa para que conociera a los pequeños y yo, lógicamente, acepté.

Lo que podría considerarse «noviazgo» fue la época más feliz de mi vida. Los niños, de dos y cuatro años, me aceptaron perfectamente. Salíamos muchísimo, sobre todo los fines de semana, y él estaba feliz; decía que tenía todo cuanto necesitaba. De lunes a viernes, hacíamos juntos la compra y por la noche me iba a su casa a cocinarles, a dar las órdenes precisas a la persona que se ocupaba de las tareas domésticas, a estar con él y con los niños.

Cuando mi familia se enteró lo tomó mejor de lo que yo había imaginado. Por supuesto, me llenaron de recomendaciones y consejos, pero en cuanto le conocieron quedaron encantados. Como mis padres son muy católicos, no hubo problema ya que podíamos casarnos por la iglesia sin ningún inconveniente. Y así lo hicimos en cuanto tuvo resueltos sus papeles.

Dejé de trabajar porque consideramos que sus hijos habían pasado por demasiados problemas y, como se llevaban estupendamente conmigo, les iba a venir muy bien que yo me quedara en casa. Por otra parte, nos habíamos comprado un chalet enorme y a mí me apetecía una barbaridad ocuparme personalmente de su decoración, de hacer la casa lo más confortable posible. De modo que pedí una excedencia por dos años por si luego quería reincorporarme.

A partir de la boda empezó a mostrarse particularmente celoso, posesivo y prepotente. No es que me montara escándalos abiertamente o que me tratara a gritos; eran pequeñas cosas que yo ni siquiera percibía. Por ejemplo, a mí siempre me había gustado cantar y bailar, y esas eran cosas que hacía muy bien, según todo el mundo me decía. En las fiestas, no faltaba el momento en que alguien me diera una guitarra y pidiera silencio a los demás. Pues a él, le molestaba; me decía que no soportaba que lo hiciera, así que, para no incomodarlo... se acabó el canto y el baile.

En las reuniones, a menos que estuviera absolutamente de acuerdo con él, era mejor que me callara porque no se cortaba un pelo a la hora de decirme, delante de todo el mundo, que me callara la boca, que estaba diciendo idioteces y que dejara de hacer el ridículo. A mí no me importaba desde el momento en que, en lugar de quedarme callada, con una sonrisa le decía que el ridículo acababa de hacerlo él con su comportamiento estúpidamente machista. Después de estas escenas, no me hablaba en todo el día y luego se le pasaba.

Al año de habernos casado quedé embarazada. Durante esa etapa me cuidó, fue amable y cariñoso, se ocupó más de sus hijos, cosa que habitualmente no hacía, y me llamaba 20 veces al día desde el banco para ver si estaba bien. Sus atenciones me hacían sentir la mujer más querida del mundo y borraron ese primer año que no habíamos empezado con tan buen pie como yo hubiera querido.

Una de mis preocupaciones fue darle a los tres niños la misma atención, que no hubiera diferencias entre mi hijo biológico y los demás, y creo que lo he conseguido. Por entonces ya me llamaban mamá y, a la propia, apenas la veían porque, al parecer, la señora siempre estaba demasiado ocupada. Creo que los encuentros con ella no llegaban ni a los cinco al año.

Dicen que todo niño viene con un pan bajo el brazo y algo de eso habrá porque a la semana de nacer Luisito le nombraron director de otra sucursal. Eso significaba más dinero, un mejor estatus y la necesidad de alternar con gente que, hasta entonces, para mí era desconocida, pero nos alegramos mucho de su éxito.

Con el nuevo cargo empezó a trabajar muchísimo; se iba temprano por la mañana y, cuando llegaba por la noche, siempre estaba de malhumor. En casa se paseaba como un león enjaulado, inquieto, y cuando los niños hacían ruido saltaba como una fiera. A mí me trataba peor que nunca.

Al principio lo atribuí al estrés, pero con el tiempo, empecé a sospechar que me estaba siendo infiel. No sé qué fue lo que me hizo pensarlo, seguramente esa intuición que dicen que tenemos las mujeres.

Lo que me puso la mosca detrás de la oreja fue una foto montada que trajo a casa. Hacía mes y medio que se había celebrado el centenario de la creación del banco y por ello decidieron hacer una gran fiesta. Invitaron a los directivos de todas las sucursales a un hotel en la playa todo un fin de semana. Yo tuve la mala suerte de que la niña estuviera con paperas, de modo que no pude ir.

Al tiempo, se vino con una foto muy bonita en la que él está en primer plano, con la bahía al fondo, y a su lado hay una muchacha a la que, por falta de foco, no se le ve bien la cara. En cuanto la colgó en su despacho me llamó la atención. Le pregunté quién era y me dijo que no tenía ni idea, que seguramente sería de otra sucursal o alguna turista que estaría en el hotel.

Si bien le creí, no me convenció del todo; y no es porque estuviesen en alguna actitud especial, sino... no sé. Por algo, tal vez por la forma en que respondió a mi pregunta.

Un año después de esto, una noche, mientras esperaba a que llegase, me quedé sin cerillas. Estaba muerta de sueño y quería tomarme un café para despejarme, de modo que empecé a revolver todos los cajones por si había, aunque fuera, un mechero viejo con el que encender un fogón. Me acordé que él solía guardar las carteritas que le daban en los restaurantes o en los bares en su escritorio, así que fui a ver si había alguna. Como a simple vista no encontré, levanté una pila de papeles para ver si había en el fondo y, al hacerlo, se cayeron tres diapositivas de un sobre. Mecánicamente cogí una de ella y la puse al trasluz. Era el primer plano de una chica saliendo del agua, con el pelo chorreando. La miré detenidamente y luego a la foto que había colgada en la pared. Para mí, se trataba de la misma persona. Me metí la diapositiva en el bolsillo, dejé todo como estaba, apagué la luz y me fui al salón a esperar a que llegara. Recuerdo que tenía la tele encendida pero no me enteraba de nada; la cabeza me daba vueltas.

Para cuando vino, ya me había serenado. Los niños estaban durmiendo así que puse su cena y la mía. Hablamos de tonterías y, al terminar de comer, le pregunté quién era la niña de la foto.

Recordaba perfectamente que ya se lo había preguntado porque me respondió enfadado: «¿Otra vez con esa estupidez? ¡Ya te dije que no la conozco! Ni siquiera sé si trabaja en el banco». Entonces, sacando la diapositiva del bolsillo, le dije muy serenamente: «Pero es ésta, ¿verdad?».

Al verse descubierto en su mentira, empezó a los gritos. Que quién era yo para revisar sus cajones. Que era esa, sí, ¿y qué? Le dije que no quería saber nada de él; que era un cínico, un mentiroso, un imbécil; que se creía muy listo pero yo estaba harta de que me tomara por tonta. Del bofetón que me dio me tiró al suelo. Me cogió por los pelos y así me llevó a su despacho. Allí me advirtió que la próxima vez que pusiera los pies en el único rincón que tenía en esa casa, iba a saber lo que era bueno. A todo esto yo ni abrí la boca por miedo a que los niños se despertasen. Por fin me soltó y dando un portazo se fue a la calle.

Me quedé ahí, en el salón, intentando pensar, ver qué podía hacer, pero no se me ocurría nada. Ya no me quedaban dudas de que estaba con esa mujer ni de que, seguramente, se habría ido a verla; y eso me daba más rabia aún.

Pensé en buscar en el cajón para intentar enterarme de quién era, pero en ese momento no me atreví porque podía llegar de improviso y si me veía en el despacho no sé qué podría pasar. También se me ocurrió hacerle las maletas y dejárselas en la puerta, pero me daba miedo. De modo que me fui a dormir a la habitación de servicio, aprovechando que la chica que trabaja en casa se había ido al pueblo.

No le oí llegar pero por la mañana, cuando estaba preparando el desayuno, apareció en la cocina. Esperó a que los niños se fueran y vino a abrazarme, al borde del llanto, pidiéndome perdón. En un principio le rechacé; estaba muy dolida y aún no había decidido qué iba a hacer, pero empezó a hablar, a decirme que sí, que había tenido una aventura durante aquella celebración y que era la primera y única vez que me había engañado. Que si quería tirara la foto a la basura, que se había comportado como un tonto y que sería un loco si me cambiaba por otra mujer. Total, que le creí y nos reconciliamos.

Hoy no me cabe duda de que, en ese momento, su arrepentimiento era sincero. Le conozco bien y sé que se sentía mal consigo mismo; no podía comprender qué le había pasado, cómo podía haber hecho eso.

Durante unos días estuvo encantador; me pedía opinión para todo, llegaba temprano, quería estar conmigo todo el tiempo... estaba realmente desconocido. Aunque me había jurado y perjurado que no me engañaba, yo no me fiaba; quería saber quién era ella pero, a la vez, no me apetecía nombrársela.

Como a los 15 días, empezó a llegar tarde y a estar más irritable. Se quejaba de la comida, de la persona que trabajaba en casa, de los niños, de todo. A su hijo mayor empezó a tratarle peor que a los demás; era como si cada cosa que hiciese le sacara de quicio. Eso me enfurecía porque era totalmente injusto y el pobre niño lo estaba pasando muy mal, pero yo no podía hacer nada porque las veces que intenté decirle que le dejara en paz, lo primero que me soltó fue que era hijo suyo y lo trataba como le daba la gana.

Las peleas entre nosotros eran frecuentes y después de insultarme y decirme de todo, se iba y no volvía hasta las el día siguiente.

La mujer con la que estaba empezó a llamar a casa. A partir de una determinada hora, normalmente poco antes de que él llegara o cuando acababa de entrar, el teléfono sonaba; se ve que calculaba cuánto tardaría. Si atendía yo, colgaba pero si ya estaba él, corría como un poseso a cogerlo y luego se encerraba en su despacho a hablar una o dos horas.

Lo peor era que pretendía que le entendiese, que no le dijera nada, que aguantase porque era mi obligación; pero ante semejante desfachatez yo no podía callarme la boca y en cuanto le decía algo, se ponía furioso y, a menudo, me hacía callar a golpes.

Yo, de esa casa no pensaba marcharme; era tan mía como de él y me preguntaba qué le habría hecho pasar a su mujer, cómo habría conseguido que ella renunciara a los hijos. Creo que por primera vez le veía tal y como era.

Se compró un revólver. Cuando me lo mostró me dijo que era porque a veces tenía que salir del banco llevando documentos valiosos, pero por su sonrisa supe lo que me quería decir.

Empecé a dormir en el cuarto de invitados y, por la noche, a menudo venía, encendía la luz y comenzaba con los insultos y explicaciones estúpidas que pretendían convencerme de que la equivocada era yo. Solía sentarse en la cama, muy próximo a mí, y empezaba a decirme que no le mirara con esa cara. Yo trataba de que no se me notara la furia que sentía, me forzaba a sonreírle, a mantenerme lo más serena posible para que no se pusiera violento, pero difícilmente lo conseguía.

Como tenía claro que me provocaba para que yo le contestase y así poder golpearme a gusto, evitaba decir cualquier cosa que le pudiera molestar; eso me obligaba a estar durante horas escuchando barbaridades, descalificaciones, cosas francamente horribles.

A veces me amenazaba con que un día me iba a matar, o me sacaba de la cama a empujones para que le hiciera un café a las dos de la madrugada.

Le tenía tanto miedo que más de una vez pensé en poner un cuchillo bajo la almohada para defenderme en caso de que me atacara, pero me di cuenta de que eso iba a ser peor, que podría terminar clavándomelo él a mí. Lo que hacía *era dejar una silla, la papelera o algunos juguetes de los niños en medio de la habitación para despertarme si a él se le ocurría venir y cumplir su amenaza. Era enloquecedor.*

Pensar en denunciarle era absurdo; sabía que cuando le llegara la citación del juzgado o de la policía era capaz de hacer cualquier cosa y yo no podía arriesgarme a que me pegase un tiro. ¿Qué iba a ser de mis hijos?... En una casa de acogida tal vez me hubieran aceptado con mi hija, pero no tenía la patria potestad de los otros dos y me hubiera vuelto loca al imaginar lo que podría hacerles. Así aguanté durante años en medio de los cuales, cada tanto se iba a vivir con la otra mujer.

El día en que mi hija, que era la menor de los dos suyos, cumplió dieciocho años, decidí que eso se había terminado. Fui a ver a un abogado y presenté una demanda de separación, yéndome a continuación de la casa. Me llevé a Luis y, como era verano, los dos mayores se fueron de vacaciones.

Finalmente el juez dictaminó que quien tenía que irse era él, de modo que yo estoy viviendo con los tres chicos, ya que los mayores, que no son mis hijos biológicos, optaron por quedarse conmigo.

Al principio todo fueron amenazas y escándalos, pero ante cada una de ellas he presentado la correspondiente denuncia hasta que, por fin, nos dejó en paz.

* * *

Cuando los insultos no alcanzan para paralizar a la víctima, cuando durante años las descalificaciones constantes la han llevado a despreciarse, a odiarse a sí misma, cuando cree haber llegado al fondo de la desesperación y no tiene ni fuerzas para levantarse y continuar, aún hay más: aún queda la violencia física para completar la labor de destrucción de una persona.

Ante cualquier hombre, la mayoría de las mujeres se sienten indefensas. Nunca han peleado cuerpo a cuerpo, no saben lo que es un puñetazo, no tienen la fortaleza suficiente para hacer frente a sus contrincantes y les cuesta imaginar la manera de eludirlos. Lo único que sienten es terror; no tanto por el dolor que el golpe pueda ocasionar sino porque piensan, y con razón, que su vida corre un serio peligro, que en cualquier momento la paliza será tan brutal que les hará perder la vida.

En los últimos tiempos este tipo de hechos han sido mencionados constantemente en los medios de comunicación. Las cadenas televisivas han mostrado las secuelas de los golpes, el llanto de los deudos de las mujeres asesinadas, el miedo en los relatos de las que han podido alejarse de los agresores y sobrevivir; pero si bien la sorpresa y la indignación surgen ante los primeros casos, el horror, a fuerza de mostrarlo, termina transformándose en cotidiano y deja de ser tal para convertirse en un caso más.

UN EJERCICIO DE IMAGINACIÓN

Para acercarnos lo más posible al terror en el que vive la víctima de malos tratos, imaginemos por un momento cómo sería el día a día si, por alguna razón, nos obligan a tener en casa un tigre, suelto y dispuesto a atacar en cualquier momento. Además del miedo lógico que vayamos a sentir, que ya es bastante, nos veremos obligados a cambiar radicalmente nuestros hábitos con el fin de no provocar la irritación de la fiera y poder preservar así la vida.

Desde un punto de vista práctico, deberemos reestructurar una serie de conductas que hasta ese momento han sido espontáneas y cotidianas teniendo en cuenta la presencia del animal.

Para sobrevivir será imprescindible considerar ciertas premisas que son las que, tal vez, nos permitan minimizar la posibilidad de vernos atacados:

- Las palabras son inútiles; el tigre no sólo no las entiende sino que, peor aún, podría interpretar cualquier tono de voz como agresivo y responder en el acto. No es posible comunicarse con él, hablarle de buenas intenciones o pretender que entienda que nadie va a hacerle daño. Es un depredador dispuesto a actuar siempre como tal.
- El acto más sencillo y cotidiano, como poner agua al fuego o abrir la nevera, podrá ser interpretado por la fiera como una provocación a la que se sienta obligada a responder con un zarpazo.
- Es fundamental moverse con mucho cuidado las 24 horas del día; observar atenta y disimuladamente cómo reacciona ante cada uno de nuestros pasos, no sea cosa de provocarle sin pretenderlo.
- Cada vez que el animal se agazape o ruja, experimentaremos en el organismo una típica reacción de miedo y reaccionaremos de acuerdo a ello. O bien nos paralizamos sintiendo taquicardia, sudor frío, palidez, respiración acelerada, boca seca y confusión mental, o tendremos un aporte de energías extra que nos impulse a una imposible huida. Imposible porque

sabremos que la calle no siempre se alcanza y que la casa es el único lugar al cual se puede volver.

- Intentaremos idear sistemas que nos permitan distanciarnos del animal. Mediremos las consecuencias de tener en la mano un cuchillo, cualquier cosa que nos ayude a defendernos aunque sepamos de antemano que todo es inútil y que la idea de matarlo no sólo nos repugna sino que puede traernos funestas consecuencias.
- Temeremos por una posible imprudencia de nuestros hijos, a los que la fiera parece respetar, tal y como hace todo animal con cualquier cachorro.
- Nuestro sueño se verá interrumpido ante cada ruido extraño. Tendremos el sistema emocional bajo un estado de alerta permanente, con el enorme desgaste físico que implica el mantener los sentidos agudizados y sin poder descansar.
- Procuraremos que los rugidos de la fiera no molesten a los vecinos o, mejor aún, que ni siquiera se enteren de que convivimos con ella.
- Por experiencia sabremos que ante cada grito que demos su violencia aumenta, de modo que lo único que podremos hacer ante cada ataque, será encogernos cubriéndonos la cabeza con el fin de que el daño que nos produzca sea el menor posible.
- Intentaremos tener al animal contento, bien alimentado, para minimizar su agresividad.
- Pero, sobre todo, sabremos en cada momento que ése puede ser el último de nuestra vida.

La convivencia con un maltratador no es diferente a esto sino aterradoramente similar. Los momentos de respiro son pocos y nunca se sabe cuándo todo volverá a empezar. El golpe puede caer por cualquier cosa: por tropezar con la alfombra y derramar el café, por poner la radio a poco volumen cuando él quiere ver la tele, por vestir una ropa que se le ha antojado provocativa, por un gesto que no es el que esperaba... Nunca se sabe qué es lo que va a descontrolarle, a convertirle en una fiera.

No es fácil imaginar la vida de un ser humano bajo estas condiciones; uno tiende a pensar que hay salidas, que no será para tanto, que si se mantiene la boca cerrada se acabarán las palizas, pero no es así.

Y el terror, en la mayoría de los casos, se vive a lo largo de años y años; de ahí que no sea de extrañar la gran cantidad de secuelas físicas que, además de las psicológicas, provoca este estrés.

Casi nunca hay vuelta atrás

En cualquier lugar de trabajo, por ejemplo, estaría muy mal visto que un hombre golpeara a otro en medio de una disputa, pero dentro de lo que cabe se podría llegar a comprender y hasta justificar. Si, por el contrario, en lugar de pegar a un compañero le pegase a una de las secretarias, la reacción de toda la empresa sería de repulsa absoluta; nadie podría llegar a comprender cómo pudo hacer una cosa así ni, mucho menos, justificarle. El agresor, en este caso, quedaría automáticamente marginado y a nadie le cabrían dudas de que es culpable.

En público sí opera la premisa de que a una mujer no se le debe pegar bajo ningún concepto; sin embargo en privado, en la intimidad, esta norma se diluye.

Después de la primera vez que un hombre ejerce cualquier tipo de violencia física sobre su compañera, siente un profundo remordimiento; no se puede explicar cómo ha podido cometer una aberración semejante. Se encuentra muy mal consigo mismo, se califica de poco hombre y teme que cualquier persona se entere de lo que ha ocurrido porque está seguro de que su actitud provocará el desprecio no sólo de las mujeres sino, también, de los demás hombres. Lo que quiere es obtener, al menos, el alivio del perdón:

«Esperó a que los niños se fueran y vino a abrazarme, al borde del llanto, pidiéndome perdón».

Esta escena se repite muchas veces hasta que el pegar se transforma en costumbre. Al menos esto era así hasta hace algunos años, antes de que saltara a las páginas de los periódicos y a los programas de televisión la frecuencia con la que se dan las agresiones violentas en la pareja. Hoy, un maltratador sabe que no es el único que quiebra la norma que dice que a las mujeres no se les pega porque hacerlo es de cobardes; sabe que lo suyo, si bien no cabe ser calificado de normal, tampoco es algo tan fuera de lo común. Y este cambio de mentalidad no deja de ser peligroso porque sabiendo que comparte con otros la afición a terminar las discusiones con palizas, se siente mucho más impune a la hora de mostrarse agresivo.

Todos los estudios que se han hecho sobre malos tratos coinciden en que son raros los casos en los cuales la agresión marital se produce una sola vez; lo normal es que, una vez que comience, sea cada vez más frecuente y más violenta.

Al principio el agresor se muestra muy culpable pero a medida que pasa el tiempo y los episodios se suceden, la culpa es reemplazada por la convicción de que la víctima se lo merece, que lo está buscando, que no tiene otra salida y que, en suma, no es responsabilidad suya nada de lo que ha sucedido. Aprende a canalizar por esa vía todas las frustraciones que tiene en su vida cotidiana y, aunque su mujer haga lo imposible por complacerle, por mostrarse sumisa y agradable, necesitan ver que les está agrediendo para poder responder con golpes y liberar cualquier tensión.

«Como tenía claro que me provocaba para que yo le contestase y así poder golpearme a gusto, evitaba decir cualquier cosa que le pudiera molestar; eso me obligaba a estar durante horas escuchando barbaridades, descalificaciones, cosas francamente horribles.»

En la mente del maltratador, hasta el acto más simple y cotidiano que realice la víctima se convierte en provocación. No hay razonamientos posibles. Además, es frecuente que le exijan una brutal entereza, que se cebe muchísimo más en cuanto la ve llorar y, sobre todo, gritar o pedir ayuda.

Después de haber ejercido muchos años de maltrato psicológico, cuando entre ambos ha quedado claro que quien manda es él porque para ello es superior, el hecho de que la persona que tiene bajo su dominio cobre fuerzas y le pida explicaciones es tomado como un acto de rebeldía, como una impertinencia a la que hay que poner freno rápidamente y como sea. Otro tanto ocurre cuando la víctima que ha tenido que sufrir vejación tras vejación decide poner fin a una convivencia espantosa. Entonces, si es que no las hubo antes, comienzan las palizas.

«Al verse descubierto en su mentira empezó a los gritos. Que quién era yo para revisar sus cajones. Que era esa, sí, ¿y qué? Le dije que no quería saber nada de él; que era un cínico, un mentiroso, un imbécil; que se creía muy listo pero yo estaba harta de que me tomara por tonta. Del bofetón que me dio, me tiró al suelo. Me cogió por los pelos y así, me llevó a su despacho. Allí me advirtió que la próxima vez que pusiera los pies en el único rincón que tenía en esa casa, iba a saber lo que era bueno.»

Por muchas veces que se diga nunca será demasiado repetir que el agresor no cambiará jamás por sí mismo; que la violencia siempre va a más y que, a menos que el maltratador reciba una terapia adecuada que le enseñe a controlar sus impulsos violentos, seguirá en una espiral de agresión que puede terminar con la muerte de la víctima.

¿QUIÉNES SON VÍCTIMAS DE LA VIOLENCIA DOMÉSTICA?

En casi todos los países occidentales, en las últimas décadas se han realizado diversos estudios para determinar cuáles son los factores de riesgo relacionados con los malos tratos. Para ello se han tenido en cuenta diversos aspectos como sexo, edad, grupo étnico en los lugares donde conviven varios, estado civil, embarazo, etc.

- **Sexo.** Aunque las cifras en cuanto a violencia doméstica según el sexo puedan variar en cada país, casi todas las estadísticas coinciden en que la mayoría de las víctimas pertenecen al sexo femenino.
- **Edad.** Las mujeres que tienen más riesgo son las que están en edad reproductiva. Según afirma L. Olson en los *Anales de Urgencias Médicas de Estados Unidos* en el año 1996, pertenecen al grupo situado entre los 15 y los 61 años. Estos datos han sido obtenidos a partir de un estudio que se realizó con mujeres cuyas edades oscilaban entre 15 y 70 años que se presentaron a un centro de trauma urbano y durante un período de tres meses. En dicho centro se consignaron, en ese lapso de tiempo, 4.073 casos de malos tratos. En España, se ha ajustado el perfil de edad a la comprendida entre 26 y 40 años. Al parecer es en esta franja en la que los malos tratos son más frecuentes. Es importante señalar que los investigadores han observado que la diferencia de edad entre los miembros de la pareja se asocia a un mayor riesgo de homicidio. Tomando una muestra de 16.595 homicidios cometidos por cónyuges, J. A. Mercy, junto con sus colaboradores, verificó que las mujeres que tenían de cinco a siete años menos que su pareja corrían más riesgo de ser asesinadas por sus maridos que las que sólo eran cinco años menores.
- **Ocupación.** Es más frecuente que las víctimas sean mujeres y amas de casa, ya que las que trabajan tienen una independencia económica que les hace sentir bien consigo mismas a pesar de los intentos de desvalorización que haga el maltratador y, más importante aún, pueden mantenerse por sí mismas una vez que se hayan separado.

También se observa con frecuencia que los malos tratos comienzan cuando nace el primer hijo.

Aunque la violencia doméstica se produce en todos los estratos sociales, sí cabe señalar que hay una mayor cantidad de víctimas entre mujeres que sólo tienen estudios primarios que entre las que tienen estudios superiores.

Como se ha dicho con anterioridad, citando la opinión de la Dra. Erin Pizzey, hay muy pocos estudios que analicen la violencia ejercida por la mujer.

EL PODER COMO FACTOR DESENCADENANTE

En toda relación entre seres humanos el poder es algo que está presente. Se pone de manifiesto cuando alguien decide qué es lo que el grupo o sus miembros deben hacer y los demás se pliegan a esa propuesta. Quien tiene poder impone su criterio sobre el de los demás: un jefe sobre sus empleados, un maestro sobre sus alumnos, los padres sobre los hijos, etc.

A diferencia de lo que ocurre en un lugar de trabajo, donde el dueño de los medios de producción elige quiénes ostentarán el poder nombrándoles jefes o directores, en la pareja se presupone que ninguno de los miembros manda más que otro, que están en condición de igualdad y que, en todo caso, habrá un período de acomodación en el que cada uno se ocupará de ejercer el control sobre determinadas áreas.

Esta búsqueda de equilibrio de poder en la relación, es precisamente uno de los factores de riesgo para la aparición de la violencia doméstica.

El psicólogo e investigador J. C. Babcock, ha dividido el poder en la pareja en tres aspectos:

- **Bases del poder.** Son los recursos con que cuenta cada uno de los miembros de la relación y que aportan a la pareja. La capacidad económica, la inteligencia, el sentido práctico, los conocimientos, el estatus social, a veces el apellido paterno, son elementos de peso para que quien los ostenta pueda tener su cuota de poder. Son elementos que justificarán que sea quien tome las decisiones. Para que esto se comprenda: si dos amigos viajan al extranjero y sólo uno habla la lengua del lugar, ésta será una importante base de poder ya que ese recurso le permitirá tomar la mayoría de las decisiones. Bastaría con negarse a traducirle al compañero lo que ocurre a su alrededor para controlarle con bastante eficacia.
- **Procesos del poder.** Son las formas en que interaccionan los miembros de la pareja y las técnicas que utiliza para obtener el control: la persuasión, la forma de resolver los problemas, la seducción, etc.

- **Resultado del poder.** Como lo indica su nombre, está relacionado con tomar la decisión final. Lo normal es que no sea siempre el mismo componente de la pareja quien tome las decisiones; lo más habitual es que cada uno de ellos tenga áreas de decisión más o menos fijas.

En un matrimonio o pareja, no siempre las personas que la integran tienen el mismo poder; por lo general uno de ellos decide más a menudo que el otro sin que ello constituya un problema.

Muchos psicólogos han estudiado la distribución del poder en las parejas y han llegado a interesantes conclusiones. El investigador E. Centres estableció una serie de preguntas para saber, en cada pareja, quién era el que decidía. Estas preguntas fueron variadas e incluían temas como qué se pondría para comer, qué programa de televisión iban a ver, si había que adquirir o no un seguro de vida, la marca del próximo coche, el tipo de trabajo que debía desempeñar el hombre, etc. Según las respuestas recibidas pudo verificar que el poder del hombre, en la pareja, disminuye con la edad, con la duración del matrimonio y cuando está casado por segundas nupcias. Por el contrario, aumenta con el nivel de educación y de ocupación, así como cuando tiene una personalidad autoritaria.

Cuando es la mujer quien ostenta un mayor nivel de educación o tiene una profesión superior o mejor remunerada que su marido, tiene un riesgo mucho mayor de ser víctima de violencia doméstica.

Los investigadores K.E. Leonard y M. Senchak han informado que:

- En parejas en las que el marido suele tomar las decisiones, la mujer sufre tres veces más abusos que en parejas donde las decisiones son compartidas.
- En parejas donde es la mujer quien decide, los abusos tienen una frecuencia ocho veces mayor que en las parejas que comparten decisiones.

Estos datos ponen más claramente de manifiesto que la lucha por el poder es uno de los factores más importantes en el desencadenamiento de la violencia doméstica.

Leonard y Senchak también señalan que cuando la mujer tiene una mayor capacidad verbal que su marido, ante la imposibilidad de expresarse (tal vez fuera más correcto decir «imponerse») aquél utiliza la violencia física.

MIENTRAS NO SE VE LA SALIDA

Hay casos en los que la víctima no ve la separación como posible; tal vez lo sea pero, por diversas razones, siente que pierde mucho más si se distancia del agresor que si soporta sus palizas. Este tipo de situación se ve claramente en el testimonio que está al inicio del capítulo: la protagonista es una mujer que cría dos niños fruto de un matrimonio anterior de su marido y que se ve imposibilitada de separarse porque, en caso de plantear una ruptura, perderá todo contacto con ellos. Prefiere aguantar los malos tratos antes que distanciarse de los que considera, y con razón, como hijos propios.

Es conveniente que la víctima de malos tratos tome una plena conciencia de su situación:

- Lo primero que tiene que tener en cuenta es que, como ser adulto que es, puede hacer realmente lo que quiera. Nadie, por marido, cónyuge, padre o jefe, tiene el más mínimo derecho a pegarla porque no le guste lo que ella haga. Los nervios o el sufrimiento que a menudo alegan los maltratadores no son justificativos de la violencia que emplean. Ella no debe tenerlos en cuenta. Sólo pensando en sí misma, evitando ser golpeada, podrá hacer algo por su vida y, también, por la del agresor aunque éste no lo reconozca así. Darle a él la ocasión de que la mate no es una manera de ayudarle.
- Averiguar si apartarse del maltratador es realmente tan imposible como ella cree. A menudo, después de muchos años de maltrato psicológico, encontrar cualquier salida resulta muy difícil. Lo mejor es acudir a un centro de mujeres maltratadas o, mejor aún, a una terapia para que los expertos puedan ayudarle a resolver el problema.
- No provocarle. El maltrato genera también odio en la víctima y, con él, necesidad de agredir. Cuando hay golpes de por medio, lo mejor es callarse y no atacar.
- Buscar por todos los medios la posibilidad de seguir un tratamiento psicológico. En este sentido, es seguro que el agresor se negará a admitirlo, pero a veces es mejor hacerlo a sus espaldas en lugar de seguir soportando las palizas.
- Poner en conocimiento de familiares y amigos la situación, aunque de momento no sea conveniente que éstos intervengan.

El ciclo de la violencia

Me casé muy enamorada, después de haber salido como novios, durante año y medio, y aunque no recuerdo demasiados momentos felices tras la boda, me ha costado mucho esfuerzo traer a mi memoria que desde los primeros meses los empujones y sus accesos de furia han sido cosa cotidiana.

Ya al mes de vivir juntos, durante una discusión tonta, cogió el álbum con todas las fotos de la iglesia y del banquete y lo hizo pedazos. Después, claro, se arrepintió, pero el mal ya estaba hecho.

Siempre supe que a él no se le podía llevar la contraria, su misma madre lo decía. En su casa se peleaba mucho con sus hermanos y, cuando no conseguía lo que quería, la emprendía a puñetazos contra una puerta, estrellaba un vaso contra la pared o gritaba como un loco amenazando a todo el mundo. Pero la culpa era suya sólo en parte: esa era una casa de locos y de haberme visto yo en su lugar, no sé hasta qué punto hubiera podido contener mi propia violencia. Allí gritaban todos; la televisión, siempre al máximo de volumen; no había horarios para nada y tan pronto unos se levantaban a las cuatro de la tarde como otros lo hacían a las seis de la mañana para ir a trabajar. No era de extrañar, pues, que tuviera accesos de cólera continuamente.

Por esa razón no me asustó en ningún momento la idea de convivir con él; creía que, en cuanto tuviera su propia casa, un lugar sereno, bonito, ordenado y con alguien que le tratara bien, sus dichosos nervios se iban a calmar; no iba a tener necesidad de recurrir a sus explosiones para conseguir un poco de calma.

Su primer acceso de furia me descolocó, realmente no me lo esperaba. Habíamos tenido un par de discusiones tontas y él dejó de hablarme. Por mucho que le pregunté qué le ocurría, sólo me respondía que nada, que no fuera pesada, que le dejara en paz. Al principio decidí no hacerle caso, pero como seguía igual, insistí en que debíamos conversar, que las discusiones que habíamos tenido no eran importantes, que haríamos las cosas como él quería y punto. Pero tampoco eso le cambió el humor.

Al día siguiente, para ponerle contento le hice una empanada, que es su comida favorita, y ni siquiera la tocó. Aun así, seguía insistiendo en que no tenía nada, que él estaba igual que siempre y que era yo la que estaba pesada porque le daba vueltas a la cabeza.

Por la noche, cuando se estaba quitando la camisa para meterse en la cama, me acerqué por detrás y le abracé. Furioso se dio la vuelta y del empujón me tiró al suelo diciéndome que no me soportaba y un montón de cosas horribles. Fue tal el susto que ni siquiera me atrevía a levantarme. Estaba ahí, tirada, llorando desesperadamente. Al verme así, se acercó, me abrazó, me preguntó si estaba bien y me pidió disculpas alegando que estaba nervioso por temas de trabajo pero que yo no lo quería entender.

Después de eso pensé que tenía que darle tiempo para que se acostumbrase a la nueva situación. Que determinadas conductas no se cambian de la noche a la mañana y que todo era cuestión de paciencia. Pero no fue así.

Lo peor del caso es que yo sé que sufre mucho, que no se perdona a sí mismo lo que hace. Y siempre es igual: va poniéndose más tenso cada día hasta que, en un instante, estalla, me golpea y luego, al verme llorar, se deshace en lágrimas pidiéndome perdón.

Me pide ayuda, pero cuando le digo que vaya a un psicólogo me responde que eso no es para él. Y yo, sinceramente, no sé cómo ayudarle, cómo conseguir que se calme.

Cuando está bien es maravilloso; me trata como nadie, me hace sentir que me quiere, que sin mí no puede vivir, pero poco a poco va cambiando. Es como si me odiara, como si buscara el momento y la excusa para poder hacerme daño.

Tal vez yo debiera ser más comprensiva o, quizás, si se hubiera casado con otro tipo de mujer esto no le hubiera pasado. Pero a pesar de todo, yo le quiero y sé que él a mí también.

Muchas veces le he dicho que su carácter puede llevarle a la desgracia; cualquier día se le escapa un mal golpe, me mata y tiene que pasar el resto de su vida en una cárcel. Entonces lo entiende y se asusta de lo que él mismo hace. Así llevamos nueve años, desde que nos casamos, y en lugar de ir mejorando, ha ido siempre a peor.

Yo no puedo más. Hace seis meses, después de una pelea en la que los vecinos llamaron a la policía, le dije que lo mejor era separarnos, pero me dijo que si le dejaba, se mataría. Sé que es capaz de hacerlo, y ¿cómo podré vivir yo con eso en la conciencia?

Esto es como una montaña rusa; ahora estoy arriba, porque las cosas están más o menos bien, pero sé que en cualquier momento se ponen mal y empieza el miedo. Paso de la ilusión y la euforia a la desesperación, y eso está volviéndome loca. Cuando está tranquilo, me olvido de las palizas, del terror, de todo lo que me hace y llevo años pensando que esa será la última vez.

* * *

No todos los casos de violencia física se presentan igual; algunos maltratadores golpean cuando la víctima menos se lo espera y otros, contrariamente, siguen un patrón que los psicólogos han llamado ciclo de la violencia.

Este ciclo explica claramente por qué resulta tan difícil a las víctimas distanciarse del agresor; e ilustra la dependencia emocional que se establece entre ambos.

Aun cuando el maltratador no responda al ciclo de violencia, es decir, se trate de un tipo de agresor o de otro, hay que tener en cuenta que sus actos violentos no son necesariamente una respuesta ante ataques de la víctima sino que se originan en un proceso personal e interno que ha sido propiciado por las pautas y los roles que, desde un principio, se han establecido en el vínculo.

La violencia no nace de un día para otro; es un proceso que se da con el consentimiento de ambos, aunque la participación inconsciente de la víctima no la haga a ella necesariamente responsable de lo que ocurre. En la violencia doméstica y en las palizas hay un solo culpable, el que las lleva a cabo, aunque en la forma que ha tomado el vínculo haya habido consentimiento mutuo.

Fase de acumulación de tensión

Son raros los casos, si es que los hay, en los cuales la agresión física no sea precedida por la agresión verbal que puede ser originada o no por una discusión, por un cambio de opiniones.

Es importante aclarar que esta fase se desarrolla a lo largo de muchos días o, tal vez, durante meses en un continuo crescendo.

A veces, esta fase se inicia por cosas sin importancia: la comida está fría, no se ha lavado la camisa que justamente se quería poner, se acabó el queso. Cualquier pequeño inconveniente es utilizado para empezar a descalificar a la víctima con sarcasmos, gestos de desprecio e insultos. Si no hay excusa, da igual; el maltra-

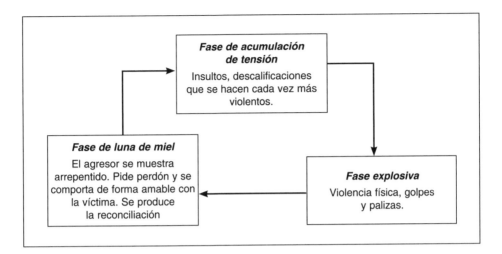

tador se muestra irascible y responde de malos modos a cualquier pregunta que se le haga.

Ante el injustificado nivel de agresión del agresor, la víctima se siente confundida y lo primero que piensa es que ha habido algún malentendido que ella no llega a captar y que es eso lo que origina la irritabilidad del agresor.

Para salir de dudas, para entender lo que pasa, es probable que le interrogue, que le pregunte qué ocurre, pero éste suele negar su evidente mal genio acusándola de ser demasiado susceptible, de ver cosas donde no las hay, de querer confundirle o de pretender hacerle sentirse mal.

Como a la víctima no le caben dudas de que él está enfadado, le recuerda que le ha contestado mal o que se ha mostrado despectivo y le pregunta si ha hecho algo que le haya disgustado. Quiere entender qué le pasa para poder disculparse, para disolver el clima de tensión. Por eso intenta conversar con él sobre el tema, pero el agresor no admite, ni siquiera ante las pruebas más contundentes, que él se sienta particularmente mal; la hace a ella responsable del clima tenso que hay entre los dos e incluso puede sugerir que es la víctima quien quiere iniciar la disputa.

La constante negación de lo que a todas luces es evidente, confunde a la persona que está siendo maltratada. Le obliga a preguntarse si no será cierto que ella hace una montaña de un grano de arena. Por otra parte se siente sin elementos para suavizar la situación porque ante cada cosa que dice, el hombre responde de mala manera o permanece callado, ignorándola, a la vez que hace gestos de desprecio o rechazo.

Una vez que la mujer comprende que la conversación es imposible ya que todo lo que dice es muy mal recibido, se limita a comportarse de la manera más anodina posible; intenta pasar desapercibida a fin de no alterarle, pero en su interior vive una gran ansiedad. Uno de los temores que se le presentan es la posibilidad de que él haya decidido abandonarla.

En las pocas conversaciones que mantienen se muestra cautelosa y elude afirmar nada contundentemente. Utiliza oraciones que comienzan con: «*me parece*» o «*yo creo*», porque son las que le permitirían cambiar el sentido de la frase en caso que detecte que su opinión aumenta la ira del agresor. Éste, por su parte, se muestra siempre contrario a lo que ella opina, se trate de algo importante o no. Para él, lo fundamental es evitar, en todo momento, cualquier posibilidad de acuerdo.

Si hay personas presentes, la diferencia en el trato hacia la víctima y hacia los demás es total. A ella, apenas le dirige la palabra o la trata seca y despectivamente mientras con el resto de la gente, es encantador, amable, simpático. Con esto le deja muy claro que el enfado está dirigido concretamente hacia ella aunque verbalmente lo niegue.

Ella sigue preguntando: «*¿Qué te pasa?*» y él responde con preguntas: «*¿Te he hecho yo algo?*», «*¿No estás conforme conmigo?*», «*¿Te he dicho acaso que estaba enfadado, te he echado algo en cara?*».

Con su actitud y su negación le está diciendo constantemente que ella se equivoca, que no sabe ver la realidad. Descalifica sus observaciones, claramente acertadas, hasta que ella duda seriamente de su propia percepción de la situación. No sabe si realmente él la está agrediendo con su actitud o si es ella que lo ve todo negro.

La angustia que siente la víctima es enorme. Quiere ser agradable a los ojos del agresor pero no lo consigue. Intenta complacerle, hace los más grandes esfuerzos por cambiarle el humor, le asegura que le quiere y, ante este despliegue, él la rechaza y desprecia más. No le tolera disculpas porque éstas lo irritan y si se acerca a abrazarle, a demostrarle su afecto, la siente empalagosa, desagradable. Se centra en el poco amor propio que ella muestra y a cada momento que pasa, la ve más exasperante.

Cuantas más muestras de rechazo ella reciba, más ansiedad y angustia siente, más miedo al abandono o a la confrontación brutal y, por ello, más busca tener un contacto lo más estrecho posible. El agresor se irrita cada vez más, no la soporta; su sola presencia se le antoja inaguantable.

Llegado este punto, empieza a insultarla abiertamente y con saña. Se acabó el juego sutil, ahora el desprecio es manifiesto. Siente ganas de hacerle mucho daño, de mostrarle todo su desprecio, de castigarla. Aumenta su violencia rápidamente y empiezan los golpes.

FASE EXPLOSIVA

Después de la fase anterior, que es de acumulación de tensión, el agresor estalla. Normalmente empieza insultando y amenazando y ante cualquier gesto, movimiento o cosa que diga o haga la víctima, pierde el control y la golpea, en ocasiones, hasta mandarla al hospital o incluso matarla.

A la persona que recibe los golpes, contraatacar le resulta casi siempre imposible. Está en una clara inferioridad física y, además, ha recibido las suficientes agresiones emocionales como para sentirse totalmente paralizada. Durante las palizas siente terror; miedo a que un mal golpe le haga perder la vida. Y no tanto por ella como por sus hijos, que quedarán huérfanos.

Tampoco puede mostrar el enfado que esto le produce ya que sería un elemento más que alteraría al agresor. Lo único que puede hacer es desear intensamente que los golpes terminen, que él se vaya.

Normalmente, a medida que transcurren los años, la fase violenta se produce con mayor asiduidad y con más saña. Como no hay manera de predecir cuándo comenzará, en cuanto la víctima empieza a notar que el agresor «está raro» o se muestra más irritado, empieza a temer que los golpes empiecen en cualquier momento, cosa que le crea un estado de angustia y ansiedad casi permanente. Las consecuencias psicológicas que estas emociones traen aparejadas son muchas y entre ellas, hay que señalar la depresión como la más directa.

En cuanto a las secuelas físicas, además de las contusiones, rotura de huesos, quemaduras o cualquier otro tipo de lesiones que le haya hecho el maltratador, la víctima puede sufrir disfunciones provocadas por el estrés en que vive: trastornos circulatorios, respiratorios, gástricos, etc.

FASE DE LUNA DE MIEL

Aunque reciba este nombre, la tercera fase de este ciclo está muy lejos de ser de luna de miel ya que es la etapa en la cual el maltratador hará uso de toda manipulación emocional posible para mantener a su merced a su compañera.

La víctima, después de haber recibido la paliza, se siente confusa. Por una parte, experimenta ira y rabia, pero no se atreve a manifestarlas. Él, no sólo le ofrece una tregua sino que pide perdón y muestra un sincero arrepentimiento (al menos, después de los primeros episodios él se siente mal con lo que ha hecho, aunque después no sea así). Se acerca como hace tiempo no hacía, y le dice lo mucho que la necesita. Le asegura que jamás va a repetirse lo que acaba de suceder y, como en ese momento sí siente culpa, convence a la víctima. Le dice lo que ella más desea oír.

Es frecuente que, en medio de esta confusión y antes de que ella pueda decidir qué es lo que quiere hacer con su vida, con su relación, él la presione para tener un intercambio sexual. Ella no puede negarse por miedo a precipitar un nuevo acceso de violencia, de modo que, aunque no esté segura de desearlo, suele ceder a los requerimientos del maltratador con el objeto de mantener la calma.

A las mujeres que, o bien durante la paliza o después de ella, se marchan de la casa, los maltratadores intentan por todos los medios convencerlas para que vuelvan a convivir con ellos. Hacen todo tipo de promesas e inician cambios significativos en su vida con el fin de que no les abandonen (dejan de beber en el caso de que lo hagan, rompen con su amante si la tienen, se muestran especialmente afectuosos con los niños, etc.). A menudo es en ese momento cuando aceptan un tratamiento psicológico, sobre todo porque es una de las condiciones que pone la víctima para volver con él, aunque es frecuente que más tarde lo dejen.

Durante un tiempo el agresor la trata mejor; hace todo cuanto ella dice, se muestra afectuoso.

«Cuando está bien es maravilloso; me trata como nadie, me hace sentir que me quiere, que sin mí no puede vivir, pero poco a poco va cambiando. Es como si me odiara, como si buscara el momento y la excusa para poder hacerme daño.»

Como él permite que se haga lo que ella quiere, la víctima siente que, por fin, la relación ha empezado a ser igualitaria; que tiene su cuota de poder. Pero llega un momento en que él decide enseñarle quién manda, entonces comienza nuevamente la fase de acumulación de tensión en la que el agresor le hace sentir inútil, desvalorizada, despreciada, etc.

Debido a la dependencia emocional que todo esto provoca en la víctima es muy difícil, como se ha dicho, que pueda salir de esa situación sin la intervención de alguna persona de fuera.

Muchas veces, sobre todo después de las palizas, reciben apoyo de vecinos, amigos, familiares y en ese momento deciden separarse; pero en muchísimos casos, en cuanto aparece nuevamente el agresor pidiendo perdón y haciendo promesas, vuelven con él y, lo que es peor, le hacen saber lo que sus amigos o familiares opinan de su actitud.

Es, por parte de la víctima, una forma de ser cómplice con el agresor, de tener un enemigo común y sentirse aliada con él; pero lo que consigue es que le prohíba ver a esa gente, que la confunda más todavía diciéndole que le tienen envidia, que lo que desean es que se separe, que no sea feliz.

FRECUENCIA EN EL CICLO DE LA VIOLENCIA

El nivel de agresividad, así como la frecuencia de las explosiones del agresor, no es el mismo cuando la relación está en sus inicios que cuando ya lleva unos cuantos años. Cada una de estas fases varía según sus características y también el tiempo que haya transcurrido:

- **Fase de acumulación de tensión.** A medida que el ciclo completo se repite una y otra vez, esta fase se iniciará más rápidamente. Así, hasta que se origina el primer golpe puede pasar un año y de éste, al segundo, otro año más; pero cuando la pareja lleva ya diez años juntos, este ciclo se inicia con suma rapidez; tal vez una vez al mes e incluso, menos.
- **Fase explosiva.** Las agresiones son mucho más violentas cuantas más veces se haya repetido el ciclo. En las primeras veces, éstas pueden limitarse a un empujón, a un forcejeo, pero a medida que la relación sigue, empiezan las bofetadas, puntapiés, huesos rotos, cortes, etc.
- **Fase de luna de miel.** Inversamente a lo que ocurre en la fase de acumulación de tensión, ésta se hace cada vez más corta. El arrepentimiento que en los inicios mostraba el agresor, finalmente ni siquiera aparece al igual que los intentos de mostrarse amable y afectuoso.
Sólo muestra lo mínimo indispensable para que su víctima permanezca a su lado y, en ocasiones, en lugar de conseguirlo por actitudes seductoras lo logra a través de amenazas y coacciones.

LA NEGACIÓN

El maltratador, salvo en el momento en que pide perdón porque necesita mantener próxima a su víctima, siempre niega tener responsabilidad alguna sobre la violencia. Esta negación no sólo está dirigida hacia ella sino también hacia sí mismo; es lo que le permite seguir adelante y no establecer ningún cambio.

Si realmente aceptase su violencia, la reconociese y se hiciese cargo de ella, no la volvería a repetir o, si lo hiciera, al menos los episodios violentos se irían espaciando. Pero en los casos de malos tratos ocurre exactamente al revés: cada vez son más frecuentes.

Para poder rechazar como cierto lo que es tan evidente, el maltratador justifica todos y cada uno de sus actos, racionaliza su conducta, cambia la escala de valores por una propia en la cual él establece qué es aceptable y qué no. Si le ha pegado, dirá que lo hizo para sacarla del ataque histérico que tenía (es decir, lo interpreta como un favor que le ha hecho).

También minimiza sus actos; por ejemplo, si de un golpe le rompe dos costillas, dirá que en realidad la ha empujado y que ella se golpeó con otra cosa y por eso se las ha roto.

En definitiva: el agresor siempre se autoengaña y por esta razón puede convencer con tanta facilidad a la víctima, a pesar del daño que le hace.

SECUELAS EN LA VÍCTIMA

En una situación de malos tratos, el sistema emocional está constantemente sobrecargado; tan pronto se siente ansiedad, miedo, alivio, tristeza, angustia o alegría. Cada una de estas emociones está asociada a una serie de hormonas y neurotransmisores que se segregan ante los diferentes cambios de estado. Esto supone un esfuerzo enorme para el organismo, de ahí que las víctimas presenten, después de años de convivir con la violencia, muchísimas disfunciones y trastornos.

Si el hecho de trabajar en una empresa competitiva es agotador y genera estrés en sus empleados llevándolos a presentar distintas enfermedades, es fácil imaginar lo significa vivir en un clima de constante tensión donde lo que se juega no es un sueldo, el prestigio profesional o un puesto de trabajo, sino la vida.

Entre los trastornos que con mayor frecuencia presentan las personas maltratadas, se pueden citar:

- **Somatizaciones diversas.** La víctima se presenta, normalmente, ante su médico de cabecera con dolores y síntomas difusos, algunos de los cuales son huellas de la última paliza, ocurrida hace algún tiempo. Sin embargo, no acusa a su agresor. Otras veces, va a urgencias con un ataque de ansiedad (taquicardia, síntomas de ahogo, sensación de que el corazón le está funcionando mal). También es habitual que presente infecciones vaginales o urinarias, dolor pelviano crónico, dolores abdominales, jaquecas y muchos de los síntomas propios del estrés (alteraciones en el sueño o en los hábitos alimentarios, trastornos gastrointestinales, sensación de ahogo, mareos, jaquecas, etc.). Es también frecuente que el agresor acompañe a la víctima a la consulta, sobre todo para evitar que diga algo que pueda despertar las sospechas del facultativo. En estos casos se muestra especialmente solícito, amable y preocupado.

- **Trastornos psicológicos.** Una gran cantidad de personas que sufren malos tratos intentan quitarse la vida. Las crisis de ansiedad, de pánico, el aislamiento y la depresión son los cuadros más frecuentes.

- **Anorexia o bulimia.** Estos trastornos alimentarios, que pueden producirse por diversas situaciones, a veces se observan también en personas que han sido víctimas de la violencia doméstica.

- **Automedicación o alcoholismo.** A veces, para poder sentirse mejor, la víctima empieza a beber; con ello logra atenuar el sufrimiento. Otras, intenta conseguir pastillas para dormir, ansiolíticos o antidepresivos.

- **Estrés postraumático.** Es el mismo trastorno que suelen presentar personas que han sufrido una guerra, que han estado en campos de concentración, y que se han visto sometidas a un intenso sufrimiento asociado con temor y ansiedad. Es un cuadro psiquiátrico grave y altamente incapacitante que requiere ayuda profesional.

En todos estos trastornos no están consignadas las heridas que, a menudo, reciben de manos de sus compañeros. Golpes, cortes, quemaduras, rotura de huesos, etc., y que, en ocasiones, dejan también cicatrices o secuelas más importantes.

Hoy, en muchos hospitales se está enseñando al personal sanitario a detectar posibles casos de malos tratos. Cuando un médico sospecha de su presencia, la primera medida que toma es pedirle a la persona que acompaña a la paciente que salga de la consulta con el fin de hacerle preguntas pertinentes.

SECUELAS EN LOS NIÑOS

Cuando se produce una situación de violencia, sea en la calle, en un bar o en cualquier otro sitio, ésta no afecta sólo a sus actores sino también a quienes la presencian. Si, además, la violencia es periódica e imprevisible, la ejercen personas queridas, y, además, los testigos son niños, el efecto que sobre ellos produce es sumamente nocivo.

Los pequeños que se crían en hogares donde los cónyuges resuelven sus conflictos a golpes tienen cambios importantes en su conducta y desarrollan actitudes que arrastrarán a lo largo de toda su vida.

Todos los psicólogos y asistentes sociales que trabajan para comprender y erradicar los malos tratos coinciden en que muchas de las personas que los ejercen sobre sus parejas provienen de hogares en los que las peleas y palizas eran frecuentes.

Entre las secuelas que con mayor frecuencia se observan en los hijos de las víctimas de violencia doméstica se incluyen:

- **Culpa.** Si a la víctima le cuesta comprender las causas que originan las agresiones, tanto más a un pequeño que aún no tiene elementos para comprender las reacciones de los adultos. A menudo la disputa se origina cuando el padre, cargado ya de tensión, increpa al niño injustamente y la madre le defiende, o bien se utiliza alguna actitud del niño para empezar la reyerta. Eso hace que muchos hijos se sientan culpables de los golpes que recibe la madre.

- **Ansiedad.** Como en los casos de malos tratos las agresiones son periódicas e imprevisibles, el niño vive bajo un temor y ansiedad constantes, esperando el momento en que se desatará un nuevo episodio de violencia. Si tiene hermanos comentarán entre ellos las actitudes que observan a fin de prever, en la medida de lo posible, el momento en que empezarán los gritos y los golpes. La necesidad de mantenerse bajo un estado permanente de alerta les agota y perturba psicológicamente.

- **Tristeza.** Los niños quieren al padre y a la madre y necesitan tener de ellos una buena imagen, considerarles personas bondadosas, fuertes y justas. Cuando presencian el primer episodio violento, la imagen de quien ejerce la agresión se rompe. La forma de vida que tenían hasta ese momento cambia drásticamente. A partir de ese momento tendrán que desarrollar estrategias y conductas destinadas a protegerles de la violencia que reina en el que debiera ser su lugar de mayor seguridad.

- **Confusión.** A pesar de ser testigos de su agresividad, los niños no dejan por ello de querer a su padre; más bien sienten hacia él una mezcla de amor y odio. Con respecto a su madre, pueden sentir que ella debiera protegerse y protegerles pero, al no hacerlo, se ven impulsados a cuidarla a pesar de carecer de los elementos necesarios para esa tarea. Eso les produce frustración. Como los límites y los papeles están trastocados, se sienten confundidos.

- **Miedo al abandono.** Cuando un niño, a causa de la violencia doméstica, se ve apartado de uno de los padres, tiene necesariamente miedo de perder al otro, de que el doloroso alejamiento se vuelva a producir. Es frecuente que los hermanos que han sufrido este tipo de traumas imaginen y planifiquen estrategias por si llega el día en que queden solos.

- **Búsqueda de atención.** Cuanto más pequeño sea el niño, más atención necesitará por parte de sus padres, y en medio de un clima de violencia, la reclamará aún más porque se siente frente a lo que podría ser un inminente peligro. A menudo la madre, que es quien suele ocuparse de él, no tendrá la fuerza suficiente como para cumplir este cometido eficazmente.

- **Soledad.** Aunque nadie les hable especialmente sobre el tema, saben intuitivamente que no pueden andar contando a sus amigos lo que ocurre en su casa. Por esta razón les costará mucho tener relaciones de confianza con sus iguales ya que tendrán que manejarse con cuidado con el fin de que la violencia quede oculta a los ojos de los demás.

- **Faltas de asistencia a clase.** Es frecuente que las personas que ejercen malos tratos sobre sus cónyuges procuren, dentro de lo posible, que los niños no presencien las escenas de violencia porque saben que serán juzgados por ello. Por este motivo la mujer que intuye que la paliza está próxima se refugia en los hijos, procura que estén presentes, para que aquello que teme no se produzca. Además, ella no siempre tiene la fuerza necesaria como para imponerse a los pequeños razón por la cual, los niños a menudo faltan a clase. Otro de los motivos por los que ellos eligen quedarse en casa es para poder cuidar así a la víctima y para tener una noción más clara de lo que ocurre entre sus padres a fin de protegerse lo mejor posible.

- **Vergüenza.** Como estas cosas no se comentan, piensan que sólo ocurren en su casa.

- **Síntomas físicos.** El desajuste psicológico puede acarrear diversos trastornos, la mayoría de origen psicosomático, entre los cuales podemos reseñar: dolor de cabeza, de estómago, asma, eneuresis (orinarse en la cama), sobrepeso excesivo, delgadez extrema, etc.

- **Violencia.** Algunos niños aprenden a resolver los conflictos por medio de la violencia, tal y como ven que sucede entre sus padres. Otros, por el contrario, experimentan un horror desmesurado ante cualquier actitud agresiva (gritos, discusiones, etc.).

- **Problemas de disciplina.** El hecho de tener que vivir bajo una gran tensión hace que no tengan energías disponibles para organizarse debidamente, para cumplir todo lo que se espera de ellos, tanto en la casa como en la escuela. Además, sienten rabia y resentimiento que pueden expresar a través de una mala conducta. Los niños, en general, observan muchísimo a los mayores, especialmente a sus padres, y les cuesta comprender cómo ellos les enseñan ciertas cosas como buenas y aceptables en tanto que hacen exactamente lo contrario de lo que predican.

- **Síntomas diversos.** La ansiedad, el miedo y la sensación de abandono y pérdida que sienten muchas veces se manifiesta a través de conductas anómalas: comerse las uñas, quedarse paralizado (embobado), mostrar falta de atención, apegarse frenéticamente a la madre, etc.

Quienes no se separan por miedo a causarles problemas psicológicos a los hijos, deberían pensar que para ellos vivir en medio de una guerra no es nada fácil y que, por muy pequeños que sean y por mucho que las peleas transcurran en el dormitorio y a puerta cerrada, se enteran de muchas más cosas de las que los adultos imaginan.

EN QUÉ SITUACIÓN ESTOY

Una de las conclusiones que se pueden sacar después de oír muchos testimonios de malos tratos es que la mayor parte de las veces ni la víctima ni el maltratador son conscientes de estar inmersos en una relación violenta.

La mayoría de los informes aseguran que, por lo general, cuando una mujer pone una denuncia contra su agresor, lleva una media de siete años de insultos, palizas, violaciones, maltrato económico y vejaciones de toda índole sobre sus hombros. Si bien muchas no denuncian por miedo o por un amor mal entendido, a otras ni siquiera se les ocurre porque no reconocen la violencia en la forma que son tratadas por sus compañeros.

Éstos, por su parte, encuentran muy normal su manera de comportarse; son «problemas de pareja», «enfados típicos» que ocurren en el seno de todo matrimonio.

Si una persona, sea hombre o mujer, lleva mucho tiempo sintiéndose mal, deprimida, angustiada, sin fuerzas o con los típicos trastornos que produce el estrés, debería preguntarse si no estará involucrada en una relación violenta.

Los investigadores distinguen, en sus estadísticas, entre aquellas mujeres que se autodefinen como maltratadas y las que, a pesar de tener una pareja violenta, no asumen su condición de víctimas. Se dice de estas últimas que son personas «técnicamente maltratadas». Si llegan a esta conclusión es porque, a pesar de que ellas nieguen la situación que están viviendo, a través de sus respuestas a diversos cuestionarios evidencian que viven con alguien que las maltrata.

Cada investigador tiene su propio cuestionario, pero entre las preguntas que se hacen a las víctimas, se encuentran las siguientes:

1. En alguna ocasión, ¿siente que merece algún castigo?
2. ¿Se siente culpable y sin saber por qué?
3. ¿Le inspira miedo su pareja?
4. ¿Siente que tiene que tener un especial cuidado para que su pareja no se enfade?
5. Su pareja: ¿alguna vez le ha empujado, pegado, cogido del cabello, hecho algún daño físico, etc.?
6. ¿Tiene cambios de humor muy frecuentes? ¿Pasa de tratarle muy bien a tratarle mal?
7. ¿Le da a usted un trato inferior al que le da al resto de la gente?
8. ¿Le prohíbe relacionarse con otras personas o se enfada si lo hace?
9. ¿Suele su pareja amenazarle con matarle o matarse?
10. ¿Cree que las cosas no están tan bien como pretende que los demás crean?
11. ¿Se siente obligado a tener relaciones sexuales con su pareja para que no se muestre nerviosa o irritable?
12. ¿Alguna vez ha pensado que si su pareja se muriese estaría muchísimo mejor?
13. ¿Ha pensado en separarse pero no se atreve?
14. ¿Se siente aislado, sin posibilidad de pedir ayuda a nadie?
15. ¿Teme contar lo que sucede en su relación por temor a represalias o porque su pareja pueda ir a la cárcel?
16. ¿Se siente psicológicamente desquiciado, al borde de la locura?

Lógicamente, el hecho de que se pueda contestar a alguna de estas preguntas afirmativamente no indica necesariamente que haya maltrato aunque sí sugeriría que pudiera haberlos. Sirven como punto de partida a una reflexión, como una referencia.

La persona que ejerce malos tratos no suele ser consciente de ello. El momento de arrepentimiento dura, por lo general, muy poco tiempo. Una vez pasado éste, pone en marcha sus mecanismos de negación que le llevan a creer que la víctima se merece su agresión, que no es algo tan grave lo que ha hecho, etc.

Si el agresor no comprende que tiene un problema con su violencia, que no la controla, que necesita ayuda, jamás cambiará; por ello se están utilizando cada vez más los cuestionarios dirigidos a los presuntos agresores con el fin de que ellos mismos puedan darse cuenta que necesitan ponerse en manos de un profesional para que les ayude a superar su trastorno.

Entre las preguntas que se les suele hacer, figuran las siguientes:

1. ¿Cree que su pareja, en ocasiones, le tiene miedo?
2. ¿Ha empujado o golpeado alguna vez a su pareja?
3. ¿Considera que a su pareja le gusta que su compañero sea fuerte y le haga saber quién manda?
4. ¿Cree que su pareja merece ser castigada?
5. ¿Piensa que ella le provoca a fin de que usted reaccione violentamente?
6. ¿Utiliza amenazas para calmar a su pareja?
7. ¿Alguna vez ha lanzado o roto objetos en medio de una discusión?
8. ¿Se pone muy nervioso cuando no consigue hacer valer sus argumentos con palabras?
9. ¿Cree que su pareja debe pedirle permiso para hacer ciertas cosas?

Es importante insistir que el hecho de que alguna vez, a lo largo de años de convivencia, se produzca cualquiera de las situaciones mencionadas en el cuestionario, no indica que haya violencia doméstica. Para que una persona sea calificada de maltratadora, es necesario que su conducta sea sostenida a lo largo de un tiempo más o menos largo.

Si se utiliza el género femenino para la víctima y el masculino para el agresor, es porque en los casos más graves de violencia doméstica, aquellos que llevan involucradas hospitalizaciones o muerte, el agresor suele ser varón pero esto no indica que las únicas personas que ejerzan violencia doméstica sean de sexo masculino.

La violencia, ¿nace o se hace?

Nos casamos muy enamorados después cuatro años de noviazgo que, aún hoy, recuerdo como maravillosos. En ese entonces vivíamos realmente el uno para el otro y todos nos consideraban una pareja modelo.

Pasábamos largas horas charlando o haciendo planes. Salíamos muy poco y siempre juntos; alguna vez al cine o a dar un paseo en coche, pero no teníamos amigos y, como mi familia lo quería como a un hijo, los encuentros solían ser a diario y en casa. A menudo venía al salir del trabajo, cenaba con nosotros, si había alguna película interesante la veíamos y luego se iba.

Durante esos cuatro años yo era cajera en unos grandes almacenes; él, por su parte, había instalado un taller mecánico y allí se pasaba horas intentando sacarlo adelante. Para ambos era importante juntar dinero porque estábamos comprando un piso, de modo que ahorrábamos todo lo posible. A veces, los sábados él se quedaba reparando algo y yo iba al taller a hacerle compañía.

En ningún momento tuve la menor duda de que me quisiera tanto como yo a él; y no porque me lo dijera constantemente, cosa que me hubiera gustado, sino porque sé que en su vida sólo hay dos cosas: su trabajo y yo, y desde que me conoció a ellas ha dedicado todas las horas del día.

Con su familia siempre tuvo una relación muy tensa; su padre, militar, era un hombre muy estricto que mandaba en su casa de la misma manera que en el cuartel: a gritos. No se le podía debatir ninguna idea por equivocada que fuese y, cuando los niños no hacían lo que él ordenaba con la suficiente presteza, cogía su cinturón y les daba lo que él consideraba «su merecido».

Por las cosas que me ha contado, deduzco que era un sádico, estaba obsesionado con la disciplina y los métodos que usaba para lograr inculcarla en sus hijos eran espantosos. En la mesa, por ejemplo, servía a cada comensal un vaso de refresco prohibiendo a los niños beberlo. Él, que se servía además varias veces, les comentaba riendo lo bueno que estaba incitándoles a desobedecer. Si alguien osaba probar la bebida, lo que podía conseguir con ello era una paliza o un castigo peor aún. Al terminar la comida, volcaba el contenido de los vasos de los pequeños en el fregadero.

Su madre jamás les ha defendido; nunca un gesto amable, una caricia, un halago. Mi marido piensa que ninguno de los dos les ha querido, que han tenido hijos porque era lo que había que hacer. Por eso a los 18 años se fue de su casa y, al año y medio, nos conocimos.

Comprendiendo la falta de afecto que ha tenido, me he empeñado en hacerle saber una y otra vez que le quiero de verdad, que es importantísimo en mi vida, que le he elegido; pero en los últimos tiempos las cosas han cambiado hasta tal punto que ya no sé qué pensar.

Hace dos años hemos tenido un hijo. Cuando se enteró de que estaba embarazada, se puso muy contento; sin embargo, a medida que la gestación fue avanzando, empezó a mostrarse molesto porque decía que yo había cambiado. Como me costaba más que antes despertarme, eso le irritaba; se quejaba de que no me levantara enseguida a prepararle el desayuno y, por otra parte, me decía que el embarazo me estaba deformando por completo, que no veía la hora de que volviera a ser la de siempre. No comprendía su actitud respecto a nuestro futuro hijo; si el bebé se movía y le decía que me pusiera la mano en el vientre para sentirlo, su cara era de desagrado y respondía que le daba impresión; si me paraba delante de un escaparate de ropa infantil, cosa que hacen la mayoría de las mujeres que esperan un hijo, me cogía del brazo y tiraba de mí sin querer saber nada del asunto.

Por todas estas cosas, la etapa que debiera haber sido la más feliz de mi vida la he pasado sola, sin poder compartir las ilusiones, alegrías, temores y esperanzas con él. Fue como si no quisiera enterarse de que, en unos pocos meses, el niño iba a formar parte de nuestra familia y para siempre. También se mostraba malhumorado y pasaba más horas en el taller.

Por fin nació Sebastián y, en un primer momento, se puso contentísimo. Se sentía orgulloso porque había nacido grande y bien, pero no se atrevía a cogerle porque tenía miedo de hacerle daño.

Ya desde los primeros días en que el bebé estuvo en casa, no soportaba oírle llorar. Si yo iba a atenderle, a ver qué le ocurría, me decía que le estaba malcriando, que lloraba por capricho. Atender al pequeño cuando él estaba presente suponía para mí un estrés porque siempre terminábamos discutiendo. En cuanto terminaba de darle el pecho y cambiarle, insistía en que lo pusiera en su cuna; nada de brazos. Llegó incluso a amenazarme con marcharse porque no nos aguantaba.

En algún momento pensé que podía estar celoso, pero me pareció tan absurdo que me resistí a creerlo.

La relación entre nosotros se fue deteriorando día a día. Me empezó a acusar de egoísta, de no hacerle caso, de vivir sólo para Sebastián y, en cierta forma, me sentía un poco culpable porque es cierto que un niño pequeño exige mucho tiempo y ya no podía dedicarle tantas horas a él. Creí que, a medida que creciera las cosas iban a cambiar, pero nunca imaginé que a peor.

Ya no viene directamente a casa desde el trabajo; se va por ahí y llega de madrugada, con copas de más y, en alguna ocasión, en busca de pelea. En esos casos trato de no reaccionar, me hago la dormida. Alguna que otra vez ha intentado hacer el amor y, como me he negado porque no soporto su olor a alcohol, me ha echado a empujones de la cama.

Con el niño es sumamente estricto. En cuanto rompe a llorar, pierde la paciencia y le grita. Nunca ha tolerado que juegue con la comida, cosa que hacen todos los pequeños; pretende que se comporte como si tuviera diez años. Si le defiendo, se enfurece y, en ocasiones, me da miedo.

Lo más increíble es que llegó a decirme que ahora que tiene hijos, comprende a su padre. De haberlo sabido, es probable, o más bien seguro, que Sebastián no existiría. Nunca hubiera tenido hijos con él.

La semana pasada fue infernal: el pequeño estaba mal de la garganta con mucha fiebre de modo que me pasé toda la noche tratando de bajársela. Al día siguiente, sábado, él había quedado con un compañero para arreglarle el coche después de comer, y me había dicho que preparara la comida más temprano. Aprovechando que Sebastián se quedó dormido y fresquito, me eché un rato porque no daba más. A las doce me despertó sacándome de la cama a empujones, cogiéndome del pelo, llamándome vaga. Estaba como loco. Se fue sin comer y cuando regresó me pidió perdón asegurándome que no sabía qué le había ocurrido y que no lo volvería a hacer, pero que yo debía procurar hacerle más caso porque eso era lo que le desesperaba.

Los días siguientes estuvo más amable pero ya veo que se está poniendo cada vez más nervioso e irritable.

Llevamos así más de dos años y ya no tengo esperanzas de que cambie, de que vuelva a ser como era. Entre otras cosas porque cada día bebe más. Me gustaría *ayudarle pero no sé cómo. He pensado en separarme pero me frena la idea de que, si lo dejo, es capaz de hacer cualquier barbaridad.*

* * *

Hasta que en los últimos años no se ha roto el silencio que encubría los casos de malos tratos, la mayoría de las víctimas vivían su situación con vergüenza, ignorando que su desgracia era algo mucho más común de lo imaginado.

Hoy, gracias a las campañas y a las leyes que casi todos los países de occidente están dictando a fin de erradicar este drama social, las víctimas de malos tratos saben que no son las únicas, que el estado las ampara, que lo que sus compañeros hacen es un delito penado por la ley.

Esta toma de conciencia que se ha suscitado en las últimas décadas ha motivado que muchos expertos (psicólogos, sociólogos, médicos, juristas, etc.) hayan dedicado sus esfuerzos a estudiar el fenómeno de la violencia doméstica con el fin de comprenderlo y controlarlo adecuadamente, pero inevitablemente se encuentran con la falta de datos concretos acerca de este fenómeno ya que, por lo general, la violencia doméstica se produce en la intimidad.

Las teorías elaboradas son muchas y diversas. Algunas están encaminadas a explicar el papel de la víctima, a intentar saber qué es lo que le hace soportar durante años un trato vejatorio; otras se centran en el agresor, procuran explicar por qué un hombre, que ha sido educado bajo la idea que pegar a una mujer es innoble, de cobardes, rompe ese tabú y golpea reiteradamente a su compañera sentimental o, en el caso de que la violencia la ejerza la mujer, ¿dónde ha quedado su empatía y su supuesta docilidad?

Entender la mentalidad del agresor resulta fundamental no sólo para poder realizar una labor de reinserción de esos individuos sino, sobre todo, para prever qué tipo de relaciones o de personas son las que luego permitirán la escenificación de los malos tratos.

Si bien la sociedad patriarcal ha adjudicado a el ejercicio de la agresión física al sexo masculino, rara vez un hombre se vanagloria ante otros de haber pegado a su mujer, aunque sí pueda enorgullecerse en público de haberle dado una paliza a otro hombre. La violencia contra las mujeres, al menos en occidente, no está colectivamente justificada ni aceptada y sobre ella se ha mantenido silencio porque a los mismos hombres el maltratar a su compañera es algo que les provoca vergüenza ante sus iguales, que los tilda automáticamente de cobardes.

Los golpes se dan en la intimidad del hogar y cuando alguien pregunta se disimula, se calla. La víctima sabe que, en caso de decir una sola palabra sobre lo sucedido, lejos de provocar con ello la satisfacción o el orgullo de quien le ha pegado, lo único que conseguirá será despertar su ira. Y no porque el agresor tema ir a la cárcel o tener que pagar por ello, sino porque, al contarlo, mostrará ante el resto de la gente una imagen suya que sabe será censurada tanto por hombres como por mujeres.

Muchos estudios sobre violencia y pareja realizados en los años noventa se han orientado a explicar qué es lo que propicia la aparición de los malos tratos; se ha hablado de genética, de hormonas y de patrones culturales, pero casi todos coinciden en que hay dos factores que son particularmente significativos: la influencia del medio ambiente, sobre todo en la niñez, y el tipo de vínculo que ha podido establecer con las personas que le han brindado los cuidados, sobre todo en los primeros años de vida, así como las conductas que ha aprendido para lograr tener próximas a las figuras significativas.

De lo que aún no se ha comenzado a hablar o se ha hecho en círculos muy reducidos es de la violencia doméstica dirigida hacia el varón. Todo se orienta a mostrar que son ellos quienes maltratan cuando, lo cierto, es que la personalidad violenta no tiene sexo.

Al respecto, es interesante lo que comenta la Dra. Pizzey, creadora del primer hogar de mujeres maltratadas, en su artículo titulado «Trabajando con mujeres violentas», la autora dice:

«Tenemos miles de estudios internacionales sobre la violencia masculina, pero existen muy pocos sobre las causas o las formas de la violencia femenina. Al parecer, un manto de silencio cubre las enormes cifras de la violencia ejercida por mujeres».

Y, posteriormente, aclara:

«Según mi experiencia, tanto los hombres como las mujeres incurren igualmente en los comportamientos descritos, pero en conjunto, debido a que sólo las disfunciones del comportamiento masculino se estudian y son objeto de informes, la gente no comprende que, en la misma medida, las mujeres son igualmente responsables de ese tipo de conductas violentas».

Las opiniones al respecto son muy variadas, por una parte, el movimiento feminista, que es quien más ha hecho a favor de la erradicación de los abusos domésticos, se ha centrado en la violencia ejercida contra las mujeres y, al considerar su origen en el sistema patriarcal, en el machismo, no puede aceptar que los malos tratos puedan ser ejercidos por la mujer. Por otro, el hombre no tiene instituciones que lo representen en su género ni está lo suficientemente organizado en este sentido como para hacer oír su voz.

Agresividad y violencia

José Sanmartín, catedrático de la Universidad de Valencia y director del Centro Reina Sofía para el estudio sobre la violencia, afirma que «El agresivo nace, el violento se hace».

La agresividad es una herramienta que responde al instinto de supervivencia. La desarrollan tanto los animales como los seres humanos. Es lo que ha permitido al hombre primitivo cazar, defender su territorio y su grupo. Sin embargo, a diferencia del resto del reino animal, sólo el hombre es capaz llevar la agresividad hasta sus últimas consecuencias, de convertirla en violencia causando dolor o muerte a otros sujetos de su misma especie.

En la medida en que el ser humano fue evolucionando y apartándose del medio natural en el que vivía, también se fue distanciando del comportamiento agresivo puramente animal que compartiera con las otras especies inferiores. A partir de entonces, pasó a desarrollar también comportamientos violentos.

Para el Dr. José Sanmartín, la violencia «es la resultante de la influencia de la cultura sobre la agresividad natural y sólo factores culturales pueden prevenirla».

En los años 60, el filósofo canadiense Alberto Bandura, que en 1974 fuera nombrado presidente de la Asociación Americana de Psicología, expuso que las tendencias violentas no son hereditarias sino aprendidas. Inicialmente el sujeto las adquiere en el seno de su familia y, posteriormente, en el tratamiento con los iguales así como mediante la educación y la influencia de los medios de comunicación. A este complejo aprendizaje lo llamó «modelado de conducta».

- **La influencia de la familia.** En su teoría del aprendizaje social el Dr. Bandura sugirió que los niños aprenden observando el comportamiento de los adultos, sobre todo de aquellas personas a quienes ven en una situación de poder o que tienen objetos o características que les gustaría poseer ellos mismos algún día. En este sentido, los padres son figuras cruciales ya que suelen reunir las características adecuadas para que el niño les imite.

Si en su infancia un sujeto presencia actitudes violentas de sus padres entre sí o hacia él, es muy probable que, posteriormente, cuando se encuentre frente a situaciones que no sepa resolver, responda de la misma manera que hacían los adultos en su casa, es decir, violentamente, y eso es lo que hará ante los conflictos en la familia que forme cuando sea un adulto.

Si el uso de la violencia le permitiera conseguir sus objetivos (por ejemplo, si golpeando lograra que su mujer dejase de agredirle verbalmente), esta conducta agresiva se verá incluso reforzada, por tanto volverá a recurrir a ella más asiduamente.

«... su padre, militar, era un hombre muy estricto que mandaba en su casa de la misma manera que en el cuartel: a gritos. No se le podía debatir ninguna idea por equivocada que fuese y, cuando los niños no hacían lo que él ordenaba con la suficiente presteza, cogía su cinturón y les daba lo que él consideraba su merecido.»

Otros estudios realizados sobre la violencia en la pareja (por ejemplo los de Beasley & Stoltenberg, 1992; Briere, 1987; Caesar, 1988) corroboran que el porcentaje de maltratadores que han vivido escenas de violencia en su infancia es significativamente mayor que el de aquellos que no fueron expuestos a tales situaciones. Según Caesar, el 60% de los hombres encuestados que admitieron haber agredido a sus parejas habían recibido castigos corporales en su infancia, frente a un 8% que no los habían padecido.

- **El aprendizaje de los pares.** Las conductas agresivas como respuesta a la frustración o como medio de conseguir lo que se desea, también pueden adquirirse a través del trato con los iguales, con compañeros o amigos.

Los hombres que no han vivido historias familiares de violencia y que, no obstante, terminan maltratando a sus parejas, a menudo han pasado cierto tiempo en una relación en la cual el maltrato ha estado presente (sea una relación de pareja, la participación en una banda callejera, etc.).

Para que esto se produzca, es necesario que esa relación conflictiva se haya mantenido durante un tiempo significativo.

En ocasiones, quienes maltratan no provienen de familias violentas sino que han vivido en un barrio problemático o han tenido contacto en la infancia con personas muy agresivas (compañeros de colegio, pandas de amigos, etc.).

- **El aprendizaje a través de los medios de comunicación.** La cantidad de agresiones verbales y físicas, y muertes que se observan en las series, es abrumadora y, lo que es peor, en ellas no pocas veces los agresores son presentados como héroes, como personas particularmente atractivas que pueden ser más fácilmente tomadas como modelo (ladrones de bancos, asesinos en serie, justicieros que no dudan en cometer las mayores atrocidades, etc.). Es bastante frecuente que el más violento de la película sea, paradójicamente, el más admirado por las mujeres.

Lamentablemente hay niños que pasan muchas horas al día sentados ante el televisor, absorbiendo ese material, viendo cómo un golpe o dos tiros permiten al malvado o al héroe conseguir aquello que buscan. Luego, cuando juegan en el patio del colegio o en el barrio, encarnan a esos personajes reproduciendo sus actitudes agresivas.

Pero no son solamente las series y películas las que transmiten este tipo de mensaje de elogio a la violencia: también se han podido observar, durante años, en diferentes anuncios publicitarios. Como ejemplo, el de un joven que aparta despectivamente a una muchacha y ella, lejos de enfadarse o dejarle plantado, le mira con expresión de embeleso o le planta un beso porque usa tal o cual perfume, porque viste una ropa determinada o porque ha quedado fascinada con su coche. El mensaje es claro: a las mujeres hay que tratarlas con mano dura.

Alberto Bandura cree que la ilustración gráfica de la violencia que ofrecen los medios de comunicación incide significativamente en el desarrollo de estas conductas que hoy la sociedad está decidida a erradicar. Al respecto, es interesante lo que informa David Phillips: en el año 1960, se televisó el campeonato de lucha de peso pesado (Cloward y Ohlin) y, tras este combate, la tasa de incremento de homicidios fue notablemente mayor. Por otra parte, muchos asesinos han cometido sus delitos después de haber visto películas particularmente violentas. Como ejemplo, caben citar dos de los que presenta Siegel en el año 1972: John Hinckley, que intentó asesinar al presidente Ronald Reagan después de ver 15 veces la película *Taxi Driver*. Y el alegato del abogado de Ronald Zamora, que mató brutalmente a una mujer mayor. En su discurso dijo que la conducta de su defendido estaba motivada por las escenas violentas que había visto en televisión, que fueron las que le llevaron a confundir la realidad con la fantasía.

En octubre de 2002, una comisión asesora del gobierno francés recomendó que se prohíbieran los contenidos violentos o pornográficos que emiten las cadenas en la franja horaria que va desde las siete de la mañana hasta las diez y media de la noche; es decir, en el período en el cual una gran mayoría de telespectadores son niños o adolescentes. En este informe, dicha comisión menciona que la película *Asesinos Natos*, del realizador Oliver Stone, fue citada como referencia por los autores de un asesinato cometido en 1996. También cita un estudio realizado en Estados Unidos durante 17 años y entre 707 familias, que afirma que las agresiones sucesivas en adolescentes de 14 años tienen una relación directa con la cantidad de horas que los sujetos están frente al televisor. Al parecer, el estudio confirma que los jóvenes que ven diariamente menos de una hora de televisión cometen el 5,7% de los actos agresivos, frente al 25,3% de los realizados por quienes ven dos o tres horas diarias.

Como corriente minoritaria de opinión opuesta, G. Gerbner, L. Gross y W. H. Melody proponen que ver escenas agresivas en los medios de comunicación no produce aumento de la violencia en el individuo sino que, por el contrario, produce una disminución. Es lo que se llama «efecto purga».

Lo más probable es lo que, en líneas generales, postula el Dr. Bandura: si queremos adultos no agresivos, debemos presentar, tanto en las familias como en los medios de comunicación, modelos no violentos.

LA TEORÍA DEL APEGO

«Por conducta de apego se entiende cualquier forma de comportamiento que hace que una persona alcance o conserve proximidad con respecto a otro individuo diferenciado y preferido. En tanto la figura de apego permanece accesible y responde, la conducta puede consistir en una mera verificación visual o auditiva del lugar en que se halla y en el intercambio de miradas y saludos. Empero, en ciertas circunstancias se observan también seguimiento o aferramiento a la figura de apego, así como tendencia a llamarla o a llorar, conductas que en general mueven a esa figura a brindar sus cuidados», (John Bowlby, 1980).

El hombre se relaciona con los demás según ciertos comportamientos aprendidos en su primera infancia. A diferencia de otros mamíferos, el ser humano nace completamente vulnerable; de no ser por la presencia de su madre o de un cuidador, seguramente moriría ya que tarda muchos meses en adquirir la capacidad de desplazarse, de alimentarse y, en general, de valerse por sí mismo.

La conducta de apego, tal como la definió John Bowley, consiste en una respuesta que aparece ante la necesidad de supervivencia del individuo y de la especie y se establece a partir del contacto entre la madre y el niño. Con su proximidad, ella brinda al bebé seguridad y éste, a su vez, reacciona ante sus cuidados con una gama de intensas emociones desarrollando hacia ella un apego especial ya que es fuente de gratificación y protección. Este apego es correspondido por la mujer.

En los primeros meses, toda vez que el bebé necesita algo o se siente molesto, llora. Ante esa reacción, su madre, que por lo general está alerta (tiene sueño más ligero, está más atenta a cualquier reclamo por parte de su hijo), acude para cubrir sus necesidades. Las conductas de ambos, madre e hijo, están dirigidas a mantener la proximidad.

En estadios posteriores, el niño comienza a gatear, a explorar el mundo. Se aleja de su madre hasta lugares donde no puede verla pero, cada tanto, interrumpe lo que esté haciendo para ir hasta donde ella está y asegurarse así de su presencia. En caso de que se llegara a asustar, tuviera hambre o se sintiera enfermo, inmediatamente acudiría a su lado en busca de protección y seguridad; mostraría una conducta de apego, de búsqueda de contacto más estrecho con su madre.

Para que el niño pueda adquirir paulatinamente autonomía es necesario que, aun cuando sea durante breves intervalos, esa conducta de apego se desactive porque sólo así podrá alejarse de ella. Si sabe que su cuidadora estará disponible, podrá tomar distancia confiadamente y ampliar de ese modo su mundo y sus experiencias.

Con el tiempo, el niño aprende a mostrarse tranquilo y seguro con otras figuras de apego sustitutas de la madre, sobre todo con el padre que es en quien confía ante la ausencia de ésta. El resto de los vínculos, si bien son aceptados como figuras protectoras, no suelen tener tanta importancia (maestros, abuelos, etc.).

Al llegar a la adolescencia y en la vida adulta aparecen otras personas como figuras centrales del apego que, a menudo, son tan o más importantes que los padres: compañeros de la misma edad, maestros, amigos y, después del despertar sexual, la pareja.

Las conductas de apego se mantienen a lo largo de toda la vida. Si un adulto vive un problema, está asustado o se siente enfermo, por ejemplo, busca a un amigo o se acerca a alguien en quien confía a fin de sentirse seguro y reconfortado. Inversamente, si ve a una persona hacia la cual sienta apego pasar por un mal momento, le brindará cuidados, atenciones y consuelo de la misma manera que hace una madre con su hijo.

Lo importante es comprender que las relaciones significativas que los adultos establecen entre sí están condicionadas por las conductas de apego aprendidas a lo largo de toda su vida.

Formas de apego

Basándose en la teoría del apego, la investigadora Mary Ainsworth profundizó en la comprensión del vínculo entre madres e hijos y realizó estudios que permitieran categorizar las diversas formas que toma este lazo.

Sus conclusiones son importantes ya que el comportamiento en las relaciones que tenga un individuo se basará, en gran medida, en el modelo del que ha sido su primer vínculo. Éste, al parecer, suele mantenerse relativamente estable aunque puede alterarse después de períodos de extremo estrés o cuando se producen cambios significativos en el entorno.

La razón por la que el modelo de apego tiende a mantenerse estable es porque el individuo en el trato con su primer cuidador aprende uno de estos modelos básicos:

- Que respondiendo de una manera determinada ella le proveerá de lo que necesita, cosa que no ocurre cuando responde de otra.
- Que no debe esperar nada, en cuyo caso, para protegerse de la frustración, desarrolla una serie de comportamientos que tienden a manipular y controlar a la figura de apego para mantenerla cerca.

La Dra. Mary Ainsworth, en un primer momento sugirió una experiencia en la cual los niños fueron expuestos a ocho situaciones diferentes que involucraban la separación y reencuentro del niño con la figura de apego (su madre).

Partiendo de los resultados obtenidos, concluyó que se podrían definir tres tipos de apego:

- **Apego seguro.** Estos niños pueden llorar, o no, ante la separación de su madre. Sin embargo, la tristeza o malestar que muestran se debe, más bien, a una respuesta ante su ausencia ya que prefieren estar con ella a estar con un extraño. Cuando la madre reaparece se acercan a ella y rápidamente dejan de llorar o de mostrarse alterados. Según M. Ainsworth, cuando el vínculo con la figura de apego es fiable y acude a cubrir las necesidades del bebé, éste puede desarrollar una respuesta de apego seguro como la que se describe. Este modelo de vínculo, según Karen, permite la confianza en otros y en sí mismo, pedir ayuda ante los momentos de fragilidad, expresar las necesidades y los sentimientos negativos y tener, en general, una actitud positiva hacia las relaciones que se establezcan a lo largo de la vida.

- **Apego evasivo.** Estos niños no muestran exteriormente dolor ante la separación de su madre; en todo caso, si lo hacen, da más la sensación de que sea porque están solos y no porque la extrañan precisamente a ella. Cuando reaparece, reaccionan ante su madre de la misma forma que ante un extraño: la evitan o la saludan levemente y, a menudo, no corren a su encuentro como los niños que tienen un apego seguro.

  Este modelo de apego se presenta cuando la madre rechaza a su hijo o bien cuando tiene actitudes imprevisibles (tan pronto lo acepta como lo rechaza). En estos niños se observa una falsa independencia destinada a protegerles de la ansiedad: reprimen la necesidad de afecto, de apego, porque tienen miedo de que no sea satisfecha. Lógicamente esta actitud les obliga a reprimir su rabia, sus sentimientos negativos así como la expresión de sus necesidades ya que sienten que de esta manera podrán estar cerca de su madre sin sentirse tan lastimados.

- **Apego ansioso o ambivalente.** Después de la separación, cuando su madre se presenta, estos niños buscan su proximidad pero a menudo se muestran sumamente enfadados: la empujan, le pegan o la rechazan. No se tranquilizan con su presencia.

  Este modelo es desarrollado también por aquellos niños que no tienen confianza en la figura de apego, que buscan constantemente señales de cuidado por parte de la madre. Como reaccionan con rabia al ver frustradas sus expectativas de proximidad, lo que a menudo obtienen por parte de su madre es un nuevo rechazo.

Es necesario tener en cuenta que hay una diferencia fundamental entre el apego que un niño pueda establecer con su madre y los que se establecen en la edad adulta. Durante la infancia, hay una figura que cuida, que protege, y otra que recibe los cuidados. Entre adultos, los papeles de protector y protegido se alternan, de modo que ambos integrantes de una relación son figuras de apego mutuas. A un íntimo amigo, por ejemplo, se le da apoyo si se queda sin trabajo, de la misma manera que se recibe de él consuelo en caso de sufrir una pérdida importante o se pasa por cualquier otro trance difícil.

Pero las relaciones que se establecen en la edad adulta están fuertemente teñidas por el modelo de apego infantil. A través del vínculo que en su infancia haya podido desarrollar el individuo, sabrá qué es lo que puede esperar de los demás, de aquellas personas con las que se vincule estrechamente.

Las personas que han tenido un apego inseguro en la infancia, es decir quienes han desarrollado un apego evasivo, ansioso o ambivalente, son las que desarrollan vínculos problemáticos. Cuando interactúan estrechamente con otras, tienden a reproducir aquellos comportamientos que, en sus primeros años, les evitaron sufrimientos y les permitieron conservar la proximidad con su madre.

Se pueden clasificar en cuatro grupos:

- **Autodependientes compulsivos.** Estas personas intentan hacer las cosas por sí mismas y no se sienten cómodas en relaciones estrechas con los demás. Son, ante todo, independientes.
- **Cuidadores compulsivos.** Les gusta cuidar a otros pero soportan muy mal que les cuiden a ellos. Es como si, durante su infancia, los papeles con las figuras de apego se hubieran invertido (por ejemplo, en el caso de haber tenido una madre que, por la razón que fuera, les parecía necesitada de cuidados).
- **Buscadores compulsivos de cuidados.** Estas personas dudan de la responsabilidad y disponibilidad de las figuras de apego, es decir, no creen que los otros puedan cuidarles con la debida eficacia o interés. Por ello, tienden a valorar las relaciones según los cuidados que la otra persona les brinde ante la interminable serie de problemas que les presenten. La ponen constantemente a prueba. Es como si en su infancia, sus padres no hubieran hecho caso a sus problemas por considerarlos insignificantes.
- **Enfadados.** Estas personas, si la figura de apego, por la razón que fuere se mostrara inaccesible (por tener que trabajar, por ejemplo), reaccionan con un intenso enfado, rechazándola y mostrando a continuación comportamientos rencorosos.

Cuando dos personas establecen una pareja, se ponen en juego las formas de vínculo que tenga cada uno. Quienes han vivido en la infancia un apego seguro, podrán desarrollar conductas no conflictivas a la hora de acercarse y mantener la relación, pero si no ha sido así, en la pareja se presentarán las tensiones y los conflictos.

Es fácil comprender que el buscador compulsivo de cuidados tendrá dificultades en una relación con quien tenga un tipo de conducta de apego enfadada: ambos buscan desesperadamente asegurar el vínculo y van a medir cuánto les quiere el otro según lo que reciban. Si ambos se sienten cómodos en el papel de cuidados, pero no en el de cuidadores, es obvio que se sentirán frustrados con bastante regularidad.

APEGO Y VIOLENCIA EN LA PAREJA

A menudo cuesta entender cómo es posible que ese vecino tan agradable y educado haya sido capaz de dar una paliza a su mujer, pero pocas veces se hacen planteamientos referentes al tipo de vínculo que hay entre ambos cónyuges cuando lo cierto es que, junto con una historia familiar de malos tratos, este factor es de vital importancia a la hora de comprender el porqué de las actitudes agresivas.

Las formas de apego que dan lugar a abusos y actitudes violentas son, para el Dr. Stosny, intentos repetidos para recuperar el vínculo o para sentirse seguro. En adultos, la proximidad de la figura con la que se siente apego (en este caso la pareja) tiene importantes significados:

- Le confirma que es una persona digna de ser amada.
- Le permite experimentar contento y felicidad.
- Le hace sentir que sus creencias y sentimientos son aceptados.
- Establecen un entorno seguro en el que puede desarrollarse y mejorar.

Cuando el adulto que está en pareja siente dolor en alguna de estas cuatro áreas, busca a su compañero para que le ayude a conseguir alivio, ya sea asegurándole que le quiere, que tiene razón, que puede estar tranquilo o dándole diversas muestras de afecto. Si su pareja no cubre esa necesidad, se enfurece y, en una frenética búsqueda de seguridad, pone en juego conductas de apego manipulativas y controladoras para mitigar esos sentimientos de inadecuación.

Según Mayseless, las reacciones violentas hacia la mujer con la que están relacionados pueden esperarse de los hombres que han tenido un tipo de apego evasivo o ansioso/ambivalente con sus padres; sobre todo de estos últimos, que son personas que tienden a la sospecha, al resentimiento y a los celos.

Estas personas también tienden a exagerar o imaginar actitudes negativas por parte de sus parejas (suponer traición, por ejemplo) aunque éstas den claras muestras de afecto, de buena disposición.

Una persona de estas características, con sus actitudes de violencia, pretende que su compañera esté más pendiente de él y que se acerque más. Pero si ella responde a estos accesos violentos, lo que hará será reforzarle la conducta agresiva y confirmarle que con la violencia consigue la proximidad que busca.

El hombre con un apego ansioso/ambivalente siente que su pareja nunca está lo suficientemente cerca e interpreta cualquier actitud neutral por parte de ella como un intento de alejarse de él. De este modo llega a la conclusión de que ella quiere herirle, humillarle y que le deja en una posición de inseguridad. Eso le hace sentir con derecho a golpearla.

LA INTERPRETACIÓN DE LOS GESTOS AJENOS

Según las experiencias que se hayan vivido en el seno familiar cada persona tiende a percibir a los demás de una determinada manera. Es fácilmente comprensible que un niño que ha sido criado en un ambiente violento, recibiendo golpes y humillaciones psicológicas, tenga una idea poco optimista de lo que es el mundo y quienes habitan en él. Es posible imaginar que verá en los demás potenciales agresores. Por ello, mostrará conductas defensivas o de huida y le costará acercarse o ser amable, porque toda su experiencia le dice que los demás hacen daño. Pero también es verdad que si una persona está constantemente defendiéndose o huyendo, no invita al acercamiento ni muestra simpatía. Por esta razón, esos niños que han sido maltratados, en la medida que pasan los años, siguen confirmando que el entorno es hostil. Su misma actitud de alerta les hace percibir como amenazas o injurias conductas normales de los demás.

El lenguaje verbal y gestual es lo suficientemente complejo como para dar lugar a diferentes interpretaciones, y lo cierto es que cada cual tiende a entender las reacciones ajenas según su propia realidad interior.

En la comunicación e interpretación de intenciones ajenas juega claramente la subjetividad y las personas violentas suelen cometer errores a la hora de atribuir significados a las acciones de los demás.

Un hombre que haya tenido un apego inseguro sabe que las personas que necesita no suelen estar a su lado ni darle lo que él quiere. Por eso, al establecer una relación de pareja, su percepción será que quien está con él no está a gusto, que se puede ir en cualquier momento. Bastará con que su mujer diga que tiene que ir a la compra para que de ello deduzca: «*en realidad, no es que haga falta comprar nada; lo que ocurre es que se aburre conmigo y se busca una excusa para salir un rato*».

La frustración que le produce el percibir que no consigue mantener un apego seguro con la persona amada, le puede crear una fuerte ansiedad que le lleve a explosiones de ira irracional.

¿COBRA O PITBULL?

Dos investigadores de la Universidad de Washington, los doctores Neil Jacobson y John Gottman publicaron un interesante libro, *Cuando los hombres golpean a las mujeres,* en el que explican las conclusiones a las que han llegado a lo largo de diez años de estudio de matrimonios violentos.

Estos psicólogos reunieron 201 parejas de las cuales, en 63 de ellas, las mujeres habían recibido repetidas palizas y maltratos psicológicos por parte de sus maridos. Pusieron a cada uno de los sujetos en contacto con un dispositivo que grababa variaciones fisiológicas en su organismo (ritmo cardíaco, resistencia de la piel, tensión arterial, etc.). Los distribuyeron por parejas y les fueron dando diversos temas para que debatieran entre sí, sin violencia.

Ciertos individuos, a los que ellos habían llamado previamente tipo «pitbulls», a medida que las conversaciones se hicieron más tensas registraron una mayor excitación fisiológica que al comienzo del experimento; es decir, cuanto más se intensificaba su rabia también lo hacía su presión sanguínea y su ritmo cardíaco. Por el contrario, los que previamente habían denominado «cobras», a medida que la discusión se hacía más acalorada se mostraban menos excitados, más fríos pero, a la vez, más agresivos.

El tipo pitbull

El animal que da nombre a este tipo de maltratadores es una raza de perro que puede volverse sumamente violento.

Estos hombres no suelen ser pendencieros; por lo general no son agresivos con los extraños sino sólo con las personas a las que les une un estrecho vínculo afectivo, como por ejemplo su pareja.

Actúan impulsados por los celos, por un miedo irracional al abandono, y están permanentemente tratando de comprobar que lo que ellos tanto temen no se va a producir. Tienden a interpretar gestos inocentes de sus compañeras como señales que les indican que ellas intentan o desean abandonarles, lo cual les provoca una furia intensa con la consiguiente pérdida de control que genera una actitud violenta.

Son los que persiguen a sus mujeres, los que controlan todos y cada uno de los movimientos que hacen, los que las encierran privándoles del contacto con familiares o amigos para poder acallar así sus intensos celos.

Después del episodio violento se sienten víctimas, acusan a la mujer de traición, de haberles llevado a ese estado y de buscarse, en resumidas cuentas, la paliza.

Aun así, Neil Jacobson y John Gottman encontraron que es más habitual que una mujer maltratada por un hombre tipo pitbull le abandone a que lo haga la mujer de un cobra. Sin embargo, también es probable que a la larga los pitbulls sean más peligrosos ya que, una vez establecida la separación, pueden seguir acosando a la que ha sido su compañera. No tienen inconveniente en mostrar su violencia en público, razón por la cual pueden perfectamente agredirla a la hora de entregarles los niños el fin de semana o en la misma sala de audiencias del juzgado.

MALTRATADORES TIPO PITBULL

- Sólo son violentos con las personas que aman.
- Son propensos a las explosiones de rabia, a acechar a su víctima y a hacer los ataques ante público si se da el caso.
- Son celosos y temen ser abandonados; no quieren que sus compañeras sean independientes.
- Cuando discuten, se acaloran fácilmente; su cuerpo reacciona violentamente.
- Tienen posibilidades de recuperación.
- Rara vez han sido acusados de algún crimen.
- Probablemente hayan tenido un padre maltratador.

El tipo cobra

Lo que ha llevado a Neil Jacobson y John Gottman a calificar a este tipo de maltratador con el nombre de una peligrosa serpiente es su forma de accionar fría, mortífera y sin previo aviso.

Los cobra, a diferencia de los pitbull, no sufren por amor, no reaccionan por un arrebato de celos. Lo que les mueve a agredir es la suposición de que su autoridad ha sido o pretende ser desafiada.

No suelen perder el control sino todo lo contrario. Despliegan una violencia fría y premeditada muchísimo más letal.

Para amedrentar y dañar a sus mujeres, pueden perfectamente matar o mutilar a la mascota que hay en casa sin sentir por ello la menor piedad por el animal.

Por lo general suelen ser agresivos y no solamente con las personas con quienes tienen trato íntimo sino también con quienes se crucen en su camino o con cualquiera que ose discutirle su supuesta situación de liderazgo. Suelen tener habitualmente una actitud de sociópatas.

Cuando su violencia física es descubierta recurren a la amenaza psicológica; con ello da a entender a su víctima que los golpes pueden volver a empezar en cualquier momento.

Como dice el Dr. Jacobson: «Los dos sellos de una paliza son el daño físico y el miedo».

Es propenso a utilizar armas para intimidar y mostrarse sumamente seductor mientras lo hace.

Los investigadores han comprobado que a las mujeres maltratadas por hombres cobra les cuesta muchísimo más abandonarles, porque alternan las palizas con un gran despliegue de técnicas de seducción y porque, además, tienen más habilidad a la hora de manipularlas emocionalmente.

Los hombres cobra, por lo general, provienen de familias particularmente violentas, y muy a menudo con un largo y conflictivo historial de alcohol o de drogas.

Desde pequeños, en su infancia, tienen que acostumbrarse a tener un gran control y dominio de las emociones y, al cabo de los años, han centrado todas sus energías en esquivar cualquier contacto afectivo.

Eso les permite ser sumamente fríos y calculadores a la vez que desplegar un tipo de violencia que asombra por su sadismo.

MALTRATADORES TIPO COBRA

- Suelen ser agresivos con todo el mundo.
- No muestran dependencia emocional de sus parejas pero, no obstante, exigen que éstas hagan siempre lo que ellos quieren.
- A medida que se enfurecen, se calman interiormente.
- Son propensos a usar cuchillos y revólveres.
- Tienen muy pocas posibilidades de recuperación.
- Es probable que hayan cometido crímenes.
- Es probable que abusen del alcohol y las drogas.

DETECTAR A UN POSIBLE AGRESOR

Las autoridades estiman que alrededor de un 52% por ciento de los maltratadores son individuos con una personalidad violenta y agresiva y que el 16% de ellos presentan adicción al alcohol.

Los grupos feministas se niegan a aceptar que los maltratadores sean personas enfermas porque incluyen la lucha contra los malos tratos en otra, más global, que procura la igualdad de derechos de la mujer. Esta postura ha dado como resultado que una medida tan importante como el tratamiento psicológico del agresor no sea siempre posible.

Si tras producirse el primer episodio violento, cuando el hombre se siente francamente mal, arrepentido, sorprendido consigo mismo por haber roto el tabú que dice que pegar a las mujeres es de cobardes, pudiera tener un lugar al que acudir en busca de ayuda, un teléfono para ponerse en contacto con profesionales que le ayuden a controlar su violencia, es casi seguro que el número de malos tratos descendería enormemente. Así se ha hecho en varios centros de Estados Unidos, de Finlandia y de otros países y con excelentes resultados.

Es necesario pensar a qué se debe que muchos hombres que muestran una conducta civilizada, que respetan las leyes, que son ciudadanos normales, den palizas a sus cónyuges hoy, cuando saben que la violencia doméstica está tipificada como delito, cuando saben que eso les puede costar la cárcel. Achacar la culpa de ello al sistema patriarcal es simplista y no responde a la realidad porque el sistema patriarcal también habla de éxito, de ser el mejor, el más fuerte (cosa que en la sociedad actual se mide en términos económicos) y no por ello los maltratadores roban o matan.

El conocer las características de los agresores puede permitir detectarlos, poner sobre la pista de un posible maltrato y ofrecer, en consecuencia, ayuda a la víctima. También hacerle abrir los ojos a una persona amiga o de la familia antes de que siga adelante con una relación que podría resultarle fatal.

Para el Dr. Vicente Garrido, psicólogo criminalista y profesor de la Universidad de Valencia, hay dos tipos de agresores:

- **Agresores dependientes.** Pertenecen a este tipo la mayoría de los maltratadores. Son personas que se sienten fracasadas y, por ello, buscan reafirmarse a través del dominio que ejercen sobre sus parejas.
- **Agresores psicópatas.** Son personas que no quieren a nadie. Son inteligentes, manipuladores, muy seguros de sí mismos, mentirosos e incapaces de sentir compasión. Este tipo se puede dividir en dos grupos:

  - *Psicópatas instrumentales.* Lo que les produce goce no es la esclavización de otro ser humano sino los beneficios sexuales, sociales o económicos que obtienen a través del dominio que ejercen sobre sus parejas. Pueden cambiar de víctima si éstas ya no sirven a sus fines (por ejemplo, si la víctima se quedara en el paro y viera así mermada su capacidad adquisitiva).
  - *Psicópatas posesivos.* Lo que obtienen a través del maltrato es una experiencia emocional intensa, una sensación de omnipotencia que nace del hecho de tener a otro ser humano dominado. Difícilmente abandonan a sus víctimas.

Es importante, tanto para las víctimas como para las personas que están en su entorno, saber detectar las señales que podrían indicar posibles abusos en sus comienzos o aún antes de que éstos se produzcan. A tal fin, el Centro de Soporte Técnico de Violencia Familiar *(National Technical Assistance Center on Family Violence)* de Estados Unidos publicó un cuestionario en el que se incluyen aquellos signos que podrían augurarla, que permitirían sospechar, con bastante lógica, que el cónyuge o novio, sea propio o ajeno, es potencialmente violento.

Es necesario advertir que no se trata de culpabilizar a alguien que es, hasta ese momento, inocente, sino de prestar atención y, en todo caso, ayudar a esa persona sugiriéndole una terapia o facilitándole la erradicación de aquellos puntos que, más adelante, pudieran resultar conflictivos.

El cuestionario es el siguiente:

1. **¿Proviene de una familia violenta?** Quienes han sufrido abusos y malos tratos en su infancia han aprendido un modelo que pueden repetir, de adultos, con sus parejas. A menudo acuden a la violencia para solventar las diferencias conyugales.

2. **¿Tiende a usar la fuerza o la violencia para resolver sus problemas?** Las personas pendencieras, que se pelean en el trabajo, en el bar, en la calle, lógicamente tienen una tendencia a utilizar la violencia como forma de hacer valer sus opiniones y no dudarán en utilizarla también cuando las diferencias se produzcan en su hogar, con su mujer o sus hijos.

3. **¿Se exaspera fácilmente?** Las personas que se irritan por nimiedades, como no encontrar un lugar para aparcar el coche, tener que hacer una cola larga en el supermercado, llamar al ascensor y que éste pase de largo hacia otro piso, no son tolerantes ante una situación de frustración y, cuando la sienten, reaccionan enfadándose. Esta actitud también aparecerá en sus relaciones cada vez que la otra persona no haga lo que ellos quieren.

4. **¿Destruye objetos cuando se enfada?** Romper objetos, golpear puertas, dar puñetazos en la pared son signos inequívocos de violencia y pueden ser preludios de malos tratos y de palizas.

5. **¿Da muestras de crueldad con los animales?** Es obvio que si alguien no se detiene a la hora de ser cruel con un animal indefenso, tampoco lo hará frente a su mujer o sus hijos.

6. **¿Abusa del alcohol o las drogas?** Se estima que un 16% de los maltratadores son alcohólicos o drogadictos. Para curar este tipo de adicciones es casi imprescindible la ayuda de personal profesional. Es un error pensar que el amor todo lo puede.

7. **¿Tiene un pobre concepto de sí mismo?** Muchos hombres piensan que pueden demostrar su hombría actuando agresivamente, intentarán compensar sus sentimientos de inferioridad sometiendo a quienes les aman, es decir, a sus parejas.

8. **¿Tiene ideas tradicionales acerca de la supuesta superioridad masculina o con respecto a la diferencia de papeles que deben asumir el hombre y la mujer?** Si es así, no dudará en encerrar a su esposa, en intentar por todos los

medios que ésta haga lo que él decida. Si este tipo de hombres tiene, además, ambición de poder, utilizará esos preceptos para convertir a su mujer en un ciudadano de segunda clase negándole los derechos y privilegios de que él disfruta.

9. **¿Es celoso? ¿Controla sus movimientos? ¿Le exige saber dónde está en cada momento o con quién se encuentra?** Si es así, es de esperar que una vez que se establezca la convivencia las presiones serán mucho más fuertes, que no respete su decisión de ir donde le apetezca y que, además, le obligue a renunciar a sus amistades. El amor no es excusa para ejercer control; la celotipia es una enfermedad y se puede curar, de modo que para aquellas personas que estén en una relación de noviazgo con alguien que padezca este trastorno, lo más recomendable es que ponga como condición que se cure. No hay que olvidar que muchas personas han muerto a manos de cónyuges enfermos de celos.

10. **¿Acostumbra a jugar con armas, cuchillos u otros instrumentos letales?** Es común que los hombres violentos sientan fascinación por aquellos instrumentos con los que se puede causar daño. A menudo juegan con ellos para amedrentar, indirectamente, a sus víctimas.

11. **¿Se enfada cuando sus consejos no se siguen?** Las órdenes que dan los maltratadores a sus parejas son, a menudo, encubiertas. Las imparten en forma de consejos porque así pueden medir con mayor claridad su grado de dominio. Además, de esta manera confunden más a la víctima haciéndole creer que puede hacer lo que ella quiere; que no la están obligando a ello. Sin embargo, si ésta actúa contrariando su consejo, la atacan con insultos, humillaciones o golpes.

12. **¿Pasa frecuentemente de la euforia a la ira o depresión, de la amabilidad a la hostilidad?** Las personas violentas no saben mantener una actitud serena durante mucho tiempo, cambian de humor con frecuencia. Cualquier cosa puede hacerles sentir furiosos.

13. **¿Teme usted sus enfados?** Además de indicar una posible dependencia emocional por parte de la víctima, el hecho de temer los enfados del cónyuge puede deberse a las represalias que, por experiencia, sabe que pueden surgir.

14. **¿Pasa gran parte de su tiempo evitando que su pareja se enfade?** Las víctimas de malos tratos centran todos sus esfuerzos en aplacar la ira del agresor. Viven en un constante estado de alerta, procurando detectar lo antes posible cualquier enfado por parte de su pareja. En ello gastan casi todas sus energías, es su objetivo primordial.

15. **¿Suele hacer siempre lo que él quiere en lugar de lo que usted desea?**
Esta es una clara señal de sumisión. Si su pareja lo acepta o, más aún, si le obliga a ello, es muy probable que en un futuro se produzcan agresiones cada vez más graves.Muchas personas piensan que después de la boda todo va a cambiar; sin embargo, si hay algún cambio, éste es siempre en sentido negativo.

16. **¿Se siente amenazada por su pareja? ¿Intuye que está en peligro?**
Si es así, acéptelo y no trate de convencerse de lo contrario. No se engañe.¿Ha tenido que cambiar radicalmente sus hábitos para que su pareja no se enfade? Probablemente esté en una situación de malos tratos. Procure buscar ayuda, acuda a un psicólogo para que ponga en claro qué es lo que está ocurriendo.

EL CONTROL DE LA PROPIA VIOLENCIA

Pese a que hay personas que piensan que todo aquel que ejerce la violencia se siente orgulloso de ello, a menudo no es así; sobre todo en los primeros episodios de malos tratos.

A nadie le resulta agradable estar enfadado. Cuando uno cae preso de esa emoción, lo que siente es desasosiego, nerviosismo, ebullición interior y ganas de encontrar la calma ya que la ira es un sentimiento perturbador y altamente desagradable. De ahí que cualquiera que golpee a otro, antes de que se produzca esa descarga tiene que haber pasado por un largo momento de incomodidad y desequilibrio que no es, en absoluto, un plato de buen gusto.

Para poder controlar la violencia, es decir la explosión, antes hay que aprender a controlar el enfado como emoción. No se trata de reprimirlo, de aguantarse, sino de saberlo canalizar de forma positiva.

Entre las normas que podrían ayudar a ejercer un control efectivo sobre la violencia, se pueden citar:

- **Identificar si hay provocación.** Hay sujetos que actúan fríamente provocando a quienes saben que tienen un control pobre sobre sus emociones a fin de hacerles saltar y explotar. Utilizan descalificaciones y, sobre todo, gestos (que después niegan) con los cuales irritan o desprecian para que la persona así agredida pierda el control.

Ante estos casos, lo primero que hay que saber es que quien provoca espera y, sobre todo, desea que el acto violento se produzca porque con ello sacan beneficios (culpabilizar al «agresor», ponerse en lugar de víctima y conseguir que terceras personas le arropen o cuiden, etc.). Lo peor que puede sucederles es que la persona a la que provocan no les responda violentamente, no les dé la bofetada que esperan. De este modo, la violencia que encierra su propia provocación se les cae encima, les provoca más daño a sí mismas que al supuesto «violento». Además, si esa técnica no les sirve para conseguir lo que buscan, dejarán de utilizarla.

Esto, por supuesto, es mucho más fácil de decir que de hacer, pero ante una situación de este tipo lo que uno debe plantearse es: «*No te voy a dar el gusto, no voy a caer en la trampa que me propones*».

No vale la pena aclarar que uno se da cuenta de que le están provocando, ya que sin duda lo negarán; por otra parte, quien provoca ya lo sabe y por ello lo hace. Lo mejor es «no oír» y, si es posible, pensar en otra cosa. Cuanta mayor sea la calma que se muestre ante un provocador, antes explotará éste y, por tanto, más fácil será acusarle de violento o violenta.

La persona que se sienta provocada, sea hombre o mujer, puede siempre presentar la debida denuncia de malos tratos psicológicos ya que el provocador utiliza, por lo general, insultos y descalificaciones que están tipificados como faltas. Antes de dar un solo golpe, es preferible acudir a una comisaría o a un juzgado de guardia y declarar los hechos que se están viviendo.

- **Eliminar el diálogo interior.** El enfado es una emoción y, como tal, está estrechamente relacionada con la secreción de hormonas y neurotransmisores, sustancias que el organismo produce y que tienen como función preparar al individuo, en este caso, para la lucha. Una vez que se ha presentado esta emoción, bastará un leve estímulo para que el enfado sea aún mayor (si una persona vuelve del trabajo enfadada, por ejemplo, pensando que su jefe ha cometido con él una injusticia e imaginando tácticas para que no le vuelva a suceder, en el momento en que otro conductor haga un adelantamiento peligroso saltará exasperado, mucho más furioso que si eso ocurriera en un día normal y tranquilo. El enfado que ya traía se verá incrementado por este nuevo hecho).

La ira es un fuego que, además, se alimenta con palabras y escenas que surgen de la imaginación del sujeto enfadado.

Si alguien realiza un acto que resulta molesto o irritante, se desata en la persona enfadada un diálogo interior: «*Seguramente piensa que soy tonto*», «*Ahora me dirá que no ha sido adrede*», «*Lo que quiere es que yo le diga que no*», «*Si me dice que hagamos algo le diré que lo haga sola y si no quiere entonces le diré que me largo*», etc.

Como se puede observar poniendo atención en las palabras resaltadas, ninguno de los elementos de esta conversación interior sucede en la realidad, son todos suposiciones. Sin embargo con cada imagen, con cada pregunta y respuesta imaginaria, la furia crece; a veces hasta tal punto que bastará un estímulo mínimo para que el individuo estalle y pierda el control.

Lo importante es tratar de no prestar atención a este diálogo interior sino centrarse exclusivamente en el primer incidente que ha provocado el enfado. No imaginar qué se va a responder ni lo que dirá el otro, lo que pensará o lo que pueda planear como venganza ya que, desde un estado de ánimo tan alterado difícilmente se podrán encontrar soluciones efectivas.

- **Antes la puerta que el golpe.** Si se toma conciencia de la propia furia, lo más probable es que se intente detener la discusión; sin embargo, una vez que ésta ha empezado no es fácil que eso suceda. A menudo es la otra persona quien no quiere acabarla, quien prefiere seguir con descalificaciones o insultos. Ante ello, es preferible decir, lo más amablemente posible, que uno se retira, que va a dar una vuelta para calmarse aunque al abrir la puerta se sigan oyendo amenazas.

  Una vez en la calle, se debe procurar no pensar en el hecho hasta pasado un buen rato porque salir y seguir manteniendo el diálogo interior no sirve de nada.

  Una vez que se ha logrado la calma interior, sí se pueden analizar los hechos, como, por ejemplo, cómo ha empezado la disputa. Seguramente, en la medida en que la persona violenta sea capaz de controlar sus propios impulsos, se sentirá increíblemente mejor consigo misma y eso le permitirá elaborar otro tipo de conductas para solucionar sus conflictos.

De todas maneras, no está de más insistir en que la vía más completa, cómoda y eficaz para aprender a controlar la propia violencia es acudir a la consulta de un psicólogo. El terapeuta no sólo dará pautas para actuar de una manera más beneficiosa sino que podrá averiguar las razones por las cuales resulta tan difícil solucionar las diferencias adecuadamente.

El perfil de la víctima

Los últimos días han sido espantosos, de pesadilla. Pienso que si en ese momento no me hubiera ido de casa, me hubiera matado. Porque una cosa es decir: «te voy a matar», y otra muy distinta: «el otro día estuve a punto de matarte, cada día me da menos miedo ir a la cárcel». Eso no es una amenaza, eso es hablar en serio. Y estaba completamente fuera de sí.

La discusión empezó como siempre, por una tontería, porque eran las diez y aún no había puesto la cena. Intenté explicarle que en cinco minutos estaría lista, que me había atrasado porque había estado ayudando a los niños con las tareas del colegio, cuando se me vino encima.

Fue una casualidad que María, la vecina, tocara el timbre. Venía a buscar una camisa que se le había soltado de su tendedero y había caído en el nuestro. Cuando vi que él se quedaba charlando con ella como si en casa no pasara nada, aproveché para decir que iba a llevar la basura a la calle y salí por la puerta de servicio.

Estuve caminando hasta las 11 ó 12 de la noche. No tenía dinero, los documentos me los había quitado hacía tiempo y no sabía qué hacer. Ni siquiera tenía una moneda para hablar por teléfono a alguien que me ofreciera su casa para pasar la noche. Mi única preocupación, además de los niños, era que me asaltaran o que la policía me parara para pedirme documentación y, al no tenerla, llevarme a la comisaría. Con una detención, si había juicio de separación, la custodia de los niños se la darían a él y eso me desesperaba.

A la una y media, harta ya de caminar, histérica, temiendo que él apareciera en cualquier esquina, se me ocurrió que el lugar más seguro donde podía pasar la noche era el hospital de la Cruz Roja. Lo conocía porque había llevado al pequeño una vez que se había caído del columpio y, además, estaba relativamente cerca. Podría quedarme en los jardines hasta el amanecer y seguramente ni siquiera se darían cuenta de mi presencia. Pensarían, en todo caso, que tenía algún familiar ingresado o cosa parecida. Allí, al menos, no tendría que preocu-

parme por ladrones, ni policía, ni marido, ni nada. Podría pensar serenamente, qué era lo que más necesitaba.

Al llegar tenía una taquicardia espantosa y, no sé bien por qué, se me ocurrió presentarme en la guardia para decir que me encontraba mal con el fin de que mi presencia allí fuera más lógica aún. Estaba muy confundida. Llevaba conmigo el bolso aunque no la cartilla pero, aun así, me atreví a pedir asistencia médica.

La persona que estaba en la mesa de entrada me preguntó qué me ocurría y le dije que mi corazón latía de forma anormal. «Ya comprendo. Ya sé lo que le pasa», me respondió con una expresión rara: «ahora viene un médico a verla». Por sus palabras creí entender que el hombre había supuesto que era drogadicta o algo parecido.

Al cabo de un rato vino una doctora y las palabras empezaron a salir de mi boca. No había tenido intención de decir cuál era mi situación, pero no sé, comencé a hablar. Le conté que había huido de casa, que mi marido me quería matar, que el corazón me daba saltos y que lo único que quería era pedir permiso para pasar la noche en los jardines ya que no tenía documentación ninguna.

La mujer, muy comprensiva, me diagnosticó una crisis de ansiedad y me ofreció un tranquilizante que rehusé, porque esa noche tenía que escribir un artículo que debía entregar en una revista al día siguiente y, afortunadamente, había visto que en mi bolso estaban el cuaderno y el bolígrafo que solía llevar siempre encima.

Viendo la situación ahora me parece cosa de locos; en medio de tal caos pensar en escribir era absurdo, pero con lo que publicaba yo ganaba algún dinero y eso era lo que, al final, me permitiría independizarme. No podía fallar, retrasar la entrega, porque eso hubiera significado que no contaran más conmigo. Yo creo que estaba tan confusa, tan desesperada, que en medio del caos que estaba viviendo intentaba agarrarme a algo cotidiano, normal.

La doctora me ofreció buscar una casa de acogida, pero le dije que antes tenía que pensar qué iba a hacer. En ese momento, lo más importante era poder estar a las ocho de la mañana en la esquina de mi casa, hora a la que los niños salían para ir al colegio, para poder decirles que estaba bien y explicarles qué pasaba.

Finalmente me dijo que me podía quedar hasta las siete en la sala de espera.

Es curiosa la capacidad de adaptación, de asimilación del horror que tiene el ser humano. Hacía apenas tres horas había salvado mi vida por los pelos y, a pesar de ello, ahí estaba, en la sala de espera de un hospital, escribiendo un artículo sobre alimentación infantil, como si nada. Mirando el reloj a cada rato para que pronto se hiciera la hora de ver nuevamente a los niños. Era como si mi futuro terminara a las once de la mañana. Sólo tenía tres cosas que hacer: terminar el trabajo, ver a los niños e ir a la editorial a entregar lo que había hecho. Después de eso, mi cerebro se negaba a imaginar o planear nada más.

Cumplí con esos tres propósitos y luego me vine aquí, a casa de Isabel, una buena amiga, trayéndome a los niños. En esta semana Eduardo ha llamado muchas veces, lo mismo que a casa de otros conocidos, para localizarme, y por fin hoy me he puesto al teléfono. Es muy duro. Me ha dicho que si le dejo, se mata, que no va a volver a ocurrir, que me necesita, que por favor le perdone, que soy la única persona que le ha comprendido, que quiere tener una familia y yo soy la única que puede dársela. Lloraba. Me contó que ha ido a un médico y que le ha dado unas pastillas, de modo que no va a volver a ocurrir lo de siempre. Está destrozado. Lo peor es que no tiene amigos; como él decía: «Tú, al menos tienes gente amiga, que te echa una mano, con la que puedes hablar, yo no. Con la única persona con la que puedo hacerlo es contigo. De modo que si me dejas, no sé qué podría hacer». Le dije que iba a pensarlo y lo estoy haciendo. No puedo abandonarle ahora, y menos cuando ha dado un paso tan importante como reconocer que algo está mal en él, y ha ido a un médico para buscar ayuda. Antes, jamás había hecho algo así. Mi deber es ayudarle; es el padre de mis hijos y él, a su modo, también me ha dado muchísimas cosas buenas. Isabel me dice que ni se me ocurra volver, pero ella no lo entiende.

Ella lo ve como un monstruo y no como un niño grande que está perdido, desorientado, que no sabe qué hacer ni cómo aguantarse a sí mismo. Yo le comprendo y sé que me quiere, que soy lo único que tiene. Seguramente, con la medicación, estará más tranquilo. Total, ¿qué pierdo con probar? Si no funciona, siempre tengo tiempo de separarme; si se mata, ya no hay vuelta atrás y lo veo muy desesperado.

A pesar de todo, yo le quiero; me ha dado dos hijos y diez años de matrimonio de los que no me puedo quejar. Porque no siempre ha sido así. Yo confío en que las cosas pueden volver a su cauce. La prueba de que ahora está mejor es que en lugar de amenazarme, como hubiera hecho en otro momento, me ha pedido perdón, me ha asegurado que me quiere, que me necesita. En alguien tan orgulloso como él, ese es un cambio muy importante. Le daré una última oportunidad; creo que, a pesar de todo, se la merece. Si hablamos tranquilamente de todas nuestras diferencias, pienso que las tensiones irán desapareciendo poco a poco, que podremos tener una relación agradable, una familia feliz. Voy a llamarle ya mismo para decirle que nos venga a buscar.

* * *

A las personas que no han vivido una relación violenta les resulta prácticamente imposible comprender cómo hay otras que, a pesar de contar con los medios económicos suficientes como para vivir por su cuenta, aguantan compañeros abusivos que las maltratan.

Los trabajadores sociales, los psicólogos, los abogados, saben por experiencia que muchas denuncias por palizas a menudo son retiradas; que cuando la policía se presenta en el domicilio conyugal tras una llamada de socorro, es la misma víctima la que no quiere que lleven al agresor detenido; que más de una vez, quienes han intervenido en medio de una reyerta matrimonial para ayudar a la persona que estaba siendo maltratada, en lugar de agradecimiento o alivio han recibido por parte de la víctima recriminaciones por meterse donde no le llaman.

Hay muchas razones, además del miedo, por las que se aguantan palizas durante años, pero quienes finalmente han decidido tomar distancia, casi siempre se hacen una amarga pregunta: «*¿Por qué no lo habré hecho antes?*».

POR QUÉ SIGUE CON ÉL

La idea de que las personas maltratadas son masoquistas a las que les gusta sufrir, es una creencia bastante extendida. Sin embargo, si bien pudiera darse algún caso de este tipo, unas pocas víctimas que tengan un desequilibrio mental que las impulse a buscar situaciones que las hagan sufrir para sentir de ese modo emociones intensas, no es en absoluto lo que ocurre con la mayoría.

Las razones que les impiden alejarse de sus maltratadores son muchas y, a menudo, aparecen combinadas entre sí. En ocasiones se basan en la circunstancia concreta en la que se encuentran y en otras, en su estado psicológico.

- **Dependencia económica.** A principios de siglo XX, las mujeres trabajaban por un salario como lavanderas, planchadoras, peinadoras a domicilio, etc.; sin embargo, no tuvieron acceso a otro tipo de labores mejor remuneradas. Hasta hace dos o tres décadas, eran muchas las que aspiraban a que su futuro marido, después de la boda, las «retirara de trabajar» ya que se había empezado a considerar que el llamado «salario familiar» debía ser conseguido por el cabeza de familia, por el cónyuge. Actualmente, muchas mujeres que tienen más de 50 años, que no han trabajado en su vida, que sufren malos tratos, se preguntan, y con razón, de qué van a vivir si se separan. No saben hacer otra cosa que ocuparse de su casa, de su familia y son plenamente conscientes de la recesión económica. Si conseguir empleo siendo joven no es fácil, ¿qué pueden esperar ellas? De ahí que ni siquiera se planteen la posibilidad de tomar distancia con sus agresores.Pero este problema no es sólo de las mujeres mayores; muchas jóvenes, con hijos, también se enfrentan a esta situación, ya que, por un lado, se tienen que ocupar activamente de sus hijos, y, por otro, tendrían que ganarse su sustento.

- **Amenazas.** Se ha observado con mucha frecuencia que los malos tratos físicos, las palizas, comienzan cuando la víctima, después de sufrir agresiones psicológicas durante años, decide poner fin a la relación. Son habituales, además, las amenazas («*si me dejas me mato o te mato*», «*haré daño a los niños que es lo que más te importa*», «*te perseguiré siempre*», etc.). Las casas de acogida cumplen, precisamente, la función de alejar definitivamente a la víctima del agresor, de brindarle un lugar desde el cual puedan cambiar de trabajo e iniciar una nueva vida. El precio que la persona agredida paga por separarse, en estos casos, es carísimo: renunciar a sus hábitos y tener que esconderse. Durante años no puede aparecer por su viejo barrio ni ponerse en contacto con sus vecinos; los niños deben cambiar de amigos y su vida se transforma por completo, a veces con grandes pérdidas.

- **Creencias religiosas.** Muchas confesiones postulan que el matrimonio es indisoluble, que es obligación de los cónyuges permanecer unidos, que «*lo que Dios ata en el cielo, ¿quién lo desata en la tierra?*» y, llevando sus obligaciones religiosas hasta un extremo imposible, hay mujeres que aguantan vejaciones de todo tipo pensando que así cumplen con una ley divina.

  Es cierto que sus mismas creencias les ayudan a soportar lo inimaginable, que en el fondo es una elección, pero también que una cosa es no divorciarse y otra, muy diferente, exponerse a perder la vida o crear un clima nocivo que impida el sano desarrollo de sus hijos.

- **Vergüenza.** En las pequeñas comunidades o en las grandes familias, así como las bodas constituyen un acontecimiento celebrado, las separaciones también se convierten en un hecho que todos se empeñan en resaltar y que es interpretado, a menudo, como el fracaso de una pareja.

  En las grandes urbes donde se vive en el anonimato, poner una denuncia de malos tratos es mucho más fácil que hacerlo en un pequeño pueblo en el que se conoce al policía que tomará los datos y que, en ocasiones, puede ser incluso un conocido de la persona a la que se va a denunciar. Hacerlo es estar en boca de todos, saber que los hijos serán señalados y que la imaginación popular se desatará buscando los mil y un matices de culpa en cada uno de los componentes de la pareja. Es algo similar a airear los problemas íntimos en la plaza del mercado. Y eso produce una profunda vergüenza que, a veces, obliga a la víctima a permanecer callada.

- **Orgullo.** Hasta hace muy pocos años, la ilusión de toda muchacha era casarse. Desde pequeñas fantaseaban con su príncipe azul, con una boda fastuosa, con entrar vestidas de blanco en la iglesia, con el banquete, con la luna de miel, etc.

  Hacer un buen matrimonio es, aun hoy, la máxima aspiración de muchas mujeres y, desde luego, el matrimonio debe ser «hasta que la muerte los separe». La elección del consorte, bajo esta premisa, tiene que ser especialmente cuidadosa porque el proceso es irreversible. Si sólo se tiene una oportunidad de convivencia, de compartir vejez, de estar acompañada durante toda la vida, no es cuestión de precipitarse y de escoger al hombre equivocado. Para quienes, por sus creencias, sólo tienen una oportunidad para el amor, es mejor acertar porque una vez que pasen por la vicaría ya no habrá vuelta atrás.

  Quienes han llegado al altar con estas creencias, viven la posible separación como un fracaso absoluto. Lo que se derrumba es el proyecto más importante de toda su vida, aquél en el que han puesto más ilusiones, más empeño, en el que más han trabajado; de ahí que se nieguen a reconocer que la ruptura sea una necesidad vital, que por mucho que hagan no conseguirán cumplir esa parte de su sueño que consiste en envejecer junto a la persona con la que se han casado. Son personas que antes de aceptar el fracaso prefieren aguantar los golpes.

- **Hijos.** Aunque hay muchas mujeres que intentan deslucir la imagen de su marido ante los hijos, lo habitual es que, por el bien de los pequeños, traten por todos los medios de que los niños no se enteren de los aspectos negativos de la conducta de su padre. Suelen disculpar su malhumor, su irascibilidad, con el agotamiento por el trabajo; transformar su egoísmo en un derecho bien ganado por pasarse horas y horas trabajando; convertir su rigidez en un esfuerzo que hace por el bien de ellos. De esta manera, los niños quieren a su padre, se llevan bien con él. A la hora de plantearse la separación, la víctima piensa que quienes más van a sufrir en el proceso son sus hijos y que eso les acarreará problemas psicológicos, tristeza, dolor, es decir, sabe que las separaciones suelen producir desajustes en los menores. Además, cree que los niños, sobre todo si son pequeños, no se dan cuenta de nada, no perciben la violencia.

Pero lo cierto es que ellos perciben mucho más de lo que la mayoría de los adultos imagina. Tal vez no sepan poner nombre a ciertas actitudes, pero detectan perfectamente el miedo y la tristeza de la madre, la cólera del padre, los tonos amenazadores y los gestos de súplica. Y todo ello, vivido cotidianamente, es muchísimo más nocivo que la elaboración de una separación, que la posibilidad de vivir con una madre o padre psicológicamente sanos al mismo tiempo que mantienen una relación buena y continuada con el otro progenitor.

Si la violencia llega a grados extremos, lo que suele suceder es que un juez pronuncie el alejamiento del agresor o que la víctima tenga que ir a una casa de acogida, en cuyo caso, los niños no sólo habrán vivido escenas que no se les podrán borrar de la cabeza, sino que, más aún, perderán el contacto con uno de sus progenitores, cosa que tampoco les beneficia.

Muchas víctimas dicen aguantar por los hijos pero en el fondo se engañan; aguantan por la dependencia emocional que tienen con el agresor.

Además, quien se diga que es por los pequeños por los que sostiene esa relación enferma, debería pensar qué será de ellos si el día de mañana su compañero les da un mal golpe y las mata, si tienen que enfrentarse a la desgracia de una madre muerta y el padre en la cárcel.

- **Confianza en el cambio.** Cuando el agresor pide perdón una vez terminada la fase explosiva, suele hacerlo convincentemente. El arrepentimiento es tan real como las promesas de cambio: «*No volveré a beber*», « *No volverá a ocurrir*», «*Buscaré a un terapeuta para que me ayude*», etc. Estas aseveraciones son acompañadas con muestras de afecto o de necesidad: «*Sin ti no soy nada*», «*No te merezco*», «*Te debo mucho*», «*Nadie me ha aguantado tanto como tú*», «*Ayúdame*», etc.

Para una persona que tiene carencias afectivas enormes, como suele ser la víctima de malos tratos, estas palabras son conmovedoras; las vive como un premio a todos sus esfuerzos, a su bondad, a su paciencia. Siempre ha pensado que iba a cambiar, por eso ha continuado a su lado y cree que esta vez es la definitiva.

Como siempre intenta ver y relacionarse con los aspectos positivos del maltratador, le perdona una y otra vez.

- **Síndrome de Estocolmo.** En 1973, en la capital de Suecia, un ladrón llamado Jan Erik Olsson entró en un banco tomando seis rehenes. Exigió a las autoridades que permitieran entrar a su cómplice alegando que, de lo contrario, mataría a esas seis personas. La policía accedió y el secuestro se prolongó a lo largo de seis días al cabo de los cuales, la policía entró con gases lacrimógenos. Una de las rehenes, en ese lapso de tiempo, había entablado una fuerte relación afectiva con el segundo agresor, hasta el punto de que le protegió para que no sufriera daño. Uno de los periodistas presentes durante la liberación, fotografió el momento en el que la rehén y el captor se besaban.

Este hecho ha dado el nombre al llamado *síndrome de Estocolmo* que es el vínculo emocional que se observa a menudo entre rehenes y captores. Sus características son:

- La víctima siente que el agresor está dispuesto a matarla y sabe que tiene todos los medios para hacerlo.
- Está totalmente imposibilitada de pedir ayuda. No se puede comunicar con el exterior.
- No tiene manera de escapar.
- Cualquier cosa que haga puede alterar al secuestrador y empeorar con ello su situación.
- El secuestrador, por momentos, se muestra amable y afectuoso.

Según el psicólogo N. Skurnik, el rehén «se identifica inconscientemente con su agresor, ya sea asumiendo la responsabilidad de la agresión de que es objeto, ya sea imitando física o moralmente la persona del agresor, o adoptando ciertos símbolos de poder que lo caracterizan»; cree que es razonable su actitud y justifica su conducta.

Estableciendo esa corriente afectiva con el captor, la víctima no se siente tan amenazada, niega gran parte del dramatismo de la situación que está viviendo al tiempo que puede obtener ciertos beneficios. Cualquier gesto amable por parte del raptor le produce un inmenso alivio y una gratitud desmesurada.

En la violencia doméstica ocurre algo similar, hasta el punto de que muchos autores identifican la situación de la víctima de maltrato con el síndrome de Estocolmo. Sin embargo, hay algunas diferencias importantes que es preciso señalar:

– En un secuestro el raptor no tiene una particular animadversión hacia el rehén, su objetivo es económico o político. En el maltrato conyugal, en cambio, el agresor sí tiene como propósito destruir a la víctima, competir con ella, dominarla.

– Los rehenes saben que en el mundo exterior su familia o las autoridades están al tanto de lo que les acontece y que están trabajando por su liberación. La víctima de violencia doméstica se encuentra sola; a menudo no ha hablado con nadie acerca de su problema, de modo que no espera ayuda de ningún tipo.

– Lo habitual es que, una vez liberadas, las víctimas de secuestros siguen padeciendo el síndrome de Estocolmo. Se sienten agradecidas a quienes les han privado de su libertad por el hecho de haberles permitido conservar la vida. A menudo les defienden. Por el contrario, las personas que han podido poner fin a una situación de abuso conyugal no muestran señales de gratitud, sino, más bien, todo lo contrario.

– Las personas maltratadas no adoptan normalmente la conducta del agresor, entre otras cosas porque éste difícilmente se lo permitiría; las que han sido secuestradas, en cambio, son capaces de sostener un arma apuntando a la policía que viene a salvarlas.

- **Síndrome de adaptación paradójica a la violencia doméstica.** Hay mujeres que, aun pudiendo, no se alejan de sus agresores; que desarrollan la idea de que los maltratadores son víctimas de una sociedad injusta que es la que les ha empujado a expresarse violentamente. A pesar de ser víctimas de malos tratos, defienden abiertamente a sus agresores y, en ocasiones, no han dudado en atacar abiertamente a terceros que han intentado ayudarlas.

El psicólogo Andrés Montero Gómez, de la Facultad de Psicología de la Universidad Autónoma de Madrid y presidente de la Sociedad Española de Psicología de la Violencia, propone una interesantísima hipótesis que respondería a la pregunta de por qué tantas mujeres maltratadas no se separan de sus agresores. Opina que sufren lo que él llama «síndrome de adaptación paradójica», que consiste en una reacción psicofisiológica que se produce ante el entorno hostil en que viven. El modelo de este síndrome sería la aplicación del síndrome de Estocolmo a un contexto particular: el de las relaciones domésticas.

Para este investigador la adaptación paradójica de la víctima pasa por cinco fases:

– *Fase desencadenante.* Se produce cuando la mujer vive la primera escena de violencia física. Hasta ese momento, su entorno, su casa era considerado un lugar seguro, un refugio. Aunque pudieran haberse producido maltratos psicológicos de diversa índole, allí no corría peligro. Con la aparición de la violencia física se rompe la seguridad del espacio tanto físico como psicológico que ocupa la pareja, pierde la confianza y se siente amenazada. Si antes había un lugar seguro que era la relación, quedando lo oscuro y peligroso afuera, a partir de la primera agresión física los límites entre lo uno y lo otro se difuminan. Desde ese momento tendrá que estar permanentemente alerta porque ya no hay refugio posible. Cada cosa que haga será evaluada con el fin de determinar si es o no peligrosa. Como dice Andrés Montero Gómez, a todo esto también se asocia un sentimiento de pérdida: «la mujer siente que algo se ha roto, que una parte en su interior se ha perdido». El peligro proviene, justamente, de la persona a la que ama, de alguien con quien está muy involucrada emocionalmente. Esto desata muchas emociones, casi todas negativas: miedo, ansiedad, ira que no puede manifestar, angustia, frustración. No puede hacer nada para cambiar la situación en la que está. Además, la confusión ante este primer episodio violento que, desde luego, no esperaba, es absoluta.

– *Fase de reorientación.* La pareja, el matrimonio, es un entorno básico de referencia para la víctima. Después de que ha cesado la agresión, este entorno ha cambiado completamente. Su marido o compañero, que hasta ese momento era la persona con la que tenía mayor confianza, aquella de la que podía esperar cuidados, apoyo y seguridad, es a partir de la violencia física la principal amenaza de su vida. Esto, lógicamente, daña su autoestima y la percepción que tiene de sí misma.

Ante esta situación, se le hace urgente buscar otros referentes, otros espacios de seguridad y con los cuales poder identificarse, pero lo que ocurre en la gran mayoría de casos es que las víctimas de la violencia doméstica suelen haber pasado, antes de vivir las agresiones físicas, por un largo período en el que sus vínculos con el exterior han sido cortados. Por esta razón no cuentan con la posibilidad de acudir a nadie excepto, a veces, a sus familiares.

En esta fase, la ansiedad, la angustia y la obligación de estar permanentemente alerta se mantienen. Esto consume energías que impiden realizar otras tareas, tener otros intereses, buscar salidas. Si se imagina una posible solución, ésta es examinada para comprobar que no se convierta en un posible disparador de otro episodio violento.

Es habitual que estas víctimas, en un momento de lucidez, pongan una denuncia que posteriormente retiran por miedo a que el agresor, al recibir la citación, estalle. Otras veces, viven pendientes durante semanas del buzón de correos para evitar que la notificación caiga en manos del maltratador, con la consiguiente ansiedad, arrepentimiento y miedo que esto desencadena. Progresivamente, su capacidad de atención se centra más estrechamente a la detección de posibles señales de peligro, dejando de atender a todo lo demás. También aparece en esta fase la culpa. No sólo puntual por sentirse causante de la reyerta sino, también, por haber elegido a esa persona.

– *Fase de afrontamiento*. Al llegar a este punto, la víctima tiene una percepción de la realidad desvirtuada: habiéndose tenido que centrar en la amenaza que vive permanentemente, su pensamiento gira alrededor de este punto reconstruyendo el entorno en términos de seguridad. Entra en un estado de indefensión aprendida; sabe que no tiene elementos para modificar su situación y lo que hace es adaptarse lo más posible a las exigencias de su agresor. Se identifica con él al asumir la culpa de lo que sucede; busca organizar un sistema de referencias en el que puedan coexistir sus creencias, la culpa que siente, su baja autoestima y la situación violenta que vive. Conjugando estos elementos, rehace su mundo interno. Como bien señala Andrés Montero Gómez, la docilidad que debe mostrar hacia su agresor deteriorará más aún su autoestima.

– *Fase de adaptación*. Al llegar a esta fase, la mujer sufre estrés crónico y depresión; ha constatado que no tiene elementos para predecir los estallidos de violencia del agresor y sus capacidades de reacción están muy mermadas. Se adapta a las exigencias de la pareja y resiste pasivamente. Es consciente de su inferioridad frente a su maltratador y lo que más ansía es encontrar estabilidad y equilibrio. Y eso, como dice el autor de esta hipótesis: «*la llevará a moverse hacia el lugar donde se concentra el mayor porcentaje de poder en ese momento, el agresor, con quien comenzará a desarrollar un vínculo paradójico de dinámica similar al síndrome de Estocolmo».* Al carecer de recursos para salir del entorno violento, la víctima desplaza la culpa del agresor al mundo externo. Si éste le pega es porque el mundo (es decir, lo que está afuera y no en la relación) tiene la culpa.

En este sentido, el investigador O'Leary dice que el 75% por ciento de las mujeres maltratadas no aceptan que su relación sea problemática sino que atribuyen las causas de los malos tratos a factores externos y no al maltratador. No reconocen en éste su violencia, su afán por hacer daño.

– *Dependencia afectiva.* Hay personas que, en cuanto están con otras, se «descentran», es decir, ponen su centro no en sí mismas sino en la persona con la cual se vinculan. Buscan desesperadamente la aceptación de los demás y siempre se muestran más pendientes de los deseos de las personas de su entorno que de los propios. No saben decir NO y rara vez piden lo que necesitan. Como habitualmente este trastorno se presenta en aquellos que han sufrido grandes carencias afectivas en su niñez, su afán es darlo todo para asegurarse el cariño de los demás.

A menudo asumen como propias las responsabilidades de otros, se avergüenzan cuando las personas de su familia hacen cosas que no son bien vistas por los demás, asumiendo esos errores como si fueran propios.

Cuando este tipo de persona establece una relación de pareja, siente que lo más importante es que ese vínculo, por malo que sea, continúe. No se ve a sí misma viviendo en soledad; la idea en sí le aterra.

En este caso, debido al clima de tensión permanente que les rodea, viven en estado de alerta constante buscando la manera de ser aceptadas y valoradas por la persona que las maltrata.

Suelen obtener de sus relaciones mucho más dolor que alegrías y suelen ver a quien les provoca las agresiones como niños que no saben lo que hacen. Por esta razón procuran por todos los medios controlarles y vigilarles. Cada vez que una persona con dependencia emocional elige por sí misma, siguiendo sus deseos, se siente culpable y ante la necesidad de tener que tomar una decisión, experimenta una ansiedad enorme por el temor que siente a equivocarse. En estos casos son ellas mismas las que buscan vínculos con personas dominantes con las que lo único que consiguen es aumentar cada vez más su propio sentimiento de inferioridad.

287

Nunca es tarde

Tengo 63 años y provengo de una familia acomodada de provincias. En casa mi padre siempre se preocupó especialmente por la educación de mis hermanos varones y aunque yo siempre había mostrado una enorme curiosidad por saber, por aprender, no pude hacer estudios superiores; a los 13 años dejé la escuela y sólo se me permitió seguir con mis clases de piano, cosa que, desde su punto de vista, era un buen adorno para una señorita.

Eso no me impidió leer cuanto cayera en mis manos. A veces eran mis propios hermanos quienes me recomendaban ciertas lecturas o me dejaban los libros que estudiaban en el bachillerato para que pudiera aprender y, en ocasiones, también me daban clases de matemáticas. Normalmente las cambiaba por favores, como lavarles y plancharles en el día la camisa que querían ponerse o ir hasta la otra punta de la ciudad a comprar algo que necesitaran. Con ellos me llevaba muy bien y, en ocasiones, también les hacía trabajos como mapas o dibujos a escondidas de mis padres.

Me casé a los 20 años con Gerardo, a quien había conocido 18 meses antes en la playa, durante el veraneo. Él acababa de terminar Derecho y trabajaba para el bufete de su padre, en la capital. De modo que, tras la boda, me fui a la gran ciudad.

No me puedo quejar de mi marido; siempre ha sido todo un caballero: amable, afectuoso a su manera, buen padre y razonable en todo; pero la vida que he tenido que llevar no terminaba de complacerme.

Al cumplir yo los 56 años, mi hijo menor se casó y eso hizo que me replanteara todo. El permanecer todo el día en casa, con muy poco que hacer, me desesperaba de modo que pensé en la posibilidad de estudiar una carrera, aprovechando que podía hacer el acceso para mayores de 25 años para la Universidad.

Cuando se lo dije a mi marido me miró como si estuviese totalmente loca. «¿Te sientes moralmente capaz de quitarle el asiento en la Facultad a una persona que tiene toda su vida por delante?», me preguntó. En cierta forma, tenía razón; pero lo cierto es que me sentía con derecho a ello. Yo había sido también joven y no había habido para mí un asiento entonces, de manera que me parecía justo aprovecharlo.

Por parte de Gerardo hubo enfados y amenazas; no soportaba la idea de que me fuera todos los días por la mañana, dejando cosas sin hacer, que descuidara lo que era «mi obligación». Según él, yo tenía que quedarme todo el día a sus expensas, por si necesitaba algo, pendiente del teléfono y de lo que se le pudiera ocurrir, tal y como lo había venido haciendo durante más de 36 años. Llegó a decir que si me empeñaba en ello, se marcharía de casa.

Pasé un buen tiempo analizando mis propios miedos, mi reacción en caso de que eso sucediese, y llegué a la conclusión de que, tal vez, pudiera hacer lo que yo quería y, al mismo tiempo, evitar cualquier catástrofe. Que no podía permitir que mis propios temores me paralizaran aunque éstos fueran estimulados por mi marido.

Para compensar a Gerardo el cambio al que yo le estaba obligando, tanto en sus creencias como en su forma de vida, procuraba hacer todo lo demás a su modo; evitar por todos los medios que él saliera perdiendo con ese cambio que yo introducía en nuestras vidas. Por fortuna, nuestros hijos me apoyaron desde el primer momento.

Tuve muchísima paciencia; soporté los caprichos que tuvo a partir de entonces, todas las pruebas a las que me sometió a fin de demostrarme que no debía dedicarme a estudiar y, al cabo de seis años, pude terminar Psicología.

Hoy tengo mi consulta y él se siente orgulloso de mí. Jamás le eché en cara haberme puesto las cosas tan difíciles sino, muy por el contrario, he preferido decir a todos y a mí misma que si he podido hacerlo es gracias a él, que, con su trabajo, ha podido mantenerme dejándome tiempo libre para ir a la Facultad. A pesar de haber estado equivocado al principio, cuando decidí estudiar, él se merece que yo le haga este reconocimiento, que le permita sentirse orgulloso de sí mismo por haber tenido el valor de cambiar unas creencias arraigadas en su mente durante tantísimos años. Por haber seguido a mi lado, si no apoyándome, al menos aceptándome como su mujer a pesar de no hacer su voluntad. Si sale a relucir el tema de los malos tratos, suelo aclarar que yo he sido maltratada, sí; pero no por mi marido, que ha hecho lo que consideraba correcto, sino por una sociedad que no supo dar a las mujeres las opciones que merecían.

* * *

Actualmente, muchas personas toman conciencia de haber estado sometidas, de una forma o de otra, a un trato injusto por parte de sus parejas. Educadas bajo la premisa de que es el hombre quien manda y la mujer quien obedece, se han visto obligadas a renunciar a muchos deseos lícitos porque sus cónyuges así lo han exigido y han tenido como única opción el dedicarse durante años a servir a sus compañeros. A muchas les hubiera gustado estudiar o trabajar, pero han debido permanecer confinadas en sus hogares sin poder poner en juego su talento, sin que la sociedad les permitiera satisfacer su necesidad de saber, de conocer y de desarrollarse intelectualmente.

Hay mujeres que ahora comprenden que las cosas han cambiado, que esas prohibiciones ya no cuentan, pero no saben cómo hacer para salir al mundo antes que la vejez las alcance.

Los medios de comunicación, al igual que las nuevas generaciones, les muestran con su talante y su libertad lo que ellas han tenido que dejar de lado. Estas personas no buscan separarse porque quieren a sus maridos, tienen con ellos más de media vida en común, hijos, toda una historia; pero aun así quieren transformar sus vidas y aprovechar los años que les quedan.

Pero lograr una transformación en una relación que lleva años no es fácil, ya que si uno de los miembros la propone y el otro no la desea se plantea el conflicto. Como son pocos los hombres que, después de haber ejercido el poder dentro de la pareja, están dispuestos a aceptar una relación más igualitaria, lo más probable es que ante los intentos de la mujer por conseguir una relación más justa, una mayor libertad, haya una fuerte oposición por parte del compañero que puede, incluso, desembocar en violencia física.

Por un lado, la mujer que toma conciencia de haber estado sometida siente rabia; piensa que ha perdido los mejores años de su vida al servicio de quien dice amarla y, en el fondo, aunque le quiera, no se lo perdona.

Rara vez se pone a pensar que los planteamientos injustos que hubo en la relación no fueron inventados por su marido y aceptados por ella. Su ira, por lo general, le impide ver que si hubo lo que hoy se consideran malos tratos, es decir, si no ha podido trabajar, salir cuando quisiera y donde quisiera, tener amigas y amigos, estudiar, etc., ha sido porque la sociedad en su conjunto (y no su pareja en particular) se lo han prohibido. Para ella, su enemigo es aquél con quien comparte el lecho, el que ha puesto mala cara cada vez que ella insinuaba que quería hacer algo diferente de lo que era socialmente válido.

¿ES POSIBLE EL CAMBIO?

Durante los años de matrimonio el modelo de apego adquirido con los años puede asentarse o transformarse con relación a la pareja. A la hora de realizar cambios, ese es uno de los factores que deben ser observados a fin de minimizar los conflictos.

Las personas que muestran un apego inseguro son las que más rechazan cualquier cambio que se opere en la relación; es como si el establecer nuevas pautas atentara contra la estabilidad de la pareja.

Si se comprende que, en el fondo, lo que les motiva es el miedo a ser abandonados o a no ser lo suficientemente queridos, siempre se puede hacer un esfuerzo extra para que, al mismo tiempo que se inicia la transformación del vínculo se refuerce su seguridad.

«Para compensar a Gerardo el cambio al que yo le estaba obligando, tanto en sus creencias como en su forma de vida, procuraba hacer todo lo demás a su modo; evitar por todos los medios que él saliera perdiendo con ese cambio que yo introducía en nuestras vidas...»

Aun sin saberlo, es exactamente lo que hace la protagonista del testimonio; en lugar de entrar en discusión con él reclamando sus derechos (que los tiene) y creando un clima de tensión que no llevará a nada, procura tranquilizar a su marido mostrándole que, aun haciendo algo que a él le molesta, no por ello sufre pérdidas ni está menos atendido.

Por último, es particularmente inteligente la visión que ella misma presenta hacia el final de su relato; es una auténtica muestra de amor y un ejemplo de la forma en que se deben reconocer y hacer saber al otro las cosas positivas que ha hecho por uno:

«Jamás le eché en cara haberme puesto las cosas tan difíciles sino, muy por el contrario, he preferido decir a todos y a mí misma que si he podido hacerlo es gracias a él, que, con su trabajo, había podido mantenerme dejándome tiempo libre para ir a la Facultad».

Si en lugar de estudiar como quería hubiera permanecido en casa, sin atreverse a desafiar la autoridad de su marido, el rencor y la rabia hubieran minado la relación. Si en vez de intentar ponerle las cosas más fáciles a él hubiera peleado a brazo partido calificándolo de machista, negándose a cumplir las tareas que hasta ese momento ambos habían considerado como femeninas, el resultado hubiera sido una separación dolorosa para ambos.

Las transformaciones en la pareja, en el compañero, se operan únicamente si no hay situaciones de malos tratos físicos o violencia psicológica grave –en cuyo caso, lo adecuado es separarse– y cuando se cumplen ciertas condiciones:

- **Enfrentarse a los propios miedos.** Entender que uno es un ser adulto, con capacidad de decisión y elección y que el enfado del compañero no es algo que haya que «temer» sino algo con lo que hay que «negociar».
- **Entender claramente la situación.** Comprender que uno ha sido cómplice al renunciar a la propia libertad; que no siempre corresponde echar las culpas a los demás; que, a veces, uno mismo se dice: «*no me dejan*», cuando en realidad lo que cabría decir es: «*tengo miedo a fracasar y me viene de perlas pensar que es el otro quien no me lo permite*». Antes de calificar una situación de «malos tratos», es necesario ver hasta qué punto se ha colaborado en ella.
- **Hacerse cargo de la propia ira.** Si las creencias por parte de ambos han llevado la relación a un punto en el que uno manda y el otro obedece, eso provoca muchísima rabia; sin embargo, es necesario comprender que ambos han sido víctimas de unas pautas culturales que son las que han determinado la injusticia. Acusar al compañero de haberlas seguido, cuando uno mismo también lo ha hecho, no es lo adecuado.
- **Motivar al compañero para el cambio.** Entender que, seguramente, lo vivirá como una amenaza. En la medida en que se le haga entender que será también beneficioso para él, podrá aceptarlo y pondrá menos obstáculos.
- **Buscar alianza en los hijos.** Por lo general los jóvenes tienen las cosas mucho más claras y no llevan dentro la rabia y resentimiento que puede experimentar una mujer que ha estado toda su vida encerrada. En estos casos ellos pueden ser los mejores abogados de cara a su padre.
- **No pretender ganar en todo.** De lo que se trata es de negociar hábilmente; de establecer una escala de prioridades y, en la medida de lo posible, hacer que el compañero esté también satisfecho y contento. No renunciar a los propios deseos, pero entender los miedos que pueda haber por la otra parte para poder, así, reducirlos

Si en el transcurso del cambio que se pretende realizar hiciera su aparición la violencia, poco habrá que hacer. La elección es seguir como hasta entonces, llenándose de ira o rencor, o iniciar una nueva vida en solitario.

Después de la separación

Vicente siempre ha sido un hombre bastante difícil pero jamás había relacionado su mal carácter con el egoísmo o el machismo; simplemente le había calificado así: «un hombre difícil».

Empecé a darme cuenta de ciertas cosas a medida que los niños fueron creciendo. Para mí, por ejemplo, era y es natural darles el muslo de pollo a los pequeños; jamás he sentido eso como una renuncia y recuerdo que con mi hermana hemos bromeado comentando que difícilmente una mujer con dos hijos vuelva a comerlos antes de que éstos se independicen. De la misma manera, cuando alguien traía un bollo no se me ocurría comérmelo sino guardarlo para ellos. Vicente, por el contrario, no; si había pollo, el muslo tenía que ser para él, si había un dulce, otro tanto. Si se ponía paella en la mesa, miraba a quién le tocaba el mejillón más grande; si se compraba pizza y quedaba un último trozo, en la vida se le ocurría ofrecérselo a los niños; se lo zampaba él. Sé que esas son tonterías, que tal vez no quieran decir nada, pero no podía evitar que me llamaran la atención, que me dejaran un poco anonadada. En aquel tiempo, yo lo justificaba diciendo que él era un niño más, que no tenía tres hijos sino cuatro. Me forzaba a tomarlo como broma, a hacer chistes al respecto cuando, en el fondo, ahora que lo pienso, no me hacía ninguna gracia; más bien, me alarmaba y me molestaba.

Algunas amigas me decían que yo era tonta porque él siempre tenía siempre lo mejor: la habitación más grande como despacho, el teléfono sobre su mesilla, coche, moto (yo no tenía vehículo alguno), etc.; pero como jamás he sido ambiciosa, eso no me preocupaba. Él era quien salía todos los días a trabajar y veía natural que se comprara lo que quisiera. En realidad, no me daba mucha cuenta de que yo trabajaba muchas más horas que él o que había cosas de las que mis hijos hubieran podido disfrutar y que, sin embargo, no tenían porque el dinero no alcanzaba para todo.

Cuando comprendí que su actitud no me afectaba sólo a mí sino también a ellos, empecé a preocuparme.

Una de las primeras discusiones fuertes que tuvimos surgió a raíz de su ordenador. Laura, que entonces tenía 15 años, estaba desesperada porque necesitaba hacer un trabajo para el instituto y no conseguía los datos por ningún lado. Había hablado por teléfono con una amiga que le había dicho que en Internet estaba toda la información, pero en casa había un solo ordenador, el de Vicente, quien no llegaría hasta muy tarde por la noche. Al final, como Laura me aseguró que sabía manejar perfectamente el aparato porque en el colegio lo utilizaba, la autoricé para que encendiera el de Vicente. Gracias a eso pudo hacer su tarea. Cuando Vicente llegó de la oficina y se enteró de que había utilizado su ordenador, se puso furioso y lo primero que hizo fue prohibirle salir los fines de semana durante un mes. Ante eso, salté en su defensa; le dije que la casa no era su lugar de trabajo y que el ordenador lo tenía para divertirse, y que la niña, en cambio, lo necesitaba para realizar deberes que le habían pedido en el colegio.

Eso lo alteró más aún, pero como estaban los niños presentes, preferí controlar mi enfado y callar.

Cuando ya se habían acostado, volví a sacar el tema y, nuevamente, se puso como una furia. Le dije que estaba harta de su egoísmo, que por fin me daba cuenta de la clase de persona que era y que si las cosas no cambiaban yo no estaba dispuesta a seguir. Su respuesta fue cogerme de los brazos y decirme que, como no cerrara la boca, me la iba a tapar de un golpe.

El problema no terminó ahí: el primer fin de semana después del incidente vi que Laura no se preparaba para salir, de modo que le levanté el castigo. Eso dio origen a otra fuerte discusión, pero yo estaba decidida a no seguir como hasta entonces.

A partir de ese momento las cosas fueron cuesta abajo; fue como si se me hubiera caído una venda de los ojos. Había pasado 17 años de mi vida con una persona egoísta, caprichosa, machista, para quien su familia no era lo suficientemente importante sino un mero paisaje que decoraba su vida. También se me aclararon otras cosas: entendí muchas de las quejas de los niños, de la actitud que, en ocasiones, mostraban hacia mí, como si no me considerasen lo suficientemente adulta. A menudo me decían, sin más, que les fuera a comprar esto o lo otro y yo iba. Habían copiado exactamente los modos de su padre y, en el fondo, no les podía culpar.

Todo esto lo vi en unos pocos días; fue como tirar de un hilo y empezar a sacar cosas y cosas que causaron tal impacto en mí que no podía ver a Vicente como antes. Se me cayó hecho pedazos. Al año, finalmente, puse una demanda de separación porque la convivencia se había hecho insoportable. Evidentemente nunca pensó que yo me había tomado muy en serio la idea de romper el matrimo-

nio porque la citación de mi abogado le cogió totalmente por sorpresa. Fue tal la explosión de rabia, que se puso a romper lo que tenía a mano, amenazándo con matarme si no daba marcha atrás. En lugar de desistir, me fui de casa y pedí medidas excepcionales para que me permitieran hacer uso del domicilio conyugal.

Aunque me mostrase dura e inflexible, lo único que yo deseaba, por el bien de los niños y de todos, era que tuviésemos una separación lo más amistosa posible; sin embargo, él no estaba dispuesto a que así fuera. Cuando el juez dictaminó que yo me quedara con el usufructo de la casa, por fin pude regresar y, a partir de entonces, las amenazas se hicieron más frecuentes y peligrosas. Me llamaba por teléfono a cualquier hora del día o de la noche diciéndome que no me descuidara porque me iba a atropellar con el coche. Con la excusa de llevarse una caja de herramientas, vino una mañana y después de insultarme me pegó. Los fines de semana no podía salir porque se pasaba horas delante del portal y, en una ocasión, tuve la suerte de que un vecino saliera cuando él me tenía cogida de los pelos. ¡Son tantos los episodios de agresiones que ya ni recuerdo!

Yo sabía que muchas mujeres eran asesinadas después de haberse separado de sus agresores, por ello pedí protección y, gracias a la orden de alejamiento dictada, empecé a tener una vida más tranquila. No obstante, cada vez que salgo por la noche no puedo evitar mirar a un lado o a otro de la calle para ver si está escondido, esperándome.

* * *

Un número considerable de mujeres que mueren a causa de la violencia doméstica son asesinadas después de haberse separado de sus agresores y éste es un hecho que obliga a muchas a soportar años de malos tratos en lugar de buscar una salida más beneficiosa para ellas, los hijos e, incluso, el propio maltratador.

LA ORDEN DE ALEJAMIENTO

Una de las medidas que pueden seguirse para evitar los malos tratos después de una separación es la llamada «Orden de protección» u «Orden de alejamiento».

Esta resolución legal, que debe ser tomada por un juez, especifica claramente la distancia a la que se debe mantener el agresor de la víctima así como también el período durante el cual se hallará vigente.

Si la víctima percibiera que el agresor no cumple con esta orden, podrá ponerse en contacto con la policía que, una vez dictada la medida, podrá arrestar de inmediato al agresor. Si bien tiene un período de duración determinado, en caso de que el peligro subsista una vez finalizado éste, el juez podrá prorrogarlo.

Una vez que se ha dictado la orden, si el agresor acorta la distancia que el juez ha dispuesto, la policía tiene la facultad de arrestarle inmediatamente. Es importante señalar que el dictado de esta orden no significa que el agresor se halle procesado; es, ante todo, preventiva.

Como el alejamiento es una disposición judicial, las partes implicadas (agresor y víctima) no pueden pactar encuentros; es decir, tampoco se permite a la víctima acercarse al agresor. Para poder hacerlo deberá antes recurrir al juez para que ordene el cese de la orden de alejamiento. Es necesario saber que si por acuerdo mutuo entre las partes esta orden no se acata, la policía puede intervenir procediendo a arrestar al agresor aun cuando la víctima hubiera propuesto el encuentro.

Estas órdenes son notificadas de inmediato a las partes implicadas y conllevan la protección de la víctima no sólo en su domicilio sino también en su lugar de trabajo, en la calle, en el vecindario, etc. También pueden hacerse extensivas a los hijos, en cuyo caso el mismo juzgado que la emita lo hará saber al centro escolar donde los niños cursen sus estudios.

En los diferentes países existen medidas de esta naturaleza y, a menudo, son dictadas antes incluso de que haya una sentencia de separación.

Muchas mujeres no quieren tomar medidas extremas, aunque su vida corra peligro, porque les resulta muy doloroso el saber que su ex marido, el padre de sus hijos, pueda ir a la cárcel. De ahí que sea importante insistir en que una orden de alejamiento no implica, por sí sola, el encarcelamiento o proceso al agresor, sino una medida que procura impedir el acercamiento de éste a la víctima. Indudablemente es preferible que un hombre vaya a la cárcel por no cumplir una orden de alejamiento a ingresar en prisión después de cometer un homicidio.

EL TRATO CON LOS HIJOS

A veces es necesario llegar a una situación límite para poder separarse de alguien con quien se ha convivido muchos años y juntar la fuerza necesaria como para romper un vínculo que ha sido tan importante. Sólo viendo a la otra persona en una dimensión diferente, como algo que provoca rechazo, se puede tomar la distancia debida para poder poner luego cada cosa en su lugar.

Es frecuente que, en el momento de la ruptura, ambos sientan emociones cercanas al odio; sin embargo, pasado un tiempo, pueden reconocer en el otro cosas positivas, agradecer los buenos momentos pasados y llegar a la conclusión de que, si bien ya no sienten amor, tampoco sienten odio.

Cuando la separación se produce y se actúa bajo la emoción negativa dominante, es frecuente que ambos utilicen a los hijos como herramienta para agredirse mutuamente o que, en un intento de protegerles, les impidan tener contacto con su cónyuge. Salvo los casos en los cuales los pequeños corran peligro físico o psicológico, es un error tomar actitudes de este tipo, ya que, con ello, los primeros damnificados serán los propios niños. Además, es probable que esta medida sea posteriormente recriminada por aquellos a quienes se ha utilizado.

Muchos de los altercados violentos que ocurren después de haberse producido la separación tienen su origen en la negativa de uno u otro para ponerse en contacto con los hijos. A veces, eso se hace de forma clara y manifiesta, es decir, negándose abiertamente a que los niños sean visitados o incumpliendo deliberadamente con el horario de visitas que ha establecido el juez. Pero, en muchas ocasiones, el impedimento se logra manipulando la situación de manera que parezca que uno está de acuerdo con el régimen de visitas al tiempo que se impide que éstas se produzcan. Ejemplos de estas actitudes podrían ser:

- **Atenerse con excesiva rigidez a la hora de recogida de los niños.** Es decir, si se ha quedado en que el padre los va a recoger a las cinco de la tarde y no ha llegado a esa hora, salir cinco minutos después con los pequeños a fin de que si se ha retrasado no pueda verlos.
- **No contestar el teléfono para no poder establecerse un acuerdo.**
- **Tener actitudes agresivas o provocadoras hacia el cónyuge** de modo que cada día de visita se convierta en una escena desagradable que exija orden de alejamiento o medidas similares.
- **Inventar excusas de todo tipo para que el padre no se lleve a los niños.**
- **Poner condiciones que nada tienen que ver con los acuerdos** o con lo que el juez haya dictado: «*si va a haber otra mujer en tu casa, los niños no van*».

Con este tipo de conductas, lo único que se consigue es crear un clima de guerra en el que, sin duda, quienes más perjuicio reciben son los hijos.

Lo importante, en este caso, es que la persona que se sienta tentada a seguirlas piense por un momento cómo reaccionaría en el supuesto de que actuaran de esta manera hacia ella, y que, por mucho odio, rencor, deseos de venganza que sienta por su cónyuge, los hijos tienen todo el derecho del mundo a tener un padre y una madre; que la relación no funcione no implica necesariamente no ser padre o no ser madre. Involucrar a los niños en estas batallas es, desde luego, lo peor que se puede hacer.

Cómo ayudar
a la persona que
sufre malos tratos

Tengo una sola hermana, Arancha, con la cual me he llevado siempre muy bien. Como es tres años mayor que yo, desde la infancia fue siempre una especie de modelo para mí. La admiraba, quería ser como ella, me sentía feliz cuando me aceptaba en los juegos con sus amigas y ella, por su parte, siempre me trató con muchísimo afecto. Tal vez, el hecho de que nuestros padres se separaran cuando yo tenía siete años influyó para que nos uniéramos más, para que aprendiéramos a cuidarnos mutuamente.

Somos muy diferentes; Arancha es sentimental, romántica, muy responsable y un tanto pesimista; yo soy bastante más alocada, creo que las cosas siempre me van a salir bien y me gusta mucho divertirme. Siempre decíamos, en broma, que si ella me diera un poco de su personalidad y yo a ella otro tanto de la mía, seríamos dos mujeres perfectas.

Cuando cumplió los 24 años se casó con Borja, su novio de toda la vida. Estaba enamoradísima y eso, en cierta forma, me preocupaba porque vivía sólo para él. A menudo le daban ataques de desconfianza porque Borja era demasiado seductor: con su metro noventa, sus ojos verdes y su sonrisa deslumbrante, dejaba inmediatamente embobadas a las mujeres que se cruzaban en su camino. Pero la cosa nunca iba más allá de un coqueteo tonto; era como si se conformase sólo con saber que, si lo pretendiese, podía iniciar una relación con cualquiera de ellas. Y eso mi hermana lo llevaba bastante mal, aunque como es muy reservada jamás le hacía ningún escándalo ni cosa parecida. Sufría, pero en silencio.

A pesar de que las cosas les iban económicamente muy bien, yo veía que le pasaba algo que no quería contar. A veces se quejaba de que Borja no le hacía suficiente caso pero, cuando iba a su casa, yo veía todo normal. Atribuía los problemas a un exceso de celos por su parte, a una inseguridad que no la dejaba vivir en paz, razón por la que le sugerí que consultara a un psicólogo. Pero ella decía que los celos se habían terminado, que el problema era que estaba deprimida y, lo peor, sin motivos, y que eso le quitaba totalmente las fuerzas para ocuparse de la casa, de los niños e, incluso, de Borja. Como soy veterinaria, cada tanto me llamaba para preguntarme si un dolor aquí o allí podría ser algo serio, pero rara vez iba al médico. Ella reconocía que era un poco hipocondríaca, que se preocupaba excesivamente por su salud y la de los niños pero, en el fondo, estaba convencida de que no tenía nada. El problema era que no podía controlar su ansiedad al respecto.

Yo tenía bastante claro que muchos de sus síntomas tenían que ver con la vida que llevaba. Jamás salía, no tenía amigas, siempre encerrada en casa limpiando u organizándolo todo. Las pocas veces que salíamos de compras, por ejemplo, si le decía de ir a una cafetería a merendar o si estábamos demasiado tiempo en una tienda, empezaba a intranquilizarse, a decir que tenía que volver a casa porque Borja podía llegar pronto y a él le gustaba encontrarla ahí. Aunque le dijese que no era motivo para interrumpir lo que habíamos planeado, no había manera. Se comportaba como si estuviera haciendo algo malo, como si no fuese su derecho pasarse una tarde con su hermana.

Si le preguntaba qué le diría él si llegaba tarde, me respondía que nada, que era a ella a quien no le gustaba salir, andar por la calle, ir de compras. Yo sabía de sobra que no era así; por una parte, porque la conocía y, por otra, porque la notaba demasiado nerviosa. Recuerdo que un día me puse muy pesada y, finalmente, accedió a que tomáramos un café. Le dije que, según veía, ella tenía miedo de no estar en su casa a la hora que llegara su marido, que cada vez la veía peor y que me temía que las cosas entre ellos no estuvieran tan bien como pretendía que todos creyésemos. Por supuesto, me lo negó. Sólo dijo que él era bastante egoísta pero que eso a ella no le afectaba; que estaba acostumbrada y que, en términos generales, era dueña de su vida y podía hacer lo que quisiera. En todo caso, lo que ocurría era que estaba desganada, que no se sentía motivada por casi nada. Con estos síntomas, para mí quedó bastante claro que lo que tenía era una depresión, y eso me preocupó.

Poco tiempo después de este encuentro mi hijo pequeño hizo la primera comunión. Mi idea no era convertir eso en un gran acontecimiento social sino en algo íntimo, más bien familiar. En la iglesia, empecé a sentirme inquieta porque la ceremonia iba a comenzar y ella aún no había llegado. A los dos o tres minutos de haber empezado la misa, la vi entrar con sus niños. Venía bien arreglada, como siempre, pero me llamó la atención que llevara gafas de sol. Me extrañó porque no acostumbraba a usarlas, pero en ese momento no le di demasiada importancia.

Al salir, después de terminar la ceremonia, cuando ya nos íbamos para casa, se me acercó y me dijo que no podría venir a la fiesta, que se encontraba mal y que la perdonase. Le pregunté qué tenía y me respondió con vaguedades, de modo que mi respuesta fue clara: «si no vienes, olvídate de mí». Ella insistió, pero me mantuve firme; le dije que para mi hijo era muy importante que estuvieran sus primos, que no podía hacerle eso. Como aún seguía con las gafas puestas le pregunté a qué se debía, y me contestó que tenía un orzuelo y por ello era conveniente que tuviera el ojo bien protegido.

Finalmente vino por la tarde y, en un momento, le pedí que me ayudara a traer unas bandejas de la cocina. Allí recordé lo del orzuelo y le pedí que me lo mostrara pero se negó, cogió el primer plato que tuvo a mano y se fue rápidamente al salón.

Ese incidente me dejó muy preocupada porque mi hermana nunca había sido así. Se estaba comportando de una manera totalmente anormal y no podía imaginarme qué era lo que le ocurría.

Al día siguiente, que era lunes, llamé a la tienda para dar instrucciones a los empleados diciéndoles que no iría por la mañana y, a eso de las 11, toqué el timbre en casa de Arancha. Antes de abrir preguntó quién era, y luego tardó un rato hasta hacerme pasar. Estaba sola; Borja había ido a trabajar y los niños estaban en el colegio. Lo primero que me dijo era que tenía que ir no sé dónde; que era una pena que me hubiera hecho el viaje porque llevaba una mañana de lo más agitada, con un montón de cosas que hacer. Pero aún estaba en pijama.

Con bastante esfuerzo logré que nos sentáramos a hablar en la cocina y, nuevamente, le pedí que se quitara las gafas y que esta vez no iba a tragarme ningún cuento. Lo hizo. Tenía los ojos completamente hinchados y, el izquierdo, con un cardenal.

Intentó convencerme de que se había golpeado con una estantería, pero de inmediato comprendió que yo no estaba dispuesta a tragarme ningún cuento, de modo que se echó a llorar. Me contó que, discutiendo con Borja, éste la había empujado y se había golpeado con la puerta. Finalmente, me dijo la verdad: le había dado una bofetada, haciéndome prometer que no se lo iba a decir a nadie y que no iba a hablar con él. La pobre estaba aterrorizada; decía que la culpa era suya, que no sabía llevar la casa, que era muy desorganizada, que se sentía mal y le costaba muchísimo hacer cada cosa. Intenté convencerla de que se viniera a casa con sus hijos pero me dijo que estaba bien, que sabía que eso no iba a volver a suceder.

Durante ese año la llamaba todos los días a ver cómo estaba y, cada tanto, caía de sorpresa en su casa para ver qué tal iban las cosas. Seguía con el mismo miedo a llegar tarde, a tomar cualquier tipo de decisión sin consultar. Quería trabajar desde hacía tiempo pero siempre ponía excusas; cuando no era por los niños, era porque no andaba bien de salud o por cualquier otro motivo.

Una noche me despertó a la una de la madrugada; estaba llorando y no atinaba a explicarme qué le sucedía. Le dije que se tomara un taxi inmediatamente y que viniera a casa. Cuando llegó, me mostró los cardenales que tenía en las piernas y en la espalda. Había salido corriendo porque Borja la había amenazado con un cuchillo, y estaba angustiada por sus hijos. La acompañé a la comisaría a poner una denuncia y la convencí de que se quedara esa noche en casa, que sus hijos estarían bien, que ellos no corrían peligro. Le propuse que al día siguiente los fuera a buscar al colegio y se vinieran los tres a pasar unos días con nosotros.

Así lo hizo. Eso nos dio oportunidad de hablar, de que me contara todo lo que había vivido en esos años.

Borja empezó a llamar mañana, tarde y noche. Al principio no le pasaba a Arancha las llamadas pero, finalmente, habló con él. No sé qué fue lo que le dijo, el caso es que volvieron a su casa, no sin antes pasar por la comisaría para retirar la denuncia. Insistí para que no lo hiciera pero ella se empeñó en que quería darle una última oportunidad. Por mi parte, busqué una abogada matrimonialista y me enteré de cómo había que hacer las cosas por si volvía a pegarle.

Como a los tres meses, una tarde apareció en casa. Venía desencajada, andando con dificultad. Habían tenido otra discusión. Le aconsejé ir a un hospital, sabiendo que en urgencias le iban a preguntar qué le había ocurrido y que le harían poner una denuncia y así fue. Después de comprobar que tenía rota una costilla, y múltiples contusiones, le preguntaron qué había pasado y ella dijo la verdad. El médico la trató muy bien y le advirtió que, según su experiencia, estas cosas tendían a repetirse, de modo que aproveché sus palabras para sugerirle que fuéramos a ver a la abogada que conocía. Finalmente, le dije que en el estado en que estaba lo mejor para ella y para sus hijos era consultar con un psicólogo y así lo hizo. Tuvimos mucha suerte porque al decirle que era un tema urgente la atendió ese mismo día a las ocho de la tarde.

Hoy, afortunadamente, es otra mujer. Se separó definitivamente de Borja, trabaja y es una madre excelente.

A veces pienso que si no me hubiera dado cuenta a tiempo, tal vez hoy estaría llevándole flores al cementerio.

* * *

Conociendo la indefensión en que se encuentran las víctimas de violencia doméstica, sean hombres y mujeres, nadie debería mantener la idea de que: *«lo que pasa en un matrimonio es cosa de ellos»*. Es asunto de los cónyuges, sí, siempre y cuando no se esté cometiendo día a día, semana a semana, un delito, como ocurre en el caso de los malos tratos. En ese supuesto, deja de ser «cosa de ellos» para ser «cosa de todos».

Ayudar a la persona maltratada no es siempre fácil porque la gran mayoría suele tener una relación de dependencia muy fuerte con quien les agrede y, si bien en un momento pueden decidirse a no volver con él es bastante habitual que luego se echen atrás.

Otro tanto se puede decir con respecto a la denuncia. Son interesantes las palabras que, al respecto, dice el español Manuel Calvo García en su *Informe sobre el Tratamiento de la Violencia Doméstica en la Administración de Justicia:*

«La víctima, en los casos de violencia intrafamiliar es doblemente víctima y además se ve obligada a denunciar a una persona con la que ha convivido o convive y con la que en muchos casos todavía mantiene una relación de afecto».

Y posteriormente agrega:

«... conviene no perder de vista que la denuncia no deja de ser un drama personal añadido para muchas víctimas que encerradas en una maraña de contradicciones emocionales, presiones sociales y familiares no se ven con fuerzas –a veces con la posibilidad– de dar el paso adelante que supone la denuncia».

Teniendo esto en cuenta, no es de extrañar que, tras poner la denuncia en una comisaría, muchas víctimas se sientan culpables por enviar al agresor a la cárcel, por procurarle disgustos con la Justicia.

En muchos casos, intentar brindar ayuda a la víctima es difícil y frustrante ya que puede dar la sensación de que no quisiera salir de la situación en que se encuentra. Pero sólo quienes han pasado por un trance de esa naturaleza son capaces de comprender en toda su amplitud la variedad de emociones y sentimientos contradictorios que se experimentan tras haber sufrido una agresión por parte de la persona a la cual se quiere, a la que se ha elegido para compartir la vida.

Por ello, es conveniente tener en cuenta una serie de premisas que puedan hacer más efectiva la ayuda que se pretenda brindar:

- **No obligar a la víctima a hablar.** Aunque sea cierto que a la persona maltratada no le conviene mantener oculta su situación, que cuanto antes hable del tema antes podrá resolverlo, no es conveniente obligarle a contar qué le sucede porque si no está preparada para hacerlo, lo único que se conseguirá es aumentar sus culpas frente al agresor y avivar aún más su miedo. Sí se puede intentar crear un ambiente que favorezca las confidencias, hacerla sentir tranquila e, incluso, asegurarle que uno sospecha que está viviendo una situación muy difícil; pero acosarla a preguntas e impacientarse frente a su silencio es algo completamente contraproducente.

- **Respetar la confidencialidad.** La persona que ha sido maltratada, aunque no sea más que por el mero hecho de haber confiado en alguien que le hace un daño atroz, ha perdido en gran medida la confianza en los demás. Si elige a otra persona como confidente, es de esperar que ésta no comente el asunto con terceros, aunque éstos sean de la familia. No hay que olvidar que las víctimas de malos tratos se sienten avergonzadas y culpables de la situación que están viviendo y que lo que menos quieren es que todo el mundo se entere de ello.

- **Escuchar sin interrumpir.** El agresor prohíbe a la víctima muchísimas cosas pero, sobre todo, lo que menos le interesa es que comunique a su familia o a sus amigos que él la pega. Por un lado porque su imagen se deterioraría y, por otro, porque de este modo la persona maltratada se ve completamente imposibilitada para pedir ayuda. Por esta razón, es esencial no interrumpir a la persona que relate lo que está viviendo en su matrimonio, darle tiempo a que ordene sus ideas, ya que, por lo general, se siente confusa, a menudo no puede estructurar fácilmente las frases y, lo más importante, está rompiendo conscientemente una regla que le ha impuesto su maltratador.

También hay otra razón, y muy poderosa, para no interrumpir: es esencial que ella misma se oiga calificar a su agresor; que pueda escuchar a su parte más sana pedir ayuda. Que comprenda, a través de esta vía, que no es peligroso asomarse a la verdad y verbalizarla. De este modo le resultará menos complicado dar los pasos necesarios para apartarse de su agresor.

- **Creer lo que cuenta la víctima.** A partir del momento en que la persona maltratada comunica a otra lo que le ocurre, la imagen que quien escucha tiene del agresor probablemente no concuerde con la que le están mostrando. Sin embargo no hay que ponerla en duda, al menos en ese momento. Debe tenerse en cuenta que muchísimas personas que ejercen la violencia doméstica, en su vida social no son en absoluto agresivas; más bien todo lo contrario: suelen mostrarse simpáticos, abiertos, amables y encantadores.

  Dudar del relato de la víctima es, en cierta forma, como hacerle callar, como cerrarle una puerta y condenándole a seguir viviendo situaciones muy dolorosas.

- **Reconocer la injusticia.** Independientemente de lo buena o mala persona que pueda ser la víctima, de los aciertos o errores que pueda cometer a diario o de su capacidad agresiva, la violencia física jamás debe tolerarse. En realidad, no debería tolerarse ningún tipo de agresión, pero detectar el maltrato psicológico es algo bastante más complejo y, a menudo, son los dos cónyuges quienes utilizan este tipo de agresiones.

  Si una persona, hombre o mujer, ha sido golpeada, es necesario hacerle saber que eso es totalmente injusto, que no hay nada que le pueda hacer merecer semejante trato.

- **Hacerle saber a la víctima que no está sola.** Explicarle que son muchas las personas que se encuentran en su misma situación y que las autoridades tienen servicios especiales para prestarles ayuda. Asimismo, hacerle comprender que no tiene por qué sentir vergüenza y que no es culpable de lo que ocurre.

- **Resaltar las virtudes de la víctima.** Teniendo en cuenta que son personas que tienen una autoestima sumamente pobre, que no se quieren ni ven en sí mismas cosas positivas, es importante señalarles aquellas virtudes de las cuales no son conscientes. Eso les dará fuerzas para enfrentarse con más decisión y seguridad a la situación.

- **No imponer el propio sistema de valores.** Para poder ayudar a alguien que sufre malos tratos, la primera medida es otorgarle algo que, por definición, su maltratador le niega: respeto. Imponer el propio punto de vista, intentar que la víctima adopte otras creencias, sean religiosas o sociales, a fin de que salga de la situación en la que se halla inmersa, es un error; es tratarle no como adulto sino como a un niño al que se le debe decir qué ha de hacer. Y esto no le ayuda en nada.

- **Hacerle tomar conciencia de su derecho a una vida digna.** Las víctimas de maltrato rara vez comprenden que pudieran tener otra vida, que pueden elegir alejarse de sus agresores para bien de ellas mismas y de sus hijos. A menudo sienten que tienen que pagar por haberse equivocado en su elección a la hora de casarse.

- **Ayudarle a hacer planes de seguridad.** Una vez que se ha podido comunicar con el exterior, que ha encontrado apoyo y que se deja ayudar, la persona que esté en una posición de riesgo frente a su pareja podrá sentirse bastante más segura. Conviene razonar con ella acerca de las mejores maneras de protegerse así como mostrarle, en todo momento, que tiene una mano amiga, alguien a quien puede recurrir en caso de que se produzca un incidente de violencia.

«Durante ese año la llamaba todos los días a ver cómo estaba y, cada tanto, caía de sorpresa en su casa para ver qué tal iban las cosas.»

- **Ofrecerle ayuda profesional.** Cuando alguien tiene que pasar la mayor parte del día en estado de alerta evitando ser agredido, su mente se vuelve mucho menos operativa. Cualquier nueva actividad parece un mundo, no sabe cómo iniciarla y, en cierta forma, se ahoga en un vaso de agua. No es fácil para ella buscar un abogado, un psicólogo, una casa de acogida, porque todas sus energías están puestas en la supervivencia, en observar el mínimo cambio en el agresor para poder esquivar el golpe. De ahí que sea conveniente ayudarle a realizar estos trámites, ya sea consiguiendo direcciones o acompañándola a visitar a los profesionales.

- **Respetar sus decisiones.** Por mucho que se quiera entender la situación que vive la persona maltratada, quien está en su propia piel es ella y nadie mejor que ella sabe qué quiere hacer. Es dueña de equivocarse, de perdonar al agresor y luego comprobar que éste no ha cambiado; de separarse o no; de seguir, en definitiva, su propio proceso interior que la lleve a poner distancia con esa persona que le hace tanto daño. Quien intente ayudarla, lo único que puede hacer es presentarle opciones; jamás decidir por ella ni forzarla a que haga lo que «se supone» debería hacer.

Algo importante que debe saber toda persona que intente prestar auxilio a una víctima de malos tratos es que cuando ésta se enfrente nuevamente al agresor probablemente le cuente la opinión que le merece a la persona que le está brindando ayuda. Por muy doloroso que esto resulte a quien, con buenas intenciones, ha procurado brindarle apoyo y cuidados, esa persona debe comprender que hay razones para que la víctima actúe de esa manera.

Si la pareja está en la fase de acumulación de tensión, y si el agresor no explica cuáles son los motivos por los cuales está enfadado, la víctima puede creer que ello se debe a que sabe que ha hablado, que ha comentado la situación que estaba viviendo e intentará justificar su actitud frente al maltratador. En este caso, lo más seguro es que el agresor prohíba a la víctima volver a ponerse en contacto con la persona que pretendía ayudarle.

En la fase explosiva, a menudo las agresiones son mutuas y la víctima puede amenazar diciendo que otros ya saben lo que ocurre.

En la fase de luna de miel, la persona maltratada verá con otros ojos a su agresor; creerá que en el fondo es bueno y se arrepentirá de haberle traicionado contándole a alguien lo que pasaba en su relación. Para ganarse al agresor o darle una muestra de confianza, bien puede hablarle del apoyo que le han ofrecido.

Si la víctima dejara de ponerse en contacto durante un tiempo, no hay que presionarla ni ofenderse. Sólo estar disponible para el caso de que, en algún momento, vuelva en busca de ayuda.

En busca de soluciones

Después de 12 años de matrimonio yo seguía creyendo que me había casado con un ser superior. Me parecía imposible que mi marido, tan inteligente, tan lúcido, tan correcto se hubiera fijado en mí y, más aún, que continuara a mi lado pese a mis múltiples imperfecciones. Claro que pagaba por ello mi precio porque vivía bajo una constante angustia y ansiedad que se incrementaba cada vez, cuando él me decía que las cosas no podían seguir así, que estaba perdiendo la paciencia, que yo era un desastre o que estaba pensando en separarse.

Yo vivía para mis hijos y para él, en ese orden, o al menos así lo pretendía porque en los hechos, muchas veces yo hubiera preferido quedarme charlando o jugando con los niños, prestarles más atención, dejarles hacer una vida más libre y distendida, pero eso no era posible porque contravenía las órdenes y deseos de mi marido.

En ese tiempo conocí en un cumpleaños a Marisa, una pintora que estaba teniendo éxito y que me fascinó con su conversación. Un poco como cumplido pero sin que ello fuera mentira le dije que la envidiaba, que desde pequeña me había pasado horas dibujando y que su profesión me resultaba apasionante. Me preguntó si seguía haciéndolo y yo, naturalmente, puse como excusa el carecer de técnica y, lo peor, de tiempo. Su respuesta a ello fue que se sentiría muy complacida si acudía un par de veces por semana a su taller para que me diera clases. Al principio le agradecí su oferta pero rehusé; sin embargo, ella me dijo algo que me hizo cambiar de opinión: «Si tienes un talento y no lo pones en juego, eso te hace daño, te enferma y ese es un lujo que, teniendo hijos, no te puedes dar».

En la semana siguiente, entusiasmada, compré pinceles, óleos, lienzos y fui a mi primera clase. Mi marido, después de decirme que le parecía una tontería que me pusiera a pintar, me había advertido que no hiciera un gasto grande porque, seguramente, me iba a aburrir en 15 días y las pinturas terminarían por secarse.

Pero no fue así. Según Marisa yo tenía más talento del que jamás hubiera imaginado. Al año participé con tres cuadros en una exposición colectiva y con mucho éxito, por cierto. La obra la había hecho casi por completo en el taller, al que finalmente había terminado por ir diariamente un par de horas por la mañana. Como quedaba muy cerca de casa, no me traía mayor problema. Había intentado pintar por la noche pero eso había resultado imposible; en cuanto cogía un pincel, mi marido se ponía de malhumor, exigía que estuviese a su lado y me hacía ver claramente que el tema de mi pintura no le entusiasmaba lo más mínimo. Cuando le mostraba algo que había terminado siempre pasaba lo mismo: veía antes los errores que los aciertos; decía que ése «no era su estilo» y que, por favor, no se me ocurriera colgarlo en una parte visible de la casa. Eso me dolía porque valoraba muchísimo su criterio.

Después de la exposición empezamos a tener problemas más graves. Las quejas sobre el estado de la casa eran incesantes; según él, a las 12 de la mañana tenía que estar todo impecable y eso significaba que no podría ir al taller de nueve a once, como acostumbraba, o tener que levantarme a las seis.

Tal vez, años antes, hubiera renunciado a mi nueva actividad con tal de no tener problemas con él, pero la exposición me había hecho sentir verdaderamente útil y capaz y no estaba dispuesta a abandonar.

Las discusiones se hicieron cada vez más frecuentes y llegó un momento en el que, ante su típica amenaza de separación, le dije que si él quería separarse yo estaba de acuerdo. Nunca le había dicho nada así; más bien, todo lo contrario. Cada vez que me había hablado de seguir por diferentes caminos, yo me había echado a llorar pidiéndole, por favor, que me diera otra oportunidad.

Mi nueva actitud le enfureció; me dijo que se me había subido el éxito a la cabeza, que no comprendía y que no significaba nada que un puñado de memos me aplaudiese o valorase mi trabajo y que desde el momento en que había empezado a ir al taller, me había puesto insoportable.

Me indignaron tanto sus palabras que le pregunté, suavemente, si no sería que estaba celoso de mi éxito. Mejor me hubiera callado porque del bofetón que me dio, me partió un diente. Al ver la sangre se quedó helado; si bien antes me había empujado alguna que otra vez en medio de una reyerta, era la primera vez que me ponía la mano encima. Su actitud fue pedirme perdón, decirme que le daba mucho miedo que yo me hiciera ilusiones en un mundo tan comercializado como es el del arte, que lo que intentaba hacer era protegerme. Yo le creí, pero le dije que, aún así, me gustaba pintar, me hacía bien, por tanto seguiría haciéndolo. En ese momento no me contradijo.

Hasta que realicé la segunda exposición se fue poniendo cada vez más nervioso. Discutíamos con frecuencia pero no hubo más golpes. Cuando Marisa me ofreció la oportunidad de volver a exponer, no dije nada en casa hasta dos días antes, cuando le comuniqué que el viernes se inauguraba. Me dijo que no podría venir, de modo que fui sola.

Al cerrar la galería, un grupo dijo de ir a cenar y, como siempre, al principio dije que no porque sabía que eso no iba a gustarle a mi marido, pero finalmente pensé que me lo merecía.

Llegué a casa a las 12 y él estaba esperándome en el salón. No me preguntó qué tal me había ido: empezó a insultarme, a decirme que le estaba tomando el pelo, que quién me creía que era para llegar a esas horas a casa, etc. Le respondí que, como adulta, podía hacer lo que me viniera en gana y eso le hizo explotar. Se me vino encima, me pegó y me aseguró que, como volviera a tocar un pincel, ya podía prepararme.

Esa noche me quedé durmiendo en el salón y, al día siguiente, preparé una maleta y le pedí alojamiento a una amiga. Le dejé una nota sobre la mesa diciéndole que, cuando él se marchara de esa casa, yo volvería. Lo que ignoraba entonces era que él tenía una amante.

A los cinco días alquiló un piso enorme, en un lugar excelente, y firmamos un convenio de separación ante un abogado. Él se comprometía a pasarme una pensión que, en la medida en que yo ganara dinero, iba a ser menor. Aunque el abogado nos recomendó que presentáramos el convenio ante el juez, a nosotros no nos pareció necesario. En ese papel estaban estipuladas las condiciones de la separación y creímos que eso era suficiente.

Volví a casa y, cuando fui a cambiarme de ropa, descubrí que la mayoría de las cosas estaban destrozadas. Las fotos que había juntado a lo largo de años, habían desaparecido, al igual que el listín de teléfono, las cartas que guardaba en mi mesilla y muchas cosas más.

Me enteré de la presencia de su amante por los niños, que la habían visto en su casa. Hablaban con total naturalidad de «la novia de papá» pero eso ya no me afectaba.

A medida que a mí las cosas me iban yendo cada vez mejor, para él empeoraron. Dejó de pasarme dinero, perdió su trabajo y empezó a beber. Lo sabía porque muchas veces, cuando llamaba por teléfono para hablar con los niños, le escuchaba la voz pastosa y alterada.

A los ocho meses de haber firmado el convenio, le echaron de su piso por no pagar. Hasta ese momento habíamos tenido una relación, dentro de lo que cabe, amable, amistosa, de modo que cuando me pidió que le dejara guardar algunas maletas en casa, le dije que sí. También le pregunté dónde iba a vivir, y como me dijera que no tenía aún ningún lugar buscado, le ofrecí quedarse por dos o tres días hasta que se alquilara un nuevo piso, esta vez más barato.

Lo primero que hizo al entrar en casa fue echarme de mi dormitorio. Yo había quitado la cama matrimonial poniendo otra pequeña, de modo que dejó todas sus cosas allí y dijo que ahora ese era su cuarto. En cuanto intenté protestar, me amenazó con pegarme.

Si mi vida con él había sido dura, a partir de entonces fue un infierno porque a su mal carácter habitual se sumaban ahora los efectos del alcohol.

Controlaba mis movimientos, me quitaba el dinero que tenía en el bolso y, cuando no lo encontraba, armaba unos escándalos increíbles. Los niños, aterrorizados; yo, sintiendo que estaba viviendo con un psicópata y sin saber qué hacer. Si me iba de casa, pensaba, perdería los derechos y no me sería posible alquilar un lugar ya que lo que ganaba entonces, apenas me alcanzaba para la comida, la poca ropa que compraba para los niños y poco más.

Recuerdo que un día que él había salido, desesperada, compré una nueva cerradura para que no volviera a entrar. Cuando llegó, después de insistir con el timbre y golpear la puerta, vino con la policía. Eso a mí no me preocupaba porque tenía a mano el convenio de separación que habíamos firmado ante el notario, pero, como me dijeron los agentes que le acompañaban, eso no servía para nada porque no había sido presentado ante el juez. Él tenía todo el derecho a entrar en esa casa porque era el domicilio conyugal. En ese momento comprendí por qué el abogado había insistido en que lo lleváramos al juzgado. Si hubiera dicho más claramente las razones de su insistencia, sin duda así lo habríamos hecho. Hasta que pude volver a salir de casa con los niños pasaron seis meses, sin duda los peores de mi vida.

Cuando pude alquilar un piso pequeño me fui con los niños e interpuse una demanda de separación. Finalmente el juez me concedió la custodia de los niños y el usufructo de la vivienda.

Ya han pasado diez años desde entonces y, aún hoy no puedo entender cómo he podido pasar esos primeros diez años tan ciega.

* * *

Como se ha dicho, la mayoría de los países no consideran como falta el abandono de hogar cuando se hace bajo la presión de malos tratos siempre y cuando se deje constancia de ello en una comisaría, en el juzgado de guardia o donde en estos centros se indique. En España la mujer que se va de su domicilio tiene 30 días para interponer una demanda de separación o para pedir medidas provisionalísimas a fin de que se le permita el usufructo del domicilio conyugal.

Cómo prepararse

Marcharse del hogar es muy duro. Implica abandonar todas aquellas cosas conocidas, de uso cotidiano, que son las que dan sentido de pertenencia. Para las mujeres que no trabajan, que son solamente amas de casa, eso significa abandonar el único mundo que tienen, que conocen.

Todo lo que está fuera de las paredes de su casa es como un lugar extraño del que no conocen apenas nada.

El abandono del hogar conyugal no es algo que se haga por frivolidad y, menos aún, cuando hay hijos. Aunque hay quienes toman esta medida como forma de «dar un escarmiento», de poner un límite, de hacer comprender al cónyuge que la relación se puede romper, y eso lo hemos podido observar en muchos casos, lo normal es que la mujer que se va de su casa lo haga por las presiones y amenazas que está viviendo o porque ha decidido seriamente separarse.

Aunque este paso suela darse como medida de urgencia ante la proximidad de una paliza o con posterioridad a ella, antes de hacerlo efectivo hay un período previo en el cual la víctima sopesa esa posibilidad una y otra vez. Antes de que la mujer salga de su casa, ha estado a punto de hacerlo en distintas oportunidades pero luego se ha echado atrás.

Por esta razón es importante tener en cuenta que, después de haber pensado por primera vez en la idea de abandonar el hogar, aunque esta opción, por el motivo que fuera, haya sido desechada, es prudente prepararse para el caso de que sea urgente hacerlo.

Los diferentes organismos que actualmente luchan para erradicar los malos tratos, recomiendan una serie de medidas destinadas a facilitar la vida de la persona que ha hecho abandono involuntario de su hogar. Hay documentos cuya fotocopia u original conviene tener en algún lugar a salvo, como por ejemplo la casa de un familiar o de una persona de confianza:

- Libro de familia o documentación familiar.
- DNI o, en caso de ser extranjera, pasaporte, tarjeta de residencia y permiso de trabajo. No está de más dejar también el carné de conducir.
- Documentos de los hijos. Cartillas escolares, DNI o pasaporte, en caso de que los tuvieran.
- Cartilla de la Seguridad social o la documentación pertinente de sanidad privada.
- Fotocopia de la escritura de la vivienda o, si la casa fuera alquilada, foto-copia del contrato.
- Las constancias de las denuncias que se hayan podido presentar y cual-quier otro tipo de documentación judicial.
- Partes médicos de lesiones así como informes médicos en caso de que la pareja haya recibido atención médica por alcoholismo, drogadicción o trastornos psiquiátricos.
- Libretas de ahorro. Talonarios de cheques.
- Fotocopia de una nómina reciente de la pareja y, en caso de no tenerla, fotocopia de la última declaración de la renta.
- Ropa, medicación, llaves.
- Algo de dinero.
- Listín de teléfonos.
- Todo aquello que pueda considerarse útil a la hora de presentarse ante el juez.

Con estos elementos, la persona que salga de su casa dispuesta a alejarse de su agresor podrá acudir a un abogado a fin de iniciar el trámite de sepa-ración.

Es importante tener en cuenta que el agresor puede apoderarse o destruir objetos, sobre todo de valor sentimental:

«Volví a casa y, cuando fui a cambiarme de ropa, descubrí que la mayoría de las cosas estaban destrozadas. Las fotos que había juntado a lo largo de años habían desaparecido, al igual que el listín de teléfono, las cartas que guardaba en mi mesilla y muchas cosas más.»

QUÉ HACER DESPUÉS DE UNA AGRESIÓN

El sentido común aconseja, como es lógico, tomar distancia del agresor. La violencia física en muy pocos casos se produce una sola vez; por el contrario, lo habitual es que sea periódica de manera que, una vez sufrido el primer golpe, es de esperar que tarde o temprano eso se vuelva a repetir.

Como se ha dicho, a medida que transcurra el tiempo las agresiones serán cada vez más frecuentes y más violentas, y la única manera de ponerles límite es quedar fuera del alcance del agresor.

La ley protege la integridad física y mental tanto de hombres como de mujeres, de manera que cualquiera de los cónyuges puede presentar la correspondiente denuncia, ya sea tanto sobre malos tratos físicos como mentales.

Hoy los hombres están viviendo una situación similar a la que vivían las mujeres hace algunos años; no se atreven a denunciar la violencia que sufren a manos de sus cónyuges, sobre todo violencia verbal y emocional, por miedo a recibir burlas por parte de los agentes de la policía o por miedo a no ser creídos.

Es necesario comprender que la violencia doméstica constituye un delito, que trae consecuencias trágicas para todo el núcleo familiar y que lo más sano es ponerle fin. Quienes sienten pena por sus agresores, deberían pensar que es preferible una denuncia por lesiones leves a tiempo y no la cárcel por asesinato.

Después de recibir una agresión física, lo adecuado es ponerse en contacto con un médico:

- **Acudir a un centro de urgencias** para que se evalúe la gravedad de las heridas y haga la correspondiente cura. Es conveniente ir con una persona de confianza. Al médico se le deberá decir exactamente qué es lo que ha ocurrido y cómo se han producido las contusiones, golpes o heridas.
- **Pedir parte de lesiones.** El médico que realice la evaluación será quien haga el correspondiente parte de lesiones en el que deberá consignar la gravedad de las mismas así como el tratamiento que se ha ordenado.
  Este parte es muy importante, ya que constituirá una prueba fundamental ante cualquier tribunal y servirá para poder fijar la correspondiente y debida penalización. Podría ser útil la obtención de fotografías para poder observar las zonas del cuerpo afectadas.

- **Pedir apoyo psicológico.** Después de vivir una experiencia traumática, es oportuno que tanto la víctima como los hijos que puedan haber presenciado el suceso reciban asistencia psicológica con el fin de que las secuelas del episodio violento sean lo menos traumáticas posible.

Cuando ya se tiene el parte de lesiones otorgado por el centro asistencial, se debe acudir a una comisaría para poner la correspondiente denuncia. Algunas de ellas cuentan con personal especializado en violencia doméstica. Es aconsejable:

- **Preparar la denuncia.** El estado emocional de la víctima es, en esos momentos, muy inestable. Para no olvidar detalles, es recomendable llevar por escrito todos los puntos que se van a exponer a fin de que todos estén consignados en la hoja de denuncia.
- **Aportar pruebas.** La más importante, sin duda, es el parte de lesiones que se ha obtenido en el centro de urgencias. También deberá explicar cómo se han producidos los hechos, si antes hubo otras agresiones, si éstas fueron denunciadas, si está separada o en trámites de separación, si ha estado en algún centro de acogida, etc. Entre otras pruebas puede aportar otras denuncias que haya efectuado pero guardando el original. En caso de que hubiese una orden de alejamiento dictada con anterioridad, deberá presentar su original.
- **Leer la denuncia antes de firmarla.** El agente de policía tomará por escrito la declaración que haga la víctima, pero ésta deberá leerla cuidadosamente antes de firmarla para que todo lo escrito responda a sus palabras con la mayor exactitud posible.
- **Pedir ampliaciones.** En caso de que antes de firmar la víctima recuerde elementos que no haya dicho en su momento, deberá pedir al agente que toma la declaración que los incluya.
- **Pedir protección.** En caso de que hubiera amenazas que le hicieran temer por su vida o la de sus hijos, la persona agredida deberá hacerlo consignar en la denuncia. Podrá, de esta manera, solicitar al Juez de Guardia medidas cautelares de protección, sobre todo si hay antecedentes de malos tratos. Si la víctima no contara con medios para pagar un abogado, tendrá derecho a contar con asesoría legal gratuita para que la asista en el juicio de faltas o delito que se produzca a raíz de la denuncia.

SEPARACIÓN LEGAL

Si la persona maltratada decide separarse y no tiene medios, en casi todas las ciudades hay centros de atención a la mujer donde le indicarán los pasos que debe dar para solicitar asistencia legal gratuita.

Es importante tener en cuenta que una separación ante notario no tiene el mismo vigor legal que la efectuada ante un juez:

«Cuando llegó, después de insistir con el timbre y golpear la puerta, vino con la policía. Eso a mí no me preocupaba porque tenía a mano el convenio de separación que habíamos firmado ante el notario, pero, como me dijeron los agentes que le acompañaban, eso no servía para nada porque no había sido presentado ante el juez. Él tenía todo el derecho a entrar en esa casa porque era el domicilio conyugal».

En algunos países, como en España, la ley faculta a la víctima de malos tratos a solicitar medidas provisionales ante el juez de familia, sin necesidad de contratar los servicios de abogados ni procuradores. A través de estas medidas se establece la custodia provisional de los hijos así como la disposición de la vivienda y los auxilios económicos. Posteriormente, en el juicio de separación, estas medidas serán confirmadas o revocadas según las pruebas que se presenten.

De cara a la presentación de la demanda y juicio de separación, es importante que la víctima nunca negocie ningún aspecto de la demanda por su cuenta. Para su máxima protección, es conveniente que antes de firmar cualquier documento consulte con su letrado y, si éste está de acuerdo, hacerlo.

Convendrá que la persona maltratada defina su situación ante su familia o personas que puedan ayudarla, así como en su lugar de trabajo. De esta manera estará mucho más protegida.

Si una vez separados se produjeran amenazas o algún otro tipo de violencia, lo conveniente es presentar una nueva denuncia.

DÓNDE VIVIR

Desde que se presenta la demanda de separación hasta que se produce el fallo del juez o hasta que se dictan las medidas provisionales que especifiquen quién debe permanecer en el hogar conyugal y quién debe marcharse, pueden pasar varios días e, incluso, meses. Lo normal es que el juez tarde sólo un par de semanas para proveer este tipo de medidas; sin embargo, en la práctica, esto no siempre ocurre así.

Convivir con un agresor una vez que se ha presentado una demanda puede ser arriesgado porque cuando llegue la citación del juzgado, éste puede tener un estallido de ira que acabe en situaciones violentas.

Algunos ayuntamientos españoles, por ejemplo, solucionan este problema mediante una medida de emergencia que permite a la persona que ha sido maltratada pasar la noche en una pensión hasta que pueda ponerse en contacto con el sistema de Casas de acogida. En caso de no contar con esta posibilidad, es importante tener previsto el alojamiento en casa de algún amigo o de la familia.

Si no se puede permanecer ahí hasta que salgan las medidas oportunas, se podrá luego acudir a una de las casas de acogida.

Estos centros, que están especializados en el auxilio de víctimas de malos tratos que no tienen recursos, y que están en una situación de desamparo extremo, cuentan con profesionales que brindan su asesoramiento y apoyo a fin de que esta persona pueda encarar una nueva vida. A menudo ofrecen tratamiento psicológico a las víctimas así como a sus hijos.

CÓMO INFORMARSE

Gracias al Plan Integral de Protección a la Mujer, casi todos los países de occidente han creado centros especializados que brindan asesoramiento gratuito. Los nombres cambian según el país de que se trate pero, en caso de no saber cómo ponerse en contacto con ellos, lo mejor que puede hacerse es acudir a una comisaría de policía o a un hospital; normalmente el personal que trabaja en estos lugares cuenta con los teléfonos necesarios para contactar con estas instituciones.

Es conveniente que las personas que viven en un clima de violencia doméstica sepan a qué teléfono pueden llamar, además de ponerse en contacto con la policía para averiguar qué pasos deben dar según las leyes del país en el que se encuentren.

Con la repercusión que ha tenido en los últimos años el conocimiento de los casos de violencia doméstica, las autoridades han puesto a disposición muchos medios destinados a proteger a las víctimas. Hoy no es tolerable que se aguanten palizas, que se críen los hijos en un clima malsano que les hace desdichados; quien viva situaciones de esta naturaleza, tiene la obligación moral de ponerles fin.

Planes de ayuda

Todos los estudios sugieren que la existencia de un plan para frenar la violencia contra las víctimas es un logro importante en sí mismo por cuanto genera espacios políticos para profundizar el diálogo entre la sociedad civil y el Estado y obliga al gobierno a asumir un discurso público que propicie sanciones contra la violencia. Los servicios que suelen brindarse a las víctimas de la violencia de género en el marco de iniciativas multisectoriales incluyen líneas telefónicas directas, albergues de emergencia, casas de acogida, intervención policial, asistencia legal, consejería, atención psicológica, grupos de apoyo, programas de generación de ingresos, programas para los maltratadores y servicios de asistencia social para niños. Dichos servicios están enfocados para empezar a trabajar en pro de la eliminación de la violencia de nuestra sociedad.

Un enfoque relativamente novedoso implica crear redes comunitarias para coordinar los servicios a disposición de las víctimas, mejorar el acceso a la justicia y promover iniciativas de prevención. Algunas de estas redes comprenden sólo organismos gubernamentales tales como aquellos que pertenecen al sector de la justicia penal, el bienestar social y la educación. Otro tipo de redes coordinan las respuestas de la sociedad civil ante la violencia y un tercer tipo integra a organizaciones públicas y privadas que analizan el campo de la violencia doméstica. Todas estas redes pueden mejorar considerablemente la calidad de la atención que se brinda a las víctimas y pueden ocupar un lugar importante entre la comunidad en cuanto a movilizar apoyo público y reducir la tolerancia respecto del comportamiento violento.

Todas las recomendaciones y conclusiones de los estudios llevados a cabo van en la misma línea:

- Es primordial centrarse en la prevención de la violencia doméstica y no sólo en los servicios para las víctimas.

- La prevención es más eficaz cuando se reducen las disparidades entre los géneros y se cambian las normas y actitudes que propician la violencia.
- Las intervenciones deben basarse en un enfoque multisectorial y operar a nivel individual, comunitario, institucional, legislativo y normativo.

Prácticamente todos los gobiernos del mundo han establecido comisiones para mejorar la coordinación entre los sectores y vigilar los avances en la creación de planes y políticas nacionales en un fenómeno tan complejo como la violencia. Además, existen organismos internacionales, nacionales y ONGs dedicados a prestar apoyo en situaciones de violencia doméstica.

Cada vez más se ensayan otras formas de proteger a las víctimas de violencia que van de departamentos específicos en las comisarías de policía o chats por redes sociales con los agentes policiales destinados a este fin.

Cada país mantiene sus propios organismos para combatir esta lacra social pero en todos ellos las comisarías de las fuerzas de seguridad mantienen inter-locutores que ayudan a las víctimas ofreciéndoles confianza para denunciar su caso, además de números de teléfono específicos que no dejan rastro en ningún documento o dispositivo electrónico.